Nzinga Mbandi

e as guerras de resistência em Angola

Século XVII

Mariana Bracks Fonseca

Nzinga Mbandi

e as guerras de resistência em Angola

Século XVII

MAZZA
edições

NZINGA MBANDI E AS GUERRAS DE RESISTÊNCIA EM ANGOLA - SÉCULO XVII

Capa
Túlio Oliveira

Revisão
Bruno D'Abruzzo

Projeto gráfico e diagramação
Letícia Santana

Fonseca, Mariana Bracks.
Nzinga Mbandi e as guerras de resistência em Angola - Século XVII / Mariana Bracks Fonseca. - Belo Horizonte : Mazza Edições, 2015.

236 p.; 16x23 cm.

ISBN: 978-85-7160-667-8

1. Angola - África - Séc. XVII. 2. Nzinga Mbandi. 3. Tráfico - Escravos. 4. Resistência negra. I. Título.

CDD: 967
CDU: 967

MAZZA EDIÇÕES LTDA.
Rua Bragança, 101 - Pompeia
30280-410 Belo Horizonte - MG
Telefax: (31) 3481-0591
edmazza@uai.com.br • www.mazzaedicoes.com.br

Impressão e acabamento: Yangraf Gráfica e Editora

Agradecimentos

A Deus primeiro, *Nzambi-a-Mpungo*.

O meu mais profundo agradecimento à minha orientadora de mestrado, Profª. Drª. Marina de Mello e Souza, por toda sua dedicação aos estudos da História da África, pela generosidade de disponibilizar as principais referências bibliográficas aqui utilizadas, por todo o carinho com que sempre corrigiu e criticou meus textos, e principalmente, pela oportunidade de realizar a dissertação que deu origem a este livro.

Agradeço também à Profª. Drª. Maria Cristina Wissenbach, pelas preciosas sugestões feitas no exame de qualificação e durante os diversos simpósios e encontros que organizou, favorecendo o amadurecimento dos pesquisadores em História da África. À Profª. Drª. Silvia Hunold Lara, pelas críticas e reflexões compartilhadas na banca de qualificação e pelo empréstimo do livro "Fontes para a história de Angola", fundamental para a realização deste trabalho. À Profª. Drª. Vanicléia Silva Santos por ter se lembrado da minha pesquisa em suas viagens à África e permitido o acesso a livros raros e fundamentais. Muito obrigada também à Eliane, da Casa de Portugal, que gentilmente disponibilizou toda a coleção *Monumenta Missionária Africana* para consulta.

Agradeço à FAPESP a concessão da bolsa de pesquisa e os recursos de reserva técnica, que possibilitaram a aquisição de aparelhos para a digitalização de vários documentos aqui utilizados e a participação em eventos científicos nos quais pude me qualificar melhor para o debate acadêmico.

Agradeço à minha família, em especial minha mãe, Fátima, por sempre me apoiar e possibilitar a realização dos meus sonhos. Ao meu companheiro Paulo, por me inspirar e ser o maior ouvinte das fabulosas histórias da rainha africana. Obrigada aos meus filhos, Indala e Uiran, que nasceram em meio a este trabalho de mestrado e cresceram junto com a minha imaginação.

Agradeço, por fim, à Dona Mercês e à comunidade do Açude, onde pela primeira vez conheci o valor da nossa cultura africana. Enormemente, agradeço ao Mestre João e a Dona Lena por terem me apresentado à rainha Nzinga, exaltada no espetáculo da Companhia Primitiva de Arte Negra; e a todo o grupo "Eu sou angoleiro" por realiazar a cada dia, a ginga de Angola. Meus agradecimentos tamém a Mametu d'inkisse Muiandê, por manter aceso o Ngunzo e à rainha conga Isabel Casemiro e outros tantos mestres da cultura popular que mantêm as histórias da África vivas.

“Ê Nzinga
A rainha que veio de lá
Resistiu com seu povo na dança
E hoje a terra é do samba”

Lena Santos
Afro-Poethórias
Companhia Primitiva de Arte Negra

Sumário

Introdução 11

Capítulo 1
O reino do Ndongo 27

Capítulo 2
Angola portuguesa: conquista e resistência 55

Capítulo 3
Nzinga Mbandi e a luta pelo Ndongo 111

Capítulo 4
Matamba: novas terras, novos aliados 167

Considerações finais
Uma rainha entre a cruz e a machadinha 215

Fontes 225

Referências bibliográficas 227

Índice de imagens e mapas 235

Introdução

Nzinga na literatura e na historiografia

Nzinga Mbandi (*c.* 1582-1663) é uma das mais famosas personalidades da história centro-africana e a mais bem documentada rainha de Angola. Muito se escreveu sobre Nzinga, desde o século XVII, com diferentes matizes e abordagens.

A literatura europeia a descreveu como uma tirana selvagem, de comportamento bizarro e hábitos canibais. No século XVIII, Castilhon destacou o posicionamento político contraditório da rainha e sua personalidade ambivalente, afirmando que ela buscou alianças com os portugueses para destruir seus inimigos africanos e para se enriquecer com o tráfico de escravos, efetuando uma política colaboracionista, alheia à ética e acordos.[1] Na visão de mundo iluminista, os governantes africanos eram ambiciosos, usurpadores, infiéis e foram responsabilizados pela existência da escravidão e pela crueldade que se abatia sobre o povo. Os rituais africanos, sobretudo dos Jagas, aparecem como "açougues públicos de carne humana", em que a matança indiscriminada e as orgias sexuais são narradas para mostrar ao leitor europeu como os brancos eram civilizados diante dos bárbaros negros, tudo isso descrito com uma linguagem tingida de sangue a fim de provocar choque, asco e estranhamento. As religiões africanas foram associadas a atos satânicos, assim Nzinga, enquanto viveu como Jaga, teria perdido seu caráter humano e foi representada como uma besta, um animal à procura de sangue, entregue aos ritos diabólicos. O romance francês *Zingha, Reine d'Angola*, de forma literária, explorou a homossexualidade de Nzinga, ressaltando que ela se vestia como homem, enquanto seus vários "concubinos" se travestiam de mulher e a tratavam como rei. O arquétipo da heroína canibal, "*femme fatale*", capaz de assassinar e comer seus amantes e inimigos, não demorou a encontrar ecos no pensamento da época e aguçou as ideias "libertinas". Marquês de Sade, leitor de Castilhon, apropriou-se da personagem criada por seu contemporâneo e lhe rendeu homenagens no seu delirante reino

[1] CASTILHON,1993. Primeira edição de 1769, disponível em: <www.europeana.eu>.

psicossexual de Butua em *Aline et Valcour.*[2] Nzinga foi também citada em *La philosophie dans le boudoir*[3], onde Sade a coloca como um exemplo de revanche feminina sobre a dominação masculina, contribuindo para a repercussão da imagem da rainha negra antropófaga, tirana e sodomita.

Mais tarde, no século XIX, Hegel reforçou essa visão ao afirmar que a história não poderia existir na África, pois ali o homem estava na barbárie, no estado selvagem, ainda sem a capacidade de formar uma cultura, havendo apenas uma sucessão de reis fratricidas e sanguinários. Provavelmente, Hegel baseou-se nos escritos de Castilhon e Sade ao referir-se a Nzinga, que é citada nominalmente em seus estudos como estereótipo da tirania e da barbaridade.[4]

Historiadores portugueses, no século XX, tentaram omitir a hostilidade de Nzinga para com os lusitanos e reforçaram, ao contrário, sua conversão ao catolicismo e as relações harmoniosas que ela mantinha com os missionários e com outros governadores em Luanda durante os últimos anos de sua vida.[5] Nessa perspectiva, claramente associada aos projetos coloniais que ainda eram mantidos em Angola, tentaram minimizar a atuação política e militar de Nzinga e a colocaram como coautora do tráfico negreiro, na tentativa de legitimar a atividade e transferir a culpa da escravidão aos chefes africanos.

O belga Jean Curvelier contribuiu para a divulgação da história de Nzinga pela Europa já no século XX, mas seu trabalho é ainda bastante romanceado, com muitos exageros e imprecisões. [6] Não utiliza base documental e em suas considerações evidenciam-se, em vários momentos, os preconceitos com relação aos africanos e o ponto de vista pró-português, muito marcantes, mantendo, assim, a perspectiva colonialista europeia. Curvelier continuou enxergando Nzinga como uma tirana canibal, mas extremamente sedutora e perspicaz. O autor deu maior ênfase à aproximação de Nzinga com o cristianismo, valorizando, sobretudo a ação dos missionários capuchinhos.

Em Angola, Nzinga foi exaltada pelos movimentos políticos, nas décadas de 1960-1970, como uma líder da resistência "proto-nacionalista", sendo a única heroína em comum louvada tanto pelo Movimento Popular de

[2] SADE, 1994. Cf. também: DELON; MALANDAIN, 1996, p. 399.

[3] SADE, 1976. [1.ed. 1795]. Cf. também: SAUVAGE, 2006.

[4] HEGEL, 1965.

[5] DELGADO, 1961, v. II e III; CORRÊA, 1937.

[6] CURVELIER, 1946.

Libertação de Angola (MPLA) como pela União Nacional pela Independência Total de Angola (UNITA).[7] Esta abordagem, no entanto, incorre no erro de apresentar conceitos anacrônicos com o século XVII, como o de "nação" e "luta de classes" e acabar por exagerar o papel político de Nzinga na luta contra o colonialismo, sem se embasarem nos documentos históricos. Por outro lado, reflete o modo com que a imagem de Nzinga ficou registrada nas tradições e no imaginário angolano ao longo dos séculos.

A partir da década de 1960, surgiram novos estudos de historiadores não portugueses, menos vinculados aos interesses coloniais. Essas pesquisas inovaram ao tentar reconstruir a história sob a perspectiva africana, buscando entender a organização dos antigos reinos que existiam na África Central antes da chegada dos portugueses.[8] Nesse sentido, analisaram Nzinga no âmbito da política interna do Ndongo e Matamba, evidenciando seu papel como líder da resistência Mbundu.

Na década de 1970, surgiram os trabalhos de Joseph Miller, que se distinguem pela ampla pesquisa de campo junto aos habitantes de Malanje, utilizando as tradições orais e propondo uma nova metodologia para abordar a história de Angola.[9] Miller analisou profundamente a estrutura interna e a ideologia da política africana e defendeu que Nzinga travou uma constante batalha para legitimar sua sucessão contra os opositores que a viam como uma usurpadora incapaz de governar. O historiador enxergou uma coerência nas diversas alianças construídas por Nzinga ao longo de sua carreira política.[10]

Roy Glasgow apresentou um trabalho menos meticuloso no que diz respeito ao uso e análise das fontes primárias, de linguagem mais literária e com muitas interpretações pessoais sem sustentação em evidências documentais.[11] Sua pesquisa, contudo, é interessante, pois faz um paralelo entre as lutas de Nzinga em Angola e os quilombos no Brasil, sobretudo Palmares. Apesar de

---

[7] ABRANCHES, Henrique. *MPLA. História de Angola*, 1976. E UNITA: Identity of a Free Angola, 1985 apud HEYWOOD; THORNTON, 2007, p. 131.

[8] Cf. VANSINA, Jan. *Kingdons of Savana*, 1966. BIRMINGHAM, David. Trade and Conflict in Angola, 1966. RODNEY, W. 'European Activity and African Reaction in Angola'. In: RANGER, Terence. *Aspects of Central African History* , 1968.

[9] MILLER, 1995.

[10] MILLER, 1975.

[11] GLASGOW, 1982.

o título de seu trabalho – *Nzinga: resistência africana à investida do colonialismo português em Angola, 1582-1663* – expressar a resistência da rainha frente ao colonialismo, o autor oscila em seus posicionamentos, enxergando-a ora como líder independente, ora como uma mulher seduzida pelas riquezas européias, colocando-a como coautora do tráfico de escravos a partir de Matamba.

Outra importante autora para a história de Angola é Beatrix Heintze, que propôs uma abordagem diferenciada de cruzamentos de dados e fez um meticuloso estudo sobre metodologia, conciliando fontes orais e escritas.[12] A ela devemos a publicação da documentação do governador Fernão de Sousa, que trouxe novas luzes à questão mais crucial deste nosso estudo.[13]

Adriano Parreira, por sua vez, realizou um trabalho de antropologia social no qual sistematizou os dados contidos em vários documentos históricos, produzindo uma ferramenta interessante para o historiador atual.[14] Parreira reexaminou o trabalho de Miller e criticou suas conclusões e pressupostos, argumentando que Nzinga tinha mais legitimidade do que este defende, apoiando sua reavaliação na larga consulta aos documentos de Fernão de Sousa, publicados por Heintze após as pesquisas de Miller.

John Thornton (1978, 1981, 1988, 1991, 1992) é outro importante pesquisador da vida de Nzinga e das relações culturais na sociedade angolana do século XVII. Travou intensos debates com Miller, levantando novas questões sobre a legislação e composição étnica no reino do Ndongo. Para ele, Nzinga conseguiu se legitimar no poder e tornou-se precedente do poder feminino. Junto com Linda Heywood, Thornton (2007) formulou o conceito de "Atlantic creoles culture", sugerindo uma nova forma de pensar a interpenetração entre a cultura europeia e africana. Neste sentido, a trajetória política de Nzinga foi pensada em termos de aceitação ou não dos elementos da cultura estrangeira.

E por quê, então, mais uma vez falar de Nzinga Mbandi?

Mesmo com a grande quantidade de trabalhos publicados sobre Nzinga, sua trajetória politica não é conhecida o suficiente no Brasil. Neste

[12] HEINTZE, 2007.

[13] HEINTZE, 1985 e 1988.

[14] PARREIRA, 1997 e 1990.

momento, em que a História da África é estimulada, os professores da educação básica não sabem sequer citar reis ou rainhas africanos. Nzinga Mbandi, a nosso ver, é um excelente exemplo para contrapor a dominação europeia na África, é um exemplo de como os chefes africanos não aceitaram pacificamente a colonização e lutaram militar e ideologicamente para que seus estados permanecessem livres e independentes. Percebemos Nzinga Mbandi como uma grande estrategista política e militar, que durante sua longa e conturbada trajetória, soube usar das mais diversas artimanhas para se livrar do cerco empreendido pelos governos portugueses que desejavam reduzi-la à submissão.

Não pretendemos fazer uma biografia de Nzinga, mas sim analisar sua atuação politica e militar no contexto da ocupação portuguesa do território angolano. Para isto, tornou-se necessário entender as relações de poder e a composição étnica e cultural existentes no reino do Ndongo antes da chegada dos portugueses. No primeiro capítulo deste livro, portanto, analisamos o significado da insígnia Ngola e como se deu o processo de centralização do Ndongo para entender como o poder político central se articulava com as autoridades regionais e o que ele representava para a população Mbundu. Para entender a complexidade do cenário do Ndongo, procuramos compreender quem era o povo Mbundu, regido sob a autoridade Ngola, como se organizava e como produzia suas riquezas, já que se tornou um dos principais alvos da escravidão em Angola no século XVII.

Um povo que andava pela África Central nos séculos XVI e XVII chamou-nos especial atenção: os Jagas. As fontes mostram a atuação deste povo como decisiva para a história de Angola em diversos momentos, quanto ao lado dos portugueses, que usaram a capacidade militar deles para o desenvolvimento do tráfico negreiro, quanto ao lado de Nzinga. A ação dos Jagas foi tão ambígua quanto o termo pelo qual foram denominados, levando a um intenso debate na historiografia e à sua identificação com os Mbangala. Apresentamos aqui um resumo dos principais comentários, incluindo as fontes do século XVII, sobre a identidade dos Jagas, buscando compreender como se organizavam e quais seus principais ritos e mitos, para, enfim, entender sua atuação política.

O segundo capítulo trata da chegada dos portugueses no reino do Ndongo e da construção da colônia chamada Angola, focada principalmente no tráfico de escravos. Buscamos entender como os agentes coloniais se articularam com o poder político tradicional através do avassalamento dos sobas, entender o sistema de tributação a eles imposto e perceber como os portugueses penetraram no interior através da construção de presídios e feitorias. O estado de guerra foi constante, por isso voltamos nossa atenção para a composição da "guerra preta" - os exércitos negros que lutaram para a escravização de outros africanos - bem como as táticas e os instrumentos bélicos empregados nas batalhas.

A atuação política de Nzinga Mbandi é o tema central do terceiro capítulo. Para comprender quem foi Nzinga e a sua atuação, evidentemente confusa e ambígua, faz-se necessário entender o contexto da colonização portugesa e as lutas políticas em torno do trono do Ndongo. Percebemos que a guerra movida pelo governador Luiz Mendes de Vasconcelos, em 1617 contra Ngola Mbandi, foi o início do processo de subjugação do reino do Ndongo, que gradativamente foi perdendo sua independência política e econômica. Nzinga Mbandi teve atuação determinante neste processo e desempenhou importante papel (ou papéis) no combate à presença portuguesa em Angola. O golpe político movido por Fernão de Sousa em 1626 ganhou destaque, pois mostra como os portugueses tentaram manipular os precedentes históricos para colocar no poder membros de linhagens que disputavam o título Ngola. A perda do Ndongo levou Nzinga a buscar apoio entre os guerreiros Jagas, que lhe concederam o título feminino mais importante da hierarquia do kilombo, o de *Tembanza.* A questão sobre a legitimidade de Nzinga ao poder central do Ndongo e de seu principal opositor, Ngola Are encerra este capítulo.

No quarto capítulo tratamos da conquista de Matamba discutindo a historicidade do poder feminino na África Central. Em nossa opinião, Nzinga Mbandi assumiu o poder central deste reino vizinho de forma pacífica, alocando a antiga família real no poder local. Em Matamba, Nzinga construiu um estado novo calcado em instituições Jagas, como a organização em kilombos e o respeito pelas *kijilas*[15], e expandiu seu poderio para o norte, em direção aos sobas Ndembos. A ocupação holandesa na década de 1640 trouxe novos aliados, que lhe garantiram o acesso a mercadorias europeias, sobretudo armas de fogo e munições. Com a expulsão dos holandeses em 1648, foi necessário buscar outros parceiros e os capuchinhos figuravam-se como a melhor alternativa, tanto para firmar a paz com os portugueses, quanto para trazer a irmã prisioneira e garantir assim a sucessão em Matamba. Nzinga, no final de sua vida, renunciou aos hábitos Jagas, retornou ao cristianismo, que passou a ser a religião "oficial" do reino e transformou sua capital, Santa

[15] *Kijila* ou *yjila* eram as leis dos Jagas, que determinavam uma série de interdições.

Maria de Matamba, em um polo de dispersão do catolicismo e da cultura ocidental pela África Central. [16] A rainha com fama de imortal faleceu em 1663, com prováveis 81 anos, e foi sepultada segundo os preceitos católicos, o que não ocorreu sem tensões com as crenças tradicionais.

Esta é uma tentativa de sintetizar e compreender o significado dos diversos papéis desempenhados por Nzinga: cristã, Ngola, *Tembanza,* rainha de Matamba. Sua oscilação entre a religião católica e os ritos Jagas, pela qual ficou conhecida, é entendida como estratégia de resistência. No contexto das guerras portuguesas em Angola, a aceitação do cristianismo era condição *sine qua non* para a paz e Nzinga soube usar e abusar desta premissa: primeiro ao ser batizada em 1622, também durante os momentos mais tensos da guerra em que jurava ser "filha de muene puto" para apaziguar a situação, e principalmente, ao final de sua vida, quando se portava como fiel fervorosa e se comunicava diretamente ao Papa. Mas se a cruz lhe trazia a paz, foi na guerra que ela passou a maior parte da vida. Com os Jagas e sua organização militar, Nzinga pôde combater seus inimigos e permanecer livre.

"Conquista" e "resistência" são pensadas não como um simples binômio de opostos, mas como um complexo cenário, em que as diversas forças combatiam de forma ambígua e variável. Não se trata de brancos contra negros, muito menos de europeus contra africanos. O jogo de alianças era flutuante o bastante, não permitindo tais simplificações.

A ideia de Nzinga como líder da resistência africana em meio ao colonialismo europeu e à consolidação do tráfico negreiro persisite. Por mais que se tenha discutido que a colonização africana contou com o apoio de alguns chefes africanos e que foram múltilpas as formas de resistência desempenhadas pelos diversos atores, fica difícil fugir do termo "resistência" quando se tem uma empresa colonial articulada como era aquela montada pela Coroa portuguesa em Angola no século XVII. A "conquista" de Angola era claramente colocada e defendida,[17] e contra a implementação e consolidação desta empresa lutou Nzinga Mbandi.

A atuação militar e política de Nzinga é o foco central aqui. Militar porque desejamos entender como Nzinga, com seu exército de Jagas,

---

[16] HEYWOOD; THORNTON, 2007. Mapas, p.175 e ss.

[17] CADORNEGA, 1972 (*princeps* 1681). O autor fala constantemente da "conquista de Angola".

desorganizou a rede comercial que Portugual penava para construir, quais as táticas, estratégias, itinerários seguidos, armas utilizadas para se manter livre e desestabilizar a presença do inimigo em Angola. E política porque reuniu em torno de si centenas de pessoas das mais diferentes etnias e encabeçou a formação de uma grande confederação de sobas descontentes com a presença portuguesa na África Central, reunindo-os em torno de uma causa comum.

Fontes e metodologia

Este estudo se caracteriza pelo uso abundante das fontes primárias publicadas e pelo cruzamento destas fontes. Infelizmente, ainda hoje não temos disponível documentação escrita que forneça o ponto de vista dos africanos. Utilizamos fontes escritas por europeus, o que exige atenção do historiador para filtrar as intenções embutidas na documentação: como salientou Isabel de Castro Henriques, é preciso "despir os documentos das suas roupagens lusocêntricas e preconceituosas, resultantes de leituras marcadas pelas ideologias e pelos sistemas culturais portugueses, e de pôr em evidência as presenças criativas e dinâmicas angolanas".[18]

Entendemos a fonte histórica segundo as propostas da "nova história cultural", ou seja, pensada como representação dotada de historicidade e intencionalidade, buscando compreender as suas condições de produção, circulação e apropriação.[19]

Os textos dos jesuítas, sobretudo, devem ser analisados com cuidado, pois tudo o que escreveram foi direcionado a fim de se criar uma tal imagem da colonização, convencer as autoridades régias da necessidade das intervenções que eles julgavam pertinentes, e garantir-lhes o controle – religioso e econômico – da colônia. Os jesuítas fizeram um importante trabalho em Angola, não só de evangelização – muitas vezes questionado, pois a catequese parece não ter sido o objetivo principal desses padres na África –, mas principalmente de registro historiográfico. As numerosas

[18] HENRIQUES, Isabel de Castro. *Território e Identidade:* a construção da Angola colonial (c.1872 - c.1926). Lisboa: Centro de História da Universidade de Lisboa, 2004.

[19] CHARTIER, Roger. *A história cultural entre práticas e representações.* Trad. Port. Lisboa, DIFEL, 1990, p. 27.

correspondências dos jesuítas que serviam em África, hoje nos dão bases para refletir sobre diversos pontos da história de Angola. Escreveram não apenas sobre o exercício religioso, mas também sobre as relações de poder tradicionalmente existentes e os consequentes conflitos com o poder português; descreveram a natureza, com seus alimentos e animais exóticos; narraram as batalhas de conquista do território; falaram de temores e esperanças da colonização. Foram tantos os pontos discutidos pelos jesuítas que o aspecto religioso ficou em segundo plano na maior parte das missivas.

A importância das fontes missionárias é tamanha que a Agência Geral do Ultramar, a partir de 1952, começou a publicá-las em uma coletânea intitulada "Monumenta Missionária Africana". Coligidas e anotadas pelo padre Antônio Brásio, a *Monumenta* soma 15 volumes, reunindo documentos dos anos 1471 a 1699. Revisitamo-la, ainda que já exaustivamente estudada por vários pesquisadores (Ralph Delgado, Paiva Manso, Carlo Alberto Garcia, Elias Corrêa, John Thornton etc.), como se fosse inédita, buscando informações que pudessem acrescentar dado novo na formulação da história de Angola, sempre atentos às estratégias discursivas de quem escreveu o documento. Tentamos corrigir os eventuais erros de interpretação que possam ter ocorrido nos sucessivos processos de tradução nas obras de Heintze e Thornton. As referências a esta obra aparecem ao longo desse livro com o nome do organizador: Brásio, seguido pelo número do volume e da página de onde o documento foi tirado.

Além dos jesuítas, os capuchinhos foram importantes "historiadores" de Angola no século XVII. Giovanni Cavazzi, em sua *Descrição histórica dos três reinos Congo, Angola e Matamba*, nos deixou um registro interessantíssimo sobre esses reinos, em que analisou não somente o trabalho evangelizador, mas também os ritos, mitos, vestuário, hábitos alimentares, festas dos povos daquela região.[20] Dissecamos o olhar eurocêntrico de Cavazzi, acompanhando o argumento central de sua narrativa: o catolicismo, sendo a verdadeira religião, deveria vencer as bárbaras religiões africanas. Em seu ímpeto historiador, o capuchinho criou uma metodologia própria e curiosa, ainda que não tenha tido esta consciente intenção. Além de realizar intensa pesquisa nos Arquivos da Propaganda Fide[21] e da Sagrada Congregação, o

---

[20] CAVAZZI, 1965.

[21] Congregação da Propaganda Fide, criada em 1622, pelo Papa Gregório XV para dirigir e coordenar toda a atividade missionária da Igreja, procurando torná-la independente

padre registrou tudo aquilo que viu e ouviu durante os anos em que exerceu o trabalho missionário nestes reinos. Cavazzi compilou diversas tradições orais existentes no século XVII e as condensou numa narrativa única, ignorando as diferentes origens dos mitos.

A maior parte do tempo que esteve em África, Cavazzi permaneceu na nova capital do reino do Ndongo, Mpungo-a-Ndongo, onde governava o maior inimigo da rainha Nzinga, Ngola Are. Devemos considerar que as informações que ele obteve acerca do período de intensa rivalidade entre os dois podem ter sido influenciadas por este fator, já que seus informantes lhe narravam os episódios segundo o que lhes interessava registrar.

O olhar eurocêntrico de Cavazzi é facilmente percebido. O capuchinho analisou os costumes locais segundo os seus próprios costumes e julgamentos morais, mantendo sempre o distanciamento e o estranhamento de um observador europeu. Os Jagas foram descritos como bestas selvagens, sedentos por sangue e pela carne humana. Seus ritos foram descritos como "execráveis seitas", "festas do demônio", "luxuriosos rituais", "ritos bestiais", etc. Cavazzi enxergou o demônio cristão em tudo e julgava todos os rituais estranhos à sua cultura como possessões do demônio, que tinha numerosos servos entre os africanos, entendidos como escravos do mal. Cavazzi apresenta uma visão notadamente anti-africana, em que o pecado era inerente à condição do ser negro. O vício estava profundamente enraizado nesses habitantes da chamada Etiópia e o missionário chegou a duvidar da possibilidade da conversão real entre eles. A demonização dos Jagas reforça seu argumento principal: Nzinga Mbandi, que vivera como uma Jaga entre os anos de 1626 a 1656, estava perdida nas trevas e na barbárie e foram os capuchinhos que a conduziram para a verdadeira luz de Cristo. Para aumentar a glória da evangelização capuchinha, Cavazzi pintou uma rainha sanguinária, "implacável contra os inimigos", "ávida de carne humana", "infernal megera". Nas páginas em que narrou a vida Jaga de Nzinga (v. II, p.64-102), o missionário não poupou desqualificativos, descrevendo massacres e canibalismos para impressionar o leitor europeu.

Cadornega é outra fonte indispensável em um estudo que pretende discutir as estratégias de conquista e resistência empreendidas nas guerras angolanas.[22] O capitão português reformado que serviu em Angola por mais

da tutela das potências coloniais católicas da época, em particular Espanha e Portugal. Ver: <www. fides.org>. Acesso em: fevereiro de 2012.

[22] CADORNEGA, 1972.

de quatro décadas deixou uma narrativa riquíssima em detalhes. As batalhas foram minuciosamente descritas e as dinâmicas políticas e o sistema de alianças foram revelados nos três volumes da *História Geral das Guerras Angolanas*. Os dois primeiros são dedicados a narrar os principais fatos em cada governo, desde Paulo Dias de Novais. O terceiro volume é um estudo quase antropológico em que descreveu os hábitos, crenças, ritos dos povos de Angola. A obra de Cadornega é fundamental porque, como ele mesmo justificou, os documentos sobre os primeiros anos da ocupação portuguesa em Angola foram jogados no rio Kwanza pelos holandeses invasores. No entanto, como historiadores não podemos nos esquecer que o olhar de Cadornega mostra a postura das tropas portuguesas. Talvez isto torne a narrativa ainda mais interessante, pois ele usa adjetivos bem expressivos para qualificar Nzinga, refletindo o julgamento que se fazia dela no calor dos fatos.[23]

As ilustrações que compõem o frontespício de cada volume apresentam interessantes representações sobre o poder na "Etiópia Ocidental". Os desenhos mostram as vestes dos principais chefes políticos da região, armas, insígnias de poder e os elementos da natureza que o simbolizavam. Contudo, a obra de Cadornega exige atenção do historiador, pois apresenta graves erros cronológicos, ainda que o trabalho do anotador dos dois primeiros volumes, Cônego José Mathias Delgado, tenha corrigido vários deles. As notas de rodapé deste estudioso permitem acessar outras fontes que foram transcritas, como as relações de Manuel Severim de Faria e algumas cartas de Fernão de Sousa.

---

[23] Para uma análise da importância de Cadornega enquanto fonte histórica, ver HEINTZE, 2007. Capítulo 5: "A obra de António de Oliveira de Cadornega: uma fonte extraordinária para a História e Etnografia de Angola no século XVII".

Rei do Congo e Rei de Angola, In: Cadornega, 1972.

O acesso ao *corpus* documental legado pelo governador Fernão de Sousa e publicados por Beatrix Heintze[24] deu novas luzes ao nosso estudo, pois revelam fatos e pontos de vistas de um personagem diretamente inserido nas guerras angolanas, e mais do que isso, são os registros oficiais do governador que deu o golpe e deflagrou a maior campanha de perseguição a Nzinga. Esses documentos permitiram repensar a articulação do golpe político de 1626 e seus reflexos, bem como rediscutir a questão da legitimidade do poder no reino do Ndongo. Alguns deles são interessantíssimos, pois revelam a mudança do posicionamento de Fernão de Sousa em relação à Nzinga ao longo do seu governo. O "extenso relatório"[25] que o governador enviou a seus filhos é uma narrativa em retrospectiva dos principais fatos que ocorreram em Angola entre 1624 e 1630, explicitando o seu ponto de vista. Interessante

[24] HEINTZE, 1985 e 1988.

[25] *Extenso relatório do governador a seus filhos*. 1630. In: HEINTZE, *Fontes...* 1985. v. I doc.30.

observar como Fernão de Sousa utilizou os vocábulos africanos ao escrever a seus filhos.[26]

Fontes administrativas também foram encontradas em coletâneas documentais como as de Felner e Cordeiro.[27] Os escritos de homens do governo nos permitem desvelar as estratégias de colonização, as ordens régias e o descompasso entre o que a Coroa mandava e o que era cumprido em Angola.

A metodologia adotada foi a comparação e o cruzamento das diversas fontes. Por vezes, nos deparamos como incoerências entre elas, principalmente ao que se refere à cronologia, que tentamos explicitá-las e corrigi-las ao longo deste livro.

Juntamente com o uso das fontes, há um diálogo com a historiografia existente sobre a história de Angola e sobre a vida de Nzinga. Além de reconstruir os episódios históricos, aparecem questões sobre como a historiografia enxergou tais eventos, evidenciando a interpretação de cada autor, e tentando dar uma outra contribuição para o debate.

O problema linguístico

Estudar a história de Angola no Brasil esbarra em um sério problema: como grafar as palavras da língua kimbundu? A dificuldade de se escrever esta história revela-se um problema epistemológico, que se inicia logo na grafia do nome da nossa personagem principal, que já apareceu de diversos modos: Nzinga, Njinga, Jinga, Ginga, Zingha, Singa...

É importante pensar que o kimbundu, na ocasião da chegada dos europeus em Angola, era uma língua sem escrita, sendo esta introduzida pelos brancos. Assim, os portugueses estipularam uma grafia para as palavras em kimbundu, seguindo as regras que regiam o português, optando, por exemplo, pela utilização da letra "Q", ao invés do "K" e pela terminação "do" em quimbundu. A partir da independência de Angola, em 1975, visando à valorização, utilização e promoção das línguas locais, o Instituto de Línguas

---

[26] Agradeço à minha orientadora Marina de Mello e Souza por ter disponibilizado um exemplar do segundo volume de *Fontes para a história de Angola* e à professora Silvia Hunold Lara, por ter disponibilizado o primeiro volume. Sem estes livros, sem dúvida, a pesquisa teria tomados outros rumos.

[27] FELNER, 1933. CORDEIRO, 1935, v.1

Nacionais de Angola fixou as normas ortográficas do kimbundu e outras línguas maternas, optando pela ampla utilização da letra "K".[28] De acordo com estas normas, foram grafadas Nzinga, Kwanza, kilombo.

Apesar de a maioria dos autores de língua inglesa ter adotado a grafia "Nzinga", Thornton optou por escrever "Njinga", pois lhe pareceu que correspondesse mais às regras da nova ortografia do kimbundu, conforme a referência bibliográfica que ele utilizou.[29] Além disso, confessa ter sido convencido por Graziano Leguzzano, o editor de Cavazzi, estudioso que viveu durante muitos anos em Angola, grande conhecedor do kimbundu e que optou por escrever "Jinga".

Ao contrário da maioria dos pesquisadores da História da África no Brasil, que segue a opção linguística de Alberto da Costa e Silva[30] e prefere "aportuguesar" as palavras de origem africana, optamos aqui, por grafar as palavras de origem angolana de acordo com o convencionado pelos próprios angolanos (Nzinga, Kwanza, Ndongo), porque nos parece distante da realidade angolense usar reino do "Andongo" (Ndongo), por exemplo. Essa opção, por vezes, choca-se com a grafia das fontes portuguesas, trazendo uma série de dificuldades na interpretação das informações e na construção do texto. No entanto, nem todas as palavras foram escritas segundo a grafia banto, por exemplo, usamos Ambaca, em vez de Mbaka, pois se trata de um lugar bastante conhecido e citado na bibliografia portuguesa.

Observamos que as fontes portuguesas também não eram consensuais na forma de escrever as palavras africanas (nem mesmo as palavras portuguesas tinham regras ortográficas fixas no século XVII) e, às vezes, uma mesma fonte escreveu de maneiras diferentes a mesma palavra, tornando o nosso trabalho ainda mais dificil.

Foi um desafio padronizar a grafia de vários nomes próprios, cuja escolha se tornou uma decisão arbitrária. Optamos por Are e não Ari, mas não há uma explicação razoável para isso. Chama atenção o nome "Cassanje", que aparece escrito de várias formas nas fontes; mas aplicamos a sugestão de Heintze, que adotou a ortografia de Henrique de Carvalho, grafando

---

[28] Disponível em <http://pt.wikipedia.org/wiki/L%C3%ADnguas_de_Angola>. Acesso em: março de 2012.

[29] KOUNTA, Maria Celeste. *Histórico sobre a Criação dos Alfabetos em Línguas Nacionais. Apud* THORNTON, 1991, p. 25.

[30] SILVA, 2006, p. 15-17.

"Cassanje", o Jaga também conhecido como Kulaxingo, e "Casanze" o *mani* da Nsaka.[31] Utilizo "kilombo", para designar a organização militar Jaga, diferenciando de "quilombo", nome adotado para tratar da organização dos escravos fugidos no Brasil. Ao se referir a uma determinada obra historiográfica, preservamos a grafia adotada pelo autor, o que pode trazer dúvidas ao leitor, por exemplo, Jan Vansina escreveu Kinguri e Henrique de Carvalho, Quinguri.

Utilizamos a grafia banta para a escrita dos nomes das etnias: Mbundu e não Ambundu, Mbangala e não Imbangala etc., com letra inicial maiúscula e no singular. O leitor pode se deparar com contradições na opção gráfica, em que algumas palavras foram mantidas com a letra "Q", ou "aportuguesadas". Pedimos desculpas desde já pelos eventuais deslizes, mas a história de Angola ainda está em construção, e esbarra na necessidade de padronização da grafia utilizada pelos historiadores.[32] Fica registrada aqui a necessidade de melhor se discutir as questões concernentes à escrita da História africana.

Esperamos que este livro seja prazeroso e possa contribuir para a melhor compreensão das sociedades africanas e de como o tráfico negreiro foi ali estabelecido, com alianças e guerras. Que o conhecimento da trajetória política de Nzinga Mbandi possibilite a reflexão sobre as formas de resistência que sempre existiram contra o colonialismo na África. Que os leitores achem interessante acompanhar como Nzinga desempenhou diversos papéis, como aceitou o batismo, abençoada pelo governador e lutou enquanto Jaga, como reivindicou o trono do Ndongo enquanto exercia a soberania em Matamba, como defendeu os Mbundu assumindo o principal título Jaga, como, enfim, foi rainha chamada de rei. Que as várias faces de Nzinga Mbandi tragam a consciência de que os africanos foram governados por reis poderosos e rainhas guerreiras, que muitos não aceitaram a submissão e lutaram de todas as formas para evitar a escravidão. Assim, nós, afrodescendentes, teremos mais consciência de que nossos ancestrais não foram simplesmente escravizados ou coautores do tráfico negreiro, mas que resistiram e lutaram pela liberdade!

---

[31] HEINTZE, 2007, p. 284, nota 28.

[32] Lembramos ainda que manteremos a grafia do português original da época, sem atualizações, nas citações diretas das fontes.

Capítulo 1

O reino do Ndongo

1.1 Ngola e Ndongo

> *Dizem os naturais que este foi um tal Ngola-Mussuri, o que quer dizer "rei-serralheiro", a quem um ídolo tinha ensinado a arte fabril. Pode ser que este homem, mais perspicaz que os outros, achasse a maneira de preparar o ferro, para machados, machadinhas, facas e setas, coisas que ajudavam os Pretos na caça e na guerra e foram para o artista grande fonte de riqueza. Como usava delas com sagacidade e socorria a todos nas necessidades públicas, ganhou amor e o aplauso dos povos, de tal maneira que, por conhecerem nele grande capacidade e tino singular, muitos régulos o proclamaram chefe do país, que se chamava "Ndongo" ou de Angola.*[33]

Este é o mito fundador do Ndongo, que se centralizou em torno do título Ngola, tal como foi registrado pelo capuchinho Cavazzi no século XVII. Cadornega também registrou que o primeiro Ngola foi um ferreiro, comentando que este ofício era muito estimado entre os Mbundu.[34]

O mito de rei ferreiro é recorrente em toda a África Central, onde poder e técnicas da metalurgia estão intimamente relacionados, tanto no plano simbólico como no material.[35] Nessas sociedades, o ferreiro possui a capacidade de acessar o mundo invisível, o que o diferencia dos demais mortais. A imagem do rei ferreiro agrega em si os poderes mágicos deste ofício, dando maior legitimação a este soberano, que por não precisar recorrer a outro profissional, pode reinar autônomo. Seu poder garante a fertilidade da terra e a reprodução de seu povo, já que o ferro possibilita a construção de ferramentas para a agricultura e para a guerra.

---

[33] CAVAZZI, 1965, v. I, p. 253.

[34] CADORNEGA, 1972, v. I, p. 25

[35] SILVA, 2012, p. 41-53.

Joseph Miller analisou as insígnias de poder na formação dos reinos da África Central e ensinou que os *jingola* (plural de *ngola*) eram pedaços de ferro, originalmente, objetos de formas definidas como um martelo, um sino, uma enxada ou uma faca. Essencialmente, o *ngola* era um mediador entre o mundo dos vivos e o dos mortos da linhagem e ajudava seu guardião a resolver disputas pela prática da adivinhação, dando-lhe apoio para decidir questões referentes ao bem-estar de seus parentes.[36]

Por ser uma insígnia móvel – diferente de outras do universo Mbundu, como a árvore *mulemba*, que marca o território e a *malunga*, cujo poder é derivado de rios ou lagos – o *ngola* libertou as linhagens das amarras a uma terra determinada e permitiu o deslocamento do grupo, sem que se desagregasse. Sendo transportáveis física e simbolicamente, as linhagens passaram a se mover livremente em busca de novas oportunidades de comércio, guerra e outras circunstâncias. Algumas linhagens Mbundu transformaram o *ngola*, de insígnia de linhagem, a fundamento de um novo tipo de estrutura política. Ao criarem instituições políticas centralizadas e hierarquizadas com base no *ngola*, as linhagens inverteram o significado estrutural de uma insígnia que, inicialmente, chegara aos Mbundu como sendo apenas mais uma, numa longa série de ideias e símbolos absorvidos pelo sistema linhagista dos Mbundu. A posse da insígnia *ngola* garantiu poder político àquele que seria, a partir daí, chamado de Ngola.

A posição Ngola-Kiluanje era formada por uma rede de alianças entre as diferentes linhagens, que reconheciam a autoridade deste título dominante. No século XVI, a genealogia Ngola detinha os principais títulos e as mais prestigiadas posições entre as linhagens Mbundu. O título Ngola – Kiluanje podia ser conquistado, atribuído ou reivindicado por qualquer linhagem ou indivíduo, era a principal posição política no Ndongo à qual estavam associados outros títulos hierarquicamente subordinados. O título Ngola tornou-se, no Ndongo, um novo tipo de estrutura política centralizada e hierarquizada, estabelecendo ruptura com as normas tradicionais dos grupos de descendência Mbundu. A partir da reunião de poderosos exércitos, pôde impor sua soberania a praticamente todas as formações sociais entre os rios Bengo, Kwango e Kuvo. O comércio, que acompanhou a expansão militar, foi integrado numa estratégia de distribuições de títulos e posições entre as linhagens, permitindo aos ocupantes do título Ngola-Kiluanje influenciar

---

[36] MILLER,1995, p. 63.

linhagens muito distantes e se estender para muito além de suas fronteiras étnicas, o que Adriano Parreira chamou de "Diáspora A-Ngola".[37]

O Ngola era, no princípio do século XVI, tributário do *mani* Congo, que se intitulava "rei do Congo, senhor dos Ambundus".[38] Assim como o reino de Matamba, o Ngola foi paulatinamente conquistando autonomia ao longo do século XVI. Heywood e Thornton afirmam que o Ndongo só emergiu como força política independente a partir da segunda década do século XVI.[39] A batalha do Ndande (1556) marcou definitivamente a independência do Ndongo em relação ao Congo, quando o *mani* Congo tentou submeter o Ngola por meio das armas, mas foi derrotado pelo potente exército do vassalo rebelado.

O Ndongo foi se constituindo enquanto reino centralizado em torno do Ngola, a quem muitos sobas prestavam homenagem e pagavam tributos anuais. Vansina considera que esse processo de centralização não ocorreu de uma única vez em todo o reino e que a conquista de novos territórios se deu de forma paulatina, e muitas vezes alicerçada na guerra. [40] A centralização competia com a autonomia dos sobas e o Ngola se articulou com os líderes locais, ou lutou contra eles, para impor seu poder. O reino centralizado oferecia maior proteção ao povo que pôde se dedicar mais à agricultura e, assim possibilitar o crescimento populacional.

Os sobas reconheciam a autoridade do Ngola, pois o consideravam sagrado, detentor de poderes especiais que garantiam a fertilidade e o bem-estar da comunidade. "O Ngola se dizia o rei do sol e da chuva",[41] seus poderes mágicos garantiam as chuvas tão necessárias e era também o responsável por lançar as primeiras sementes na terra.[42]A crença de que o chefe político tem o poder de chamar e controlar as chuvas aparece em várias outras partes da África, revelando a associação comum entre poder político e fenômenos meteorológicos ou naturais. [43]

---

[37] PARREIRA, 1997, p. 176.

[38] *Cartas do rei do Congo D. Afonso*, [s.d.].

[39] HEYWOOD; THORNTON, 2007, p. 54.

[40] VANSINA, 2004, p. 201-205

[41] "Garcia Simões para o provincial". In: Brásio, 1952, v. III, p. 134.

[42] CAVAZZI, 1965, v. I, p. 254. HEINTZE, 2007, p. 57.

[43] SILVA, 2006, p. 35.

Para Vansina, a adoção de um estado "monocefálico" foi apenas um tipo de governança escolhido dentre outras possibilidades.[44] Proclamar o Ngola como o garantidor da chuva, da fertilidade e da defesa tornou-se a opção preferida devido à "imaginação coletiva" que se encantava com as noções de poder, fama e centralização. A formação de uma "corte" ou a distribuição de títulos pelas elites e pelos sobas foi um meio de concretizar este sonho.

Heintze optou por chamar de Ndongo o estado africano que se constituiu em torno do título Ngola, opção esta que seguimos. Mas ressalva que possivelmente os próprios africanos não tivessem originalmente uma designação territorial que abarcasse a totalidade do território dominado por Ngola Kiluanje.[45] Segundo a pesquisadora, o Ndongo era provavelmente apenas o nome da sua província mais importante. Cadornega registrou que o reino do Ndongo era "mui estendido e dilatado" e seus limites eram marcados por árvores chamadas *ensandeiras* que foram mandadas plantar pelos "Reys antigos de Angola como sinaes certos dos limitres do seu Reino e sua demarcação."[46]

O poder político do Ngola era constituído pelos sobas que lhe eram tributários. Os sobados eram unidades políticas autônomas que compunham o reino do Ndongo, e os sobas, dentro de suas terras, eram "Senhores de baraço e cutello, sem dependência de seu Rey".[47] No entanto, o Ngola deveria proteger as comunidades Mbundu contra ataques de forasteiros e garantir a paz em todo o território. Havia uma espécia de contra-imposto, os sobas esperavam receber proteção e gozar de segurança, mas além disso, conectavam as aldeias a um todo, em que cada grupo familiar contribuía com seu excedente e recebia o produto que lhe faltava. Tradicionalmente, a cobrança de impostos era anual, festejada com presentes mútuos entre o Ngola e os sobas, fortalecendo os laços de poder e fidelidade e criando uma forma de escambo de bens e serviços.

> *Pagar tributo tinha sentido político e também religioso. Vinculava uma pequena comunidade a um grande reino. Maracava, através da diferença nas contribuições, a hierarquia dos grupos sociais, das províncias, dos distritos, das aldeias e,*

---

[44] VANSINA, 2004, p. 204-205.

[45] HEINTZE, 2007, p. 277.

[46] CADORNEGA, 1972, v. I, p.26.

[47] *Ibidem*, p. 39.

> *portanto, dos homens que a comandavam. E contribuía para evitar calamidades, pois o tributo predispunha o rei em favor de quem o pagava, criava um laço de obrigações entre ambos, e era do rei que tudo dependia: a saúde, a fertilidade, a abundância.*[48]

Até o início do século XVII, o Ngola estava ampliando seus domínios à medida que os sobas aceitavam seu poder. Com base em diversos textos jesuítas do século XVI, Heywood e Thornton contabilizaram 736 sobados independentes que reconheciam a autoridade do título Ngola.[49] Frequentemente os sobas entravam em guerra por territórios e jurisdição, e os séculos XVI e XVII devem ser considerados como um período de grande instabilidade política no Ndongo, interna e externamente.

O Ngola era assistido por vários funcionários reais, revelando um estado burocratizado, com oficiais especializados e divisão do trabalho. O *Ngola Mbole* era um dos principais cargos, equivalia a capitão-geral da guerra. O *tendala* representava o governo político em todas as terras do Ngola, como o primeiro ministro. O *makota* (plural *dikota*) representava o ancião que compunha o conselho de paz e guerra, que decidia as coisas mais importantes do estado. O *muenelumbo* era o responsável por guardar as cercas e muros do reino. O *muenemuseto* guardava as roupas do Ngola e o *muenequizola*[50] cuidava de sua alimentação. Os mesmos cargos apareciam de forma análoga nos sobados.

Várias fontes falaram das muitas "esposas" que os Ngolas tinham - mais de trezentas segundo Cadornega - e seus milhares de filhos. Era considerado prestígio unir uma descendente com o Ngola, assim, muitos sobas davam suas filhas para viverem com o soberano, e, da mesma forma, o Ngola mandava suas filhas como presentes aos sobas.[51]

O Ngola era, portanto, um soberano poderoso que governava autônomo um estado hierarquizado, com complexa organização social e tributária, contava com diversos "funcionários públicos" e centenas de sobas tributário.

---

[48] SILVA, 2006, p. 525.

[49] HEYWOOD; THORNTON, 2007, p.73. Com base no texto do padre Baltasar Barreira, cf. Brásio, 1952. v. III, p.227, c. 1582-1583; PERO RODRIGUES, *História da Residência dos Padres da Companhia de Jesus em Angola (1/5/1594)*. In: Brásio, 1952. v. IV, p.561. *Informação do reino de Angola (1590)*. In: Brásio, 1952, v. XV, p.364-367.

[50] CADORNEGA, 1971, v. I, p. 32; CAVAZZI, 1965, v. I, p. 104.

[51] CADORNEGA, 1971, v. I, p. 30.

O Ngola aparece também como "capaz de reunir rapidamente numeroso exército",[52] o que indica que, desde a centralização do reino tinha grande poder militar.

Cadornega anotou que o reino do Ndongo era composto pelas províncias da Ilamba, Lumbo, Massangano, Mosseque (dividida entre Mosseque e Gango), Are, Umba (Quituxila), Quissama e Libolo. O Kwanza era o rio mais importante e conectava o interior ao litoral, onde se formou a cidade portuguesa de Luanda, mais tarde São Paulo de Assunção. A capital Cabaça era a "Corte e assento deste poderozo Rey de Angola"[53] e sua localização era itinerante, variando conforme o desejo do Ngola reinante. O reino de Matamba, também chamado Ndongo Oriental, era o limite a leste e o rio Zenza demarcava a fronteira com o reino do Congo ao norte.

O início do século XVI foi um momento em que os reinos da África Central buscavam ampliar seus domínios à medida que desenvolviam novas tecnologias. O domínio da metalurgia possibilitou que os reinos crescessem e se armassem, e neste contexto tanto o Ndongo como Matamba passaram a reivindicar a autonomia em relação ao Congo, deixando de lhe pagar tributos e constituindo poderes independentes. [54] Miller localizou a origem do *ngola* nas terras altas da bacia do Lukala, em Matamba, onde viveu o povo *samba*, o que primeiro dominou as técnicas da metalurgia e transmitiu o símbolo *ngola* aos Mbundu.

A genealogia do título Ngola ainda é uma incerteza para a historiografia. Títulos e pessoas se confundem nas listas nominais referentes ao princípio do século XVI. Não havia regras claras de sucessão previamente estabelecidas e o poder político não passava automaticamente de pai para filho em caráter hereditário.

Segundo uma fonte de 1582-1583, "o reino de Angola começou no bisavô do que agora reina, porque antes todo era de Senhores particulares, que não reconheciam a ninguém sobre si."[55] Cavazzi, a partir das tradições orais, registrou a seguinte ordem para a genealogia dos Ngola: [56]

---

[52] "Carta do padre Francisco Gouveia". In: Brásio, 1952, v. IV, p. 362; CADORNEGA, 1972, v. I, p. 30.

[53] CADORNEGA, 1972, v. I. p. 32.

[54] MILLER, 1995, capítulo 3.

[55] BRÁSIO, 1952, v. III, p. 227.

[56] CAVAZZI, 1965, v. I, p.83. Afirma que o oitavo Ngola, também chamado de Jinga-Ngola-Mbandi, era o pai de Ngola Mbandi e Nzinga Mbandi.

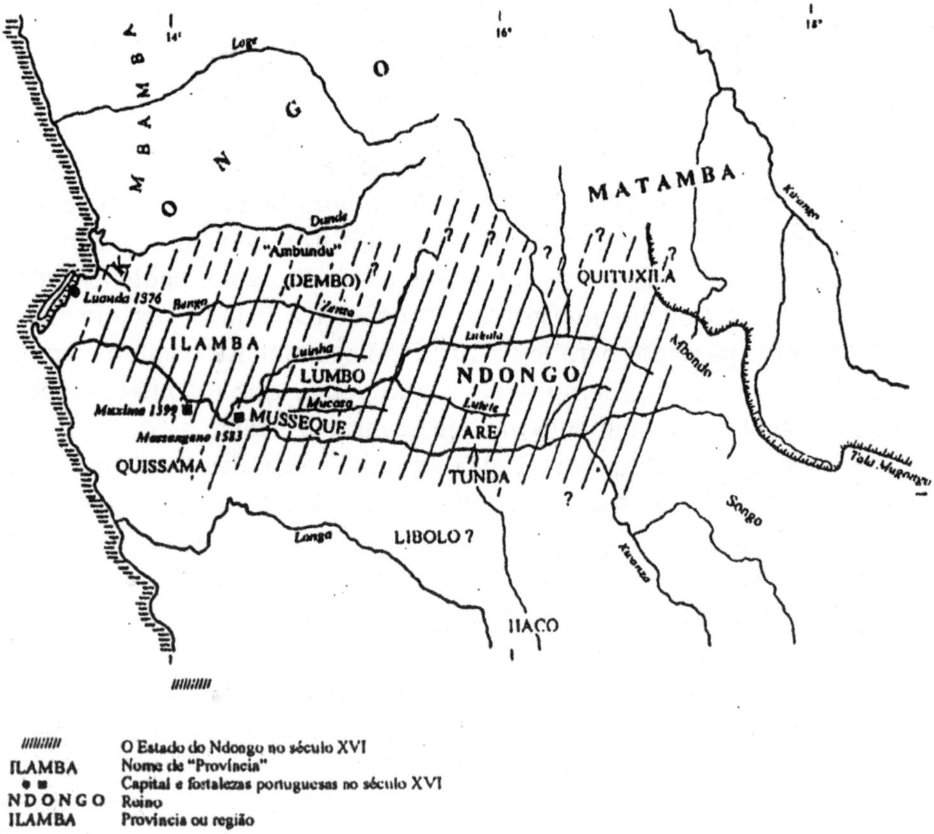

O Ndongo no século XVI. In: HENTZE, 2007, p. 173.

1. Ngola Musuri, ou rei-serralheiro
2. Zunda-dia-ngola
3. Tumba-dia-ngola
4. Ngola Quiluanji Quiassamba
5. Ndambi Ngola
6. Ngola Kuiluanji Kia Ndambi
7. Nzinga Ngola Kilombo Kia Kasenda

8. Mbandi Ngola Kiluanji, morto em 1617.
9. Ngola Mbandi
10. Nzinga Mbandi

A narrativa de Cavazzi é repleta de assassinatos de possíveis herdeiros, fratricídios e usurpações, o que reforça seu argumento de barbárie entre os africanos pagãos. A objetividade dessa narrativa deve ser questionada, pois ele interpretou as tradições orais que ouvira no século XVII segundo o que lhe convinha.[57] Tendo em vista que tal história chegou a Cavazzi por interlocutores pertencentes às linhagens Ngola-Kiluanje, podemos inferir que sua genealogia oculte uma atitude etnocêntrica da linhagem em relação ao seu próprio passado, para legitimar ideologicamente a sua hegemonia sobre outras linhagens, como a de Are-Kiluanje, que disputava o poder central no Ndongo no momento em que Cavazzi lá estava.

Jan Vansina chamou a atenção para o uso das tradições orais, advertindo-nos que os relatores muitas vezes selecionam o "que é bom lembrar" pois uma lenda histórica é sempre o discurso de uma determinada linhagem ou clã que busca justificar e reivindicar, por meio da narrativa, "os privilégios e reinvindicações dos direitos desaparecidos".[58]

Os estudos de Miller revolucionaram a compreensão que tínhamos das genealogias dos reinos africanos e tornou ainda mais difícil a reconstrução de listas nominais dos Ngola. Sua pesquisa das tradições orais em Malanje mostrou que os nomes evocados por Ngola Inene, Kiluanje Kya Samba e Ngola Kiluanje eram títulos perpétuos e não pessoas físicas e representavam princípios abstratos de poder [59]. Miller deu nova interpretação às palavras "filho", "pai", "irmão", "casamento", revelando o caráter metafórico destas expressões nas genealogias centro-africanas: "pai" e "filho" revelam relações políticas entre títulos, sendo um derivado do outro, tal como "irmão" seria uma equivalência entre os títulos. Esta terminologia, portanto, se refere a uma relação política e não biológica. As árvores genealógicas se referem assim a títulos políticos (posições masculinas) e a grupos de parentesco (posições femininas).

[57] Como ele mesmo confessou, *Op.cit.*, v. I, p.40.

[58] VANSINA, 1967, p. 45, 1971, p. 442-468.

[59] MILLER, 1995, p. 189.

Beatrix Heintze acredita que as tradições orais recolhidas passam por um longo processo de estruturação, formatação e reformulação[60]. Para ela, que concorda com as inovações de Miller, a centralização do Ndongo e instituição do título ngola foi um longo processo de mudança e adaptação das realidades locais. O primeiro rei seria "um símbolo personificado de todo o período inicial", assim Ngola inene ou Ngola mussuri não foi necessariamente uma única pessoa que conseguiu se impor, mas as tradições o condensaram em um personagem com nome próprio. O mito fundador do rei ferreiro não é exclusividade do Ndongo, mas sim uma "lenda migratória muito divulgada". [61]O nome Kiluanji, que integrava o título dos reis dos Ndongo, significa conquistador, o que pode confirmar a hipótese de que este primeiro rei fora um forasteiro que submeteu a região, como as tradições narram.

Não há consenso entre os autores que tentaram sistematizar as genealogias do título Ngola em relação à data da aparição do título, o que teria ocorrido provavelmente entre 1500 e 1516. Há imprecisões também em relação à duração de cada reinado e os nomes dos governantes, devido às constantes homografias e variações nas tradições orais. Por exemplo, Dambi Angola seria a mesma pessoa que Angola Kiluanji Kia Ndambe? Ou este nome seria referência a uma linhagem e não a uma pessoa?

Por alguma razão, Heintze, ao traçar as possíveis genealogias do título, anulou a presença feminina na sucessão do primeiro Ngola por suas filhas Tunda e Zunda-dia-Ngola, que foi registrada por Cavazzi. Miller também fez questão de apagar os reinados femininos (como veremos a seguir) e segundo suas pesquisas já no século XX, Zunda-dia-Ngola seria o nome de um antepassado lendário das linhagens Mbundu do norte que viviam no Médio Lukala, e Tunda-dia-Ngola não representava mais do que um antepassado etiológico dos povos Lenge do Baixo Lukala[62].

A maioria das fontes e interpretações localizam Nzinga Mbandi como a décima detentora do título Ngola e a consideram filha legítima de Mbandi Ngola Kiluanji, também chamado de Nginga Angola Quilombo Quiacasenda, que provavelmente reinou entre 1590 e 1617.[63] Nzinga Mbandi seria irmã

---

[60] HEINTZE, 2007, p. 176.

[61] *Ibidem*, p. 177, nota 42.

[62] MILLER, 1995, p. 74-76.

[63] HEINTZE, 2007, p. 175.

(ou meia-irmã) de Ngola Mbandi, que assumiu o poder em 1617. Miller relativizou o sentido de "pai" e "filha" e sugeriu que esse vínculo não era de caráter biológico. Para este autor, Nzinga não pertencia à linhagem real do Ndongo.[64] Veremos adiante como a questão da legitimidade de Nzinga Mbandi foi crucial em determinado momento da história do Ndongo e como foi debatida pela historiografia.

1.2. Os Mbundu

Há várias designações para os grupos étnicos de Angola. Para José Redinha, o designativo "Mbundo" identifica o grupo étnico Ovimbundu dos planaltos do centro e do sul de Angola, e "Ambundos" designa o grupo étnico que habitava as terras ao norte do Planalto de Benguela, sinônimo do grupo etnico-linguístico kimbundu.[65] Parreira chama Ambundos um tipo miscigenado que surgiu nas proximidades de Luanda.[66] Já para Miller e para Gladwyn Childs, Mbundu designa o grupo étnico culturalmente heterogêneo, falante da língua kimbundu, enquanto os Ovimbundu localizam-se ao sul e falam o umbundu.[67] Neste trabalho, seguimos a nomenclatura usada por estes últimos estudiosos, ou seja, utilizamos Mbundu para designar o extenso grupo etno-linguístico, falantes da língua kimbundu que habitava as imediações da bacia do rio Kwanza. Chamamos Ovimbundu o grupo etno-linguístico que habita o planalto de Benguela e as vastas regiões do centro e do sul da atual Angola e cuja língua é o umbundu. Talvez essa aparente divergência seja resultado de nuances de pronúncia, reflexo da ausência de normas fixadas para a grafia das línguas centro-africana.

Alberto da Costa e Silva localizou os Mbundu entre o Baixo Kwanza e o Médio Kwango. Ao norte, seus limites iam até as montanhas escarpadas junto às nascentes do Ndande, para além se estendendo os domínios dos Congos. Ao sul, chegaram até o rio Longa, a leste, as fronteiras eram mais imprecisas e se confundiam com as aldeias avançadas dos Quioco e dos Nganguela. A oeste, o limite ia até antes da costa marítima, que era senhorio do Congo.[68]

---

[64] MILLER, 1975, p. 204.

[65] REDINHA, 1974, p. 39.

[66] PARREIRA, 1997, p. 167.

[67] SILVA, 2006, p. 529.

[68] MILLER, 1995, p. 38-40; CHILDS, 1964, p. 367-379.

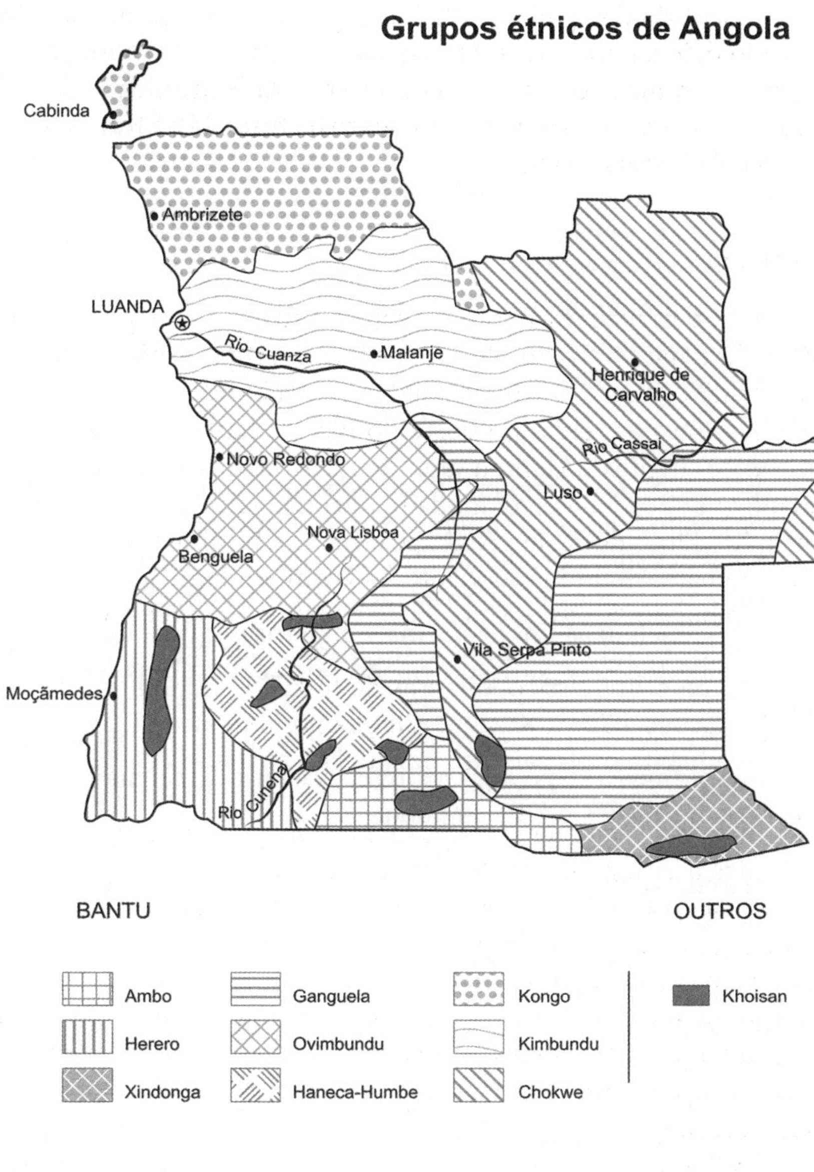

Mapa étnico de Angola. Fonte: http://pt.wikipedia.org/wiki/Ficheiro:Angola_Ethnic_map_1970-pt.svg. (editado) Acesso em: março de 2012.

Os grupos de descendência Mbundu seguiam a sucessão matrilinear e eram formados por um grupo de adultos e pelos filhos de suas irmãs. Cada grupo Mbundu controlava o acesso à terra, aos recursos econômicos, pesca, produtos florestais e a distribuição de cargos e títulos. A terra era propriedade comum das linhagens e o poder central não intervinha sobre sua ocupação ou uso.

A posição de chefe era geralmente ocupada por um homem idoso, que presidia rituais que favoreciam o bem-estar do grupo. Considerado um mediador entre os vivos e os antepassados mortos, "que coletivamente representavam a dimensão espiritual de cada título." [69] Usava-se a *pemba,* pó branco sagrado, para garantir a fertilidade feminina e a reprodução do grupo, e a *takula,* pó escarnado, também sagrado, utilizado nos rituais masculinos. Havia um conselho de anciãos que coordenavam e assistiam ao governo da comunidade.

Os grupos de descendência Mbundu garantiam a integração dos indivíduos na comunidade e a cooperação entre as diversas linhagens.[70] Eram cobrados impostos sobre a produção agrícola que revelavam a submissão dos territórios subordinados a uma autoridade central. Os chefes que coletavam os impostos pertenciam às linhagens mais poderosas, que dominavam uma população campesina e organizada em grupos cooperativos de produção comunitária.[71]

Os Mbundu dividiam-se entre *murinda* (plural *arinda*) e *kijiku* (plural *ijiku*), sendo o primeiro a população livre, organizada segundo linhagens matrilineares em sobados e *kijiku,* a população de não-livres, que viviam em aldeias, fora dos sistemas de linhagem dos Mbundu, que constituíam, em larga medida, os domínios dinásticos do rei e dos sobas poderosos. A maior parte perdera a liberdade em decorrência de guerras, delitos e crimes considerados graves cuja pena prevista era a escravização. Quando já descendentes de *ijiku*, geralmente não eram vendidos e ao longo das gerações eram integrados à família de seu senhor. Os homens *ijiku* desempenhavam, quando necessário, o papel de guerreiros, de arcos e flechas e as mulheres trabalhavam no campo. Para o Ngola, todos eram considerados como seus *ijiku.*

Devemos refletir sobre a estratificação social que existia no reino do Ndongo antes da chegada dos portugueses. A tradução de *kijiku* por

---

[69] MILLER, 1995, p. 46-47.

[70] *Ibidem,* p. 49.

[71] BISSON, 1986, p. 343-361.

"escravo" implica em alteração do sentido original que a palavra tinha no contexto dos séculos XVI-XVII. Certamente os escravos africanos na América não receberam o mesmo tratamento dispensado aos *ijiku* no Ndongo, que eram considerados como membros da família do senhor. Frequentemente um *kijiku* se casava com a filha de seu senhor e assumia posições políticas importantes no sobado.

Thornton apresenta uma definicação de *ijiku* com grande peso político no contexto Mbundu do final do século XVI e início do XVII, quando os Ngola buscavam centralizar sua autoridade, especialmente pelo uso destes "escravos reais".[72] Os *ijiku* teriam garantido o direito à sucessão hereditária de acordo com o desejo do Ngola mais do que com a eleição pelos *makotas*, como tradicionalmente se dava até então. Esses "oficiais escravos" dirigiam negócios na corte e formavam a elite e o corpo oficial do exército real. Mais ainda, os *ijiku* atuavam como supervisores judiciais e militares sobre os territórios dos sobas, representando o poder do Ngola enquanto cobravam as taxas. Esse uso dos *ijiku* aumentou substancialmente as receitas reais e provavelmente permitiu aos governantes criarem redes clientelares entre membros da nobreza. Teria sido este crescimento da poderosa classe de "escravos da corte" que apoiou Nzinga na sua busca pelo poder e na sua luta contra seus rivais sobre o controle dos escravos militares, os kimbares, nas décadas de 1620-30, o que foi determinante nas suas relações com Portugal.

É verdade que a escravidão era uma instituição há muito tempo conhecida na África Central e que já fazia parte da estratificação social dos Mbundu antes da chegada dos europeus. Mas é importante deixar claro que a "escravidão atlântica" foi uma ideia introduzida pelo colonizador português, e alterou profundamente a dinâmica social existente. Sabemos que o tráfico negreiro foi construído junto com atores africanos, que também se favoreceram da nova ideia de escravidão, em escala comercial - atlântica - e que envolveu as elites e transformou o papel das feiras, das guerras, do poder e do homem.

[72] THORNTON, 1991, p. 29-31.

1.3. Os Jagas

Quem lê a história de Angola no século XVII inevitavelmente se depara com os Jagas, personagens que desempenharam muitos e contraditórios papéis, sendo decisivos para a História de Angola. Mas quem era os Jagas?

O nome Jaga apareceu pela primeira vez na Europa nos relatos de Duarte Lopes, ditados a Filippo Pigafetta, que os publicou em 1591.[73] Aos Jagas foi atribuída a culpa pela grande invasão que devastou o reino do Congo em 1568 e expulsou o rei D. Álvaro de sua capital.

Foram descritos como bárbaros, cruéis, canibais, um povo que vivia da guerra, causando destruição das estruturas mais civilizadas da África Central:

"Eles (os Jagas) eram grandes em estatura, mas de uma proporção doentia, e viviam como bestas selvagens, e comiam carne humana. Quando lutavam demonstravam grande coragem, e usavam barulhos pavorosos para assustar os inimigos."[74]

Lopes e Pigafetta ressaltaram o caráter militar desses grupos, enaltecendo-os e, por vezes, exagerando suas habilidades enquanto bravos guerreiros, o que faz todo sentido dentro da organização discursiva da obra desses autores, que pretendiam mostrar o quanto foi importante e essencial o auxílio dado pelos portugueses, comandados pelo Capitão Francisco de Gouveia, para expulsar os "terríveis" Jagas do Congo em 1569.

O capuchinho Cavazzi nos deixou uma descrição pormenorizada dos Jagas que encontrou em Angola no século XVII, identificados como os invasores do Congo.[75] Apesar de Cavazzi frisar a heterogeneidade desses bandos, registrou seus mitos, ritos, juramentos, crenças, formas de moradia e alimentação como se fossem únicos. Como enviado do Vaticano pela Propaganda Fide para combater as heresias e levar a "verdadeira fé" aos povos gentios, Cavazzi enxergou nos Jagas o próprio diabo cristão e suas práticas religiosas foram traduzidas como "seitas demoníacas". Visão que acompanhou o trabalho missionário em África por longos séculos.

O comerciante inglês Andrew Battel ficou refém do bando do Jaga Kalandula por dezesseis meses no início do século XVII e descreveu as

---

[73] LOPES; PIGAFETTA, 1989. Primeira edição: *Relatione del reame di Congo...* Roma, 1591.

[74] *Ibidem*, p. 135.

[75] CAVAZZI, 1965, v. I, p. 24-89.

práticas antropófagas e violentas de seus membros. Relatou que esses bárbaros guerreiros eram originários da "Serra de Leão", uma provável referência a Kinguri, um líder cujo nome deriva de *nguri*, que quer dizer leão. Uma confusão na tradução desse texto colocou a origem em Serra Leoa, o que foi referendado por Cavazzi.[76]

Os Jagas foram personagens frequentes nas diversas fontes do século XVII para a história de Angola. Acreditamos que essas fontes do século XVII não se referiam a um grupo étnico específico: as autoridades portuguesas usaram o nome Jaga para designar diversos comandantes de diferentes grupos, mas sempre associados à guerra, ao nomadismo e à antropofagia. É importante ressaltar que os Jagas não formavam um grupo único e coeso, não compartilhavam um integrado sistema político local. Havia vários bandos de Jagas que se movimentavam e agiam separadamente em diversas rotas, sob o poder exclusivo do chefe de cada kilombo.

Guerra e vida nos kilombos

Conta os mitos fundadores dos Jagas que um grande chefe chamado Zimbo[77] percorreu vasta área da África Central destruindo povoações e conclamando guerreiros para acompanhá-lo. Sua filha Temba Ndumba, a fim de tornar seus soldados invencíveis, realizou um ritual chamado *Maji a Samba*, em que lançou seu filho recém-nascido num caldeirão e com um pilão esmagou a criança até reduzi-la a uma pasta, à qual acrescentou algumas ervas e raízes. Este unguento foi passado no corpo dos guerreiros para lhes dar forças mágicas e imortalidade. O bando conclamou Temba Ndumba líder do bando e passou a seguir severamente as leis *yjila (Kijila,* singular) que significam proibição na língua Kimbundu[78]. O cônjuge de Temba Ndumba, Kulembe, assumiu o comando desses guerreiros após a sua morte (por envenenamento pelo próprio marido) e passou a dirigir uma sociedade de iniciação guerreira chamada kilombo. Kulembe dividiu seus guerreiros entre seus principais generais, chamados Calanda, Cete, Cassa, Cabuco, Caiomba e outros,[79] dispersando assim o modo de vida Jaga pela África Central.

---

[76] CAVAZZI, 1965, v. I, p. 34 e ss.

[77] Zimbo também aparece com o nome de Munjumbo ou Ndonje

[78] *Ibidem*, p. 37.

[79] CAVAZZI, 1965, v. I, p. 189 ss. Miller encontrou correspondências desses títulos nas

Miller pensou o assassinato de crianças, representado pelo ritual *Maji a Samba*, como uma forma de romper os laços de linhagem que dominavam a sociedade Mbundu e mostravam o poder excessivo de um governante sobre seu povo já que "filhos" foram interpretados como os súditos de um chefe político. Da mesma forma, o rapto de jovens não iniciados, que garantia a continuidade do grupo, servia ao propósito de se desprender das regras e costumes do grupo de origem e prestar obediência exclusiva ao chefe do kilombo e não mais aos mais velhos da linhagem e aos detentores das insígnias de onde nasceram. Assim os Jagas conseguiram se libertar do sistema de linhagens, tão importantes no universo Mbundu daquele tempo, e fundar uma nova sociedade com rituais próprios de iniciação e de entronização do poder, em que a obediência ao chefe do kilombo e a guerra eram elementos fundamentais. Miller interpretou que o casamento entre Temba Ndumba e Kulembe – que já era um título político do Libolo – representa a união dos adeptos do culto *Maji a Samba* com o kilombo, uma sociedade iniciática guerreira.[80]

Já Vansina pensou a prática de matar as crianças recém-nascidas como uma inovação militar que possibilitou o progresso dos Jagas, já que os bebês eram um empecilho para o deslocamento das tropas que viviam em estado permanente de guerra.[81] Assim, o infanticídio foi um avanço instituído pelo mito originário de Temba Ndumba, que gerou as leis *Kijila*, rigorosamente seguidas por seu bando, que proibiam o nascimento no interior do kilombo, ou seja, a procriação natural.

A organização no kilombo, enquanto sociedade nômade guerreira, foi essencial para a atuação desses guerreiros. Miller explicou que a palavra kilombo designava entre os Ovimbundus (etnia ao sul do Kwanza) uma instituição destinada ao treinamento de meninos para os ritos de passagem para a vida adulta, ou campo de circuncisão, de caráter primordialmente masculino, onde os iniciados aprendiam táticas de ataque e defesa militar.[82] Para este autor, etimologicamente, kilombo viria da raiz umbundu *lombo*,

---

tradições Mbangala que pesquisou: Calanda seria Kalanda Ka Imbe, Cabuco seria Kabuko ka Ndonga, subordinado ao Ndonga. Cassa parece ter tido origem em outro lugar, provavelmente no Libolo onde consta um título Kasa Ka Hango.

[80] MILLER, 1995, p. 162-164. Sobre o Kulembe, ver p.89-90.

[81] VANSINA, 2004, p. 199.

[82] MILLER, 1995, p. 167.

que denota "circuncisão", "sangue". Alberto da Costa e Silva lembra que em kimbundu, umbundu e quicongo a raiz *lumbo* significa "muro", e por isso se aplicaria a um campo de guerreiros, espaço protegido por cercas.[83]

Os guerreiros no kilombo recebiam treinamento militar intensivo, aprendiam a manejar armas próprias desses grupos como machadinhas, lanças e grandes escudos e, principalmente, aprendiam a ter obediência incondicional ao chefe. O kilombo era uma organização altamente hierarquizada, em que cada guerreiro tinha funções e lugares específicos e bem definidos. Os grupos se organizavam em unidades militares lideradas por capitães que seguiam o comando de um único líder, o chefe do kilombo. Este era um líder carismático cuja atração fora enraizada por sua coragem e seus sucessos nas batalhas, atribuídos a seus poderes extraordinários sobrenaturais como adivinhador do futuro e como receptor do apoio inquestionável por parte de seus predecessores mortos, os ancestrais.[84] Essa sociedade adotou um modo de vida errante e transportava caixas que continham os ossos de seus líderes antepassados, considerados sagrados.

Cavazzi descreveu e desenhou esquematicamente a estruturação do kilombo, em que os diversos níveis de paliçada impediam que as pessoas chegassem perto do chefe, que tinha seu *mocano* estrategicamente inacessível e vigiado.

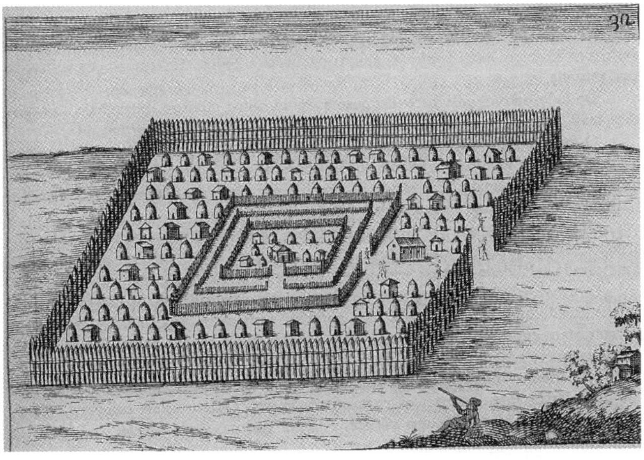

Representação de um kilombo. In: CAVAZZI, 1965, v. I, p. 182.

[83] SILVA, 2006, p. 245.

[84] VANSINA, 2004, p. 201.

A regulação interna dessas comunidades repousava num conjunto de rigorosas regras e na obediência inquestionada a seus líderes. Para Vansina, não há dúvidas de que a rígida crueldade e desumanidade de sua organização interna foi responsável pela sobrevivência por mais de um século dessa sociedade baseada em princípios predatórios tão extremos.[85] Em sua análise, a economia Jaga era totalmente predatória: outras sociedades produziam, eles consumiam. Eles imitavam os padrões de consumo dos ricos, "farreando e festejando" sem a preservação dos recursos para o futuro: derrubavam as palmeiras de onde se tirava o vinho, consumiam o rebanho ao invés de criá-lo, roubavam o milho de outros e não sabiam nada sobre armazenagem de alimentos. As principais vítimas das rapinas dos Jagas eram os povos Mbundu, que se organizavam em torno de atividades agropastoris e tinham suas aldeias destruídas com a passagem desses bandos.

Jagas ou Mbangala? Criação das fontes e negação da historiografia.

Além do papel decisivo e ambíguo que desempenharam na história de Angola, os Jagas tornaram-se objeto da historiografia devido às incertezas de sua identidade. Estudos recentes demonstraram que os descendentes de Cassanje, os atuais Mbangala do distrito de Malanje, foram chamados de Jagas no século XVII.[86] A partir daí, alguns historiadores passaram a substituir a palavra "Jaga" por "Mbangala", como se fossem sinônimos.[87] Essa opção esconde a heterogeneidade dos Jagas, que não eram um grupo único. Vários bandos de origens distintas foram chamados de Jagas pelos portugueses e nossa intenção aqui é tentar entender quem eram os Jagas das fontes do século XVII.

A historiografia começou a investigar as origens destes povos a partir de 1963, quando o *Journal of African History* passou a publicar uma série de artigos que elucidaram o processo de formação dos reinos da África Central. Jan Vansina foi o precursor desses estudos e inaugurou um método a partir das tradições orais publicadas sobre a origem dos povos Mbangala, quem

[85] *Ibidem*, p. 199.

[86] VANSINA, 1963; MILLER, 1995.

[87] BIRMINGHAM, 1965, p. 143-152.

foram identificados aos Jagas das fontes do século XVII.[88] Para isso, recorreu à tradição oral publicada por Henrique de Carvalho[89] sobre a migração de Kinguri, filho do chefe Lunda Yala Mwaka, que após perder o poder para o cunhado Luba, Kibinda Ilunga, foi para a região da Angola portuguesa onde ofereceu seus serviços a um governador chamado Manuel, que usou os imigrantes como tropas auxiliares para lutar contra o Ngola. Vansina comparou a versão de Henrique de Carvalho com outras publicadas sobre a origem dos Mbangala, como a narrativa de Antônio Rodrigues Neves,[90] as versões Lunda, as tradições dos Pendes, dos Ovimbumdu, Sala Mpasu e Cokwe. Utilizou apenas narrativas publicadas por europeus que foram à África Central, principalmente no século XIX. A partir destas tradições, Vansina reconstruiu a história da fundação do reino de Cassanje (que ele chamou Kasanje) e as datas em que ocorreram as principais migrações. Concluiu que, por volta de 1600, um grupo da Lunda deixou o país sob o comando de Kinguri. Eles haviam migrado devido à tomada de poder Luba daquele país. Primeiramente, eles se fixaram nos altos platôs onde o Kwango e o Kasai têm suas nascentes, mas foram expulsos por uma segunda onda migratória vinda da Lunda, composta majoritariamente por Cokwe. Assim, foram dirigidos para o oeste e chegaram ao país Songo perto de Bola Cassache. Ali Kinguri morreu, sucedendo-lhe Kasanje, que se dizia seu sobrinho.

Battel reportou, por volta de 1601, que os Jagas que ele conheceu em Benguela Velha, pertencentes ao bando de Kalandula, se chamavam a si próprios de Imbangola.[91] Os Lunda e seus aliados locais se autodenominavam Mbangala, apesar de as fontes do século XVII os terem sempre chamado Cassanje de Jaga. Vansina acredita que nesse momento histórico, o grupo da Lunda foi absorvido por bandos Jagas, que estavam no Ndongo desde 1594 ou até mesmo antes da invasão do Congo.

Henrique de Carvalho explicou que o título Jaga foi dado a Quinguri (Kinguri) pelo capitão-general que o recebera na ocasião, "por isso que então os principaes potentados dos povos que fomos encontrando nas terras que íamos conquistando, estes lhes davam taes títulos ou porque realmente

---

[88] VANSINA, 1963, p. 355-374.

[89] CARVALHO, 1898.

[90] NEVES, 1854.

[91] RAVESTEIN, 1901.

lhes pertenciam ou por imitarem o que era d'outros povos."[92] A tradição recolhida por Carvalho conta que antigamente, na região de Ambaca, se via uns meirinhos que andavam com grandes paus como símbolo de autoridade, que usavam quando iam cobrar impostos e a esses paus chamavam *bangalas*, e por essa alcunha os portugueses passaram a lhes chamar.[93]

Miller afirma que os portugueses concederam a Kulaxingo- que fizera reviver os poderes de Kinguri- o título Jaga, "uma honra de sua própria invenção", e lhe deram o nome Cassanje em reconhecimento ao título *Kasanje* que ele tinha usado na época dos primeiros contatos com eles. Assim, "Jaga Cassanje" tornou-se a designação oficial portuguesa para todos os posteriores reis do bando dos Mbangalas de Kulaxingo, e os seus próprios seguidores foram conhecidos como "Cassanjes." [94]

David Birmingham defende que o encontro dos Mbangala com os portugueses ocorreu no século XVI, afirmando que em 1575, se não antes, os Mbangala que invadiram Angola vindos da Lunda, já tinham alcançado o mar em Luanda e feito contato com os portugueses.[95] As homografias enganam o historiador e é preciso estar sempre atento – trata-se de dois "Kasanjes": um *mani* da Nsaka, entre Luanda e Bengo, era tributário do mani Bamba e seu povo era Congo.[96] Para melhor diferenciar, Heintze adotou a ortografia de Henrique de Carvalho, chamando o Jaga de Cassanje e o mani da Nsaka de Casanze.[97]

Vansina continuou o debate sobre Jagas-Mbangala falando dos dois grandes movimentos migratórios ocorridos em Angola no século XVI: o dos Jagas, que culminou com a entrada na capital do reino do Congo em 1568, e o dos Lunda, ainda menos estudado e conhecido, sobretudo porque esse grande movimento migratório se subdividiu em várias submigrações.[98] Defendeu que os primeiros contatos dos sucessores de Kinguri com os portugueses teriam ocorrido por volta de 1610, o que dá um intervalo

[92] CARVALHO, 1898, p.31. Preservamos a grafia utilizada pelos autores, pois não temos ferramentas que sustentem a opção por Kinguri ou por Quinguri.

[93] *Ibidem*, p.31-34.

[94] MILLER, 1995, p.189.

[95] BIRMINGHAM, 1965, p. 143-152.

[96] VANSINA, 1966, p. 425.

[97] HEINTZE, 2007, p.284, nota 28.

[98] VANSINA, 1966, p. 421-429.

suficiente com relação a chegada dos Jagas. Para o autor, ambas as invasões estiveram envolvidas e a relação entre elas precisa ser melhor investigada. Após a campanha militar de Francisco de Gouveia, que expulsou os Jagas do Congo em 1569, alguns grupos teriam migrado para o Vale do Kwango e para Angola.[99]

Hoje parece consenso entre os historiadores de Angola que os chamados Jagas que estavam nas imediações do Kwanza no século XVII não eram os mesmos que invadiram o Congo no século anterior. Mas supomos que esses bandos que desceram do Congo em direção a Angola no final do século XVI se integraram a outros fluxos migratórios. Sendo os ditos Jagas bandos tão heterogêneos, podemos imaginar que muitos deles fizeram parte da invasão do Congo e, ao fugirem para Angola adotaram novas instituições militares, como o kilombo e ganharam uma nova identidade. A repetição do nome Jaga pelos portugueses no século XVII sugere proximidade entre o modo de viver desses povos migrantes que convergiram em Angola. Não podemos ignorar a semelhança que havia entre eles, já que foram denominados por um mesmo vocábulo.

Como os descendentes da Lunda tomaram o nome Jaga? Vansina questiona por que os Jagas, que até então tinham sempre incorporado outros povos, teriam agora se deixado incorporar pelos Lunda? E por que o Cassanje foi chamado de Jaga por Cavazzi, Cadornega e pelas fontes administrativas, significando o "rei dos Jagas"? O historiador levanta duas hipóteses: uma diz que o Kasanje que sucedeu Kinguri era um Jaga, e que a filiação foi feita depois; outra, que Jaga e Lunda eram intimamente relacionados e que eles se sentiam parte de uma mesma cultura. Não há dúvidas de que os Lunda tomaram o nome "Imbangola" e rapidamente estabeleceram a reputação de serem os mais genuínos Jagas. Em Cavazzi, os nomes Kasanje, Kulashingo e Kinguri aparecem, o que nos leva a crer na presença deles no século XVII, reforçando a hipótese de que neste contexto Jaga e Mbagala eram profundamente misturados.

---

[99] BRÁSIO, 1952, v. IV, p. 533.

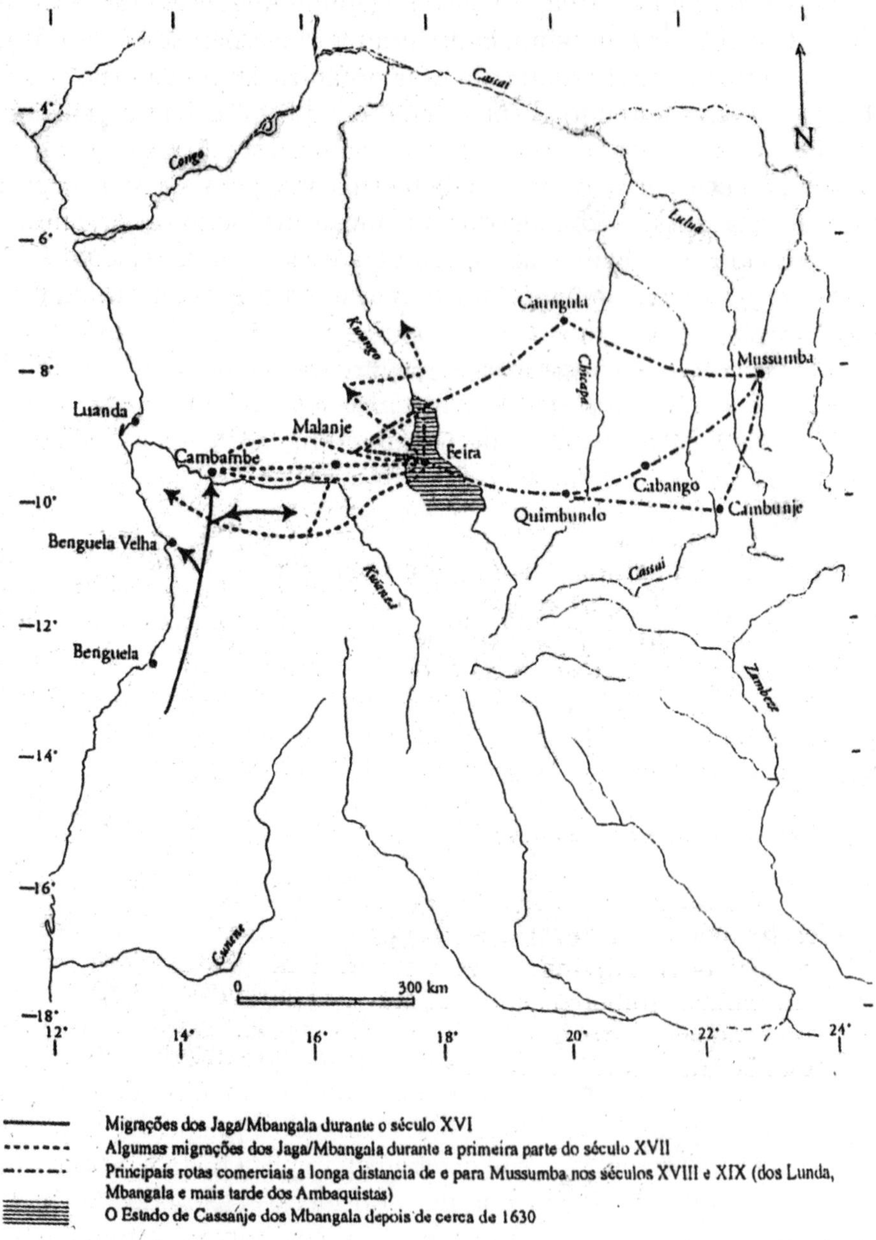

Migrações dos Jagas/ Mbangalas. IN: HEINTZE, 2007, p. 41.

De acordo com Vansina, os Jagas chegaram a Angola em 1569 e os Lunda em torno de 1600.[100] Ambos iniciaram grandes invasões, sendo as dos Jagas foi mais do tipo conquistador, com uma organização predatória, enquanto os Lunda parecem ter confiado menos na "conquista" e mais no prestígio de governar todos os povos que eles encontravam a leste do Kwango. Ambas as invasões parecem ter se originado da mesma área geral da África Central e estão ligadas à invasão Luba sobre a Lunda. Vansina incitou os pesquisadores a realizarem mais trabalhos de campo para esclarecer as relações entre as estruturas e tradições Mbangala e o crescimento e expansão do sistema político Luba.

Miller seguiu esta orientação e na década de 1970 foi ao atual distrito de Malanje investigar as origens do povo Mbangala, descendentes de Cassanje. [101] Seus estudos alteraram profundamente a compreensão das cronologias Mbangala, ao revelar que os nomes que aparecem nas genealogias representam posições políticas permanentes e não indivíduos. Assim Kinguri, Lueji, Kasanje, etc são títulos e não personagens históricas definidas. Miller decifrou as metáforas embutidas nas tradições, em que casamentos representam a união do título masculino e as figuras femininas simbolizavam grupos das matrilinhagens. A morte significa a abolição de um título e não de uma pessoa- assim quando os *makotas* Lunda matam Kinguri simboliza que seus súditos ritualmente aboliram a posição titular de seu rei. Sobre o método de interpretação das tradições, Miller alerta-nos sobre o fato de que as tradições orais são seletivas e retém apenas o que lhes interessa legitimar; desse modo, as tradições de cada grupo étnico, incluindo os Mbangala, lembram apenas os eventos que afetaram a seu próprio sistema político durante o movimento do título Kinguri da Lunda para Angola, o que não fora levado em conta pela historiografia anterior.

De acordo com as tradições Mbangala que Miller recolheu, o bando de Kinguri assimilou muitos novos títulos e posições dos Cokwe/Lwena. Os reinos Kulembe e Libolo bloquearam o movimento de Kinguri para o Kwanza, levando-o a se fixar outra vez e fundar um segundo reino, dessa vez junto aos Songo que viviam nos rios Luhando e Jumbo. A complexidade do desenvolvimento político que ocorreu ali implica no fato de que Kinguri permaneceu entre os Songo por um considerável período. As tradições Songo relatam vários casamentos metafóricos entre o título Kinguri e

---

[100] VANSINA, 1966, p. 423.

[101] MILLER, 1995, p. 76.

figuras femininas que simbolizavam grupos das matrilinhagens Songo. Esses casamentos produziram várias posições titulares Songo descendentes do Kinguri, o que indica a criação de um reino extenso, um processo que deve ter se estendido por muitas décadas.

Os Lundas converteram-se em guerreiros Mbangala quando os *makotas* que lhes sucederam na abolição do título Kinguri adotaram o kilombo, em prol de um sistema político diferente baseado em instituições dos Kulembe e do Libolo. O Kinguri nas diversas narrativas é descrito como um chefe cruel e sanguinário, que toda vez que se levantava cravava lanças em dois de seus súditos, um clichê que aparece frequentemente nas histórias sobre reis da África Central. As tradições narram o episódio em que os *makotas* decidem matar Kinguri, pois sua tirania estava acabando com o seu próprio povo. Os *makotas* se separaram de Kinguri logo após os Lunda terem se dispersado entre os Songo, numa ilha no alto Kwanza conhecida como Mbola na Kasashe. Os *makotas* Lunda encontraram no kilombo um efetivo método para combater Kinguri e então realizaram os rituais necessários para a abolição do título.

Primeiramente o nome kilombo era usado entre os Ovimbundu como sociedade de iniciação masculina, depois foi adotado por Kulembe como culto guerreiro, uma associação masculina independente dos vínculos de linhagem. Os *makotas* vindos da Lunda, após abolirem o título Kinguri, adotaram o kilombo enquanto exército itinerante e partir daí se denominaram Mbangala.[102]

Por quê, então, as fontes do século XVII chamaram esses povos de Jagas e não de Mbangalas? Birmingham e Miller concordam que a primeira referência documental aos Mbangala foi em 1563, na carta do jesuíta que acompanhou o primeiro donatário Paulo Dias de Novais,[103] onde escreve que os exércitos de Ngola Kiluanje tinham feito uma série de guerras no interior contra o "rei de Banguela". Miller acredita ser esta uma referência a um dos *makotas* Lunda que sucederam Kinguri e sugere que problemas linguísticos na tradução podem ter levado a confusão com a Baía de Benguela, ao sul de Angola. Argumenta ainda que o termo Mbangala era estrangeiro tanto para o jesuíta que escreveu o documento quanto para o kimbundu que provavelmente lhe transmitiu a informação. Os falantes do português costumam omitir a primeira vogal das palavras banto, assim um escritor

---

[102] MILLER, 1995, p. 132 e ss.

[103] Carta do irmão António Mendes para o Padre Geral, 9/5/1563. In: BRÁSIO, 1952, v. II, p. 509.

português em 1560 poderia muito bem ter escrito "banguela", em vez de Mbangala ou Imbangala.

Se essa única referência diz respeito a um chefe Mbangala ou não, dificilmente resolveremos, mas a ausência do nome Mbangala na documentação do século XVII já é em si importante. As fontes constantemente falam de Jagas, tanto do lado dos portugueses, como de Nzinga Mbandi. Miller, repetidas vezes, diz que as fontes erram ao chamarem os Mbangala de Jagas e manifestou sua intenção de abolir a noção de Jaga da historiografia da África Central como sinônimo de uma entidade etno-cultural definida. Já pelo título de um dos seus artigos, "*Réquiem for the Jaga*" [104], Miller sugeriu a eliminação deste grupo da história da região, ao afirmar que os Jagas nunca existiram fora da imaginação dos missionários, dos traficantes de escravos ou dos oficiais do governo português, que criaram esses míticos canibais para justificar suas próprias atividades na África. Os europeus enxergavam a crueldade, o canibalismo e a barbárie em vários povos africanos e acabaram dando a todos o nome de "Jaga", somando-se a noções imprecisas da geografia africana dos séculos XVI e XVII. Erros etimológicos teriam estimulado a falsa associação entre Jaga, Agagi, Galas. As características físicas dos Jagas e seus comportamentos, como foram descritos, contrariavam tudo que era familiar aos europeus: eram negros, monstruosos, canibais e destruíam toda e qualquer forma de civilização, assim desempenharam a mesma função que as Amazonas na mitologia europeia, ou seja, uma oposição aos valores "civilizados". Alguns detalhes da aparência e do armamento dos Jagas derivavam do generalizado estereótipo do selvagem africano.

Na visão de Miller, o alegado apetite por carne humana recebeu especial atenção dos traficantes de escravos em Angola. Mercadores privados e públicos os usaram para defender a moralidade do tráfico, pois a escravização livraria os povos Mbundu de serem comidos pelos Jagas.[105] Traficantes também os evocaram para explicar as diferenças entre o número de prisioneiros feitos no interior e o número de escravos exportados no litoral. Os escravos faltantes, claro, foram exportados ilegalmente, sem pagar os tributos devidos, mas os traficantes ilícitos explicaram essa discrepância alegando que alguns dos seus teriam sido comidos pelos Jagas. Miller, ao se aprofundar na história do Congo, concluiu que a dita invasão de 1568 fora

---

[104] MILLER, 1973.

[105] *Ibidem*, p.124.

uma colisão de descontentes internos que assolaram o poder, somados a invasores externos de outros reinos vizinhos. Para ele, a criação do "mito dos Jagas" serviu bem aos propósitos portugueses, pois após o resgate de D. Álvaro, Portugal passou a exigir soberania sobre aquele reino.

John Thornton deu continuidade ao debate ao "ressuscitar" os Jagas, afirmando a existência histórica desse grupo, contrapondo-se, assim, a Miller[106]. Thornton identificou-os aos Yakas do Vale do Niari, que de fato, invadiram o Congo, e concluiu que o nome Jaga descreve mais um modo de vida do que um grupo étnico específico.

François Bontick[107] e Anne Hilton[108] também deram sua contribuição, ambos adentrando-se na história do Congo para identificar quem foram os Jagas. Para determinar a identidade dos invasores de 1568, Hilton buscou compreender os contextos em que o povo Congo usava o termo "Jaga", encontrando quatro sentidos:

1) era usado em amplo sentido como o outro (aka), estrangeiro

2) designava o povo que viva ao norte do rio Zaire, os quais eram considerados pelos povos do sul como forasteiros. Indubitavelmente esses povos tinham a cultura e a língua Tio, diferente do Congo. Os congoleses os chamavam "Jaga" no sentido geral de forasteiros e invasores.

3) designava os Mbangala, bandos militares sem linhagens que tinham se envolvido em guerras contra os Mbundus do sul. Assim como os "Jagas" do norte do Zaire, os Mbangala eram etnicamente distintos e invasores.

4) designava povos a leste do Kongo dia Nlaza, que deixou um exército que incluía povos chamados Majacas, ferozes como os Jagas.

Anne Hilton, por sua, sugeriu que os Jagas que invadiram o Congo eram os ancestrais dos Muyaka do século XVII, que roubavam os escravos do mercado de Makoko. Esses Jagas que atacaram o Congo não são os mesmos que aos que as fontes do século XVII em Angola se referem. Aceitamos a hipótese de que após o retorno ao trono do *mani* Congo pelas tropas de Francisco de Gouveia, alguns bandos de Jagas expulsos atravessaram o Kwango e adentraram no território do Ngola. Os sucessivos processos de incorporação de povos de outras etnias nos fazem crer que se afastaram da

[106] THORNTON, 1978.

[107] BONTINCK, 1980

[108] HILTON, 1981.

identidade com os Yakas. O nome Jaga foi muito utilizado pelas autoridades portuguesas, que chamavam a tudo de Jagas, como quer Miller. Os descendentes da Lunda, em determinado momento histórico, aceitaram o título Jaga como uma patente dada pelos portugueses.

Enfim, Jaga era uma generalização para forasteiro, invasor. Assim como "bárbaro" foi utilizado na Antiguidade para designar todos aqueles que se opunham ao modelo cultural e linguístico dos romanos, os europeus chamavam de Jagas vários povos distintos que se distanciavam de seus conceitos de "civilizados". O designativo "Jaga" foi usado pelos europeus de forma tão ampla a ponto de forjar um novo significado para ele, além das fronteiras étnicas. Não consideramos o uso do termo um "erro das fontes",[109] já que foi maciçamente utilizado por missionários, administradores, nativos, o que indica a invenção de uma nova categoria de atores históricos, que revela um ponto de vista exterior. Mas se foram chamados da mesma forma, algo em comum deviam ter. Talvez não houvesse identidade entre os diversos grupos chamados de Jagas que tinham origens e ritos diversos. Apesar da heterogeneidade dos bandos, havia um modo de viver comum a todos: eram guerreiros nômades e, em algum momento, adotaram a organização militar dos kilombos.

Cassanje, tão poderoso, foi exaustivamente chamado de Jaga pelas fontes. De alguma forma ele incorporou o "título" a seu nome e provavelmente assimilou técnicas de combates e de treinamentos que não eram próprios de seu bando original. Devemos refletir sobre a alteração que o nome Jaga sofreu no contexto do século XVII, em que autoridades africanas incorporaram a designação dada pelos portugueses, extravassando o sentido inicial de uma étnica específica.

Não concordamos com a identificação direta dos Jagas com os Mbangalas, como a historiografia hoje costuma fazer. Pensamos que os dois designativos não são sinônimos e não se pode substituir todos os Jagas a que as fontes do século XVII se referiam por Mbangalas. Acreditamos que o bando de Cassanje, hoje identificado como Mbangala, era apenas um, dentre as centenas de bandos chamados Jagas, e nem todos vieram da Lunda ou seguiam os mesmos costumes.

Mesmo após toda essa discussão historiográfica, Vansina optou por chamar estes grupos de Jagas, argumentando que, ainda que heterogêneo,

---

[109] MILLER, 1973, p. 145.

tinham uma forma de governo própria e eficaz e conseguiram se impor por mais de um século.[110] Vansina conjecturou que os Jagas saíram do sul rumo ano norte, até chegarem à bacia do Kwanza no final da migração em massa. Os associa ainda à chegada dos primeiros traficantes de escravos e analisa o surgimento dos Jagas no contexto da desigualdade social existente entre ricos e pobres, também explorada no processo de implantação do tráfico de escravos. Ao encontrar novos seguidores, os bandos Jagas se tornaram a expressão da revolta dos que não tinham nada contra os que tinham muito. Os ricos controlavam os meios de produção agropastoris e as ferramentas mais necessárias, como as enxadas, enquanto os pobres sobreviviam apenas como serventes pela graça do rico e do poderoso. Quando os traficantes de escravos portugueses apareceram na costa, este povo pobre era o que corria mais risco de ser vendido como escravo. No olhar de Vansina, na medida em que se tornaram potentes guerreiros Jagas, conseguiam se manter livres e passaram a ser eles quem vendiam os outros como escravos, atuando tal qual os ricos, numa espécie de revanche.[111]

---

[110] VANSINA, 2004, p. 200.

[111] *Ibidem*, p. 201.

Capítulo 2

Angola portuguesa: conquista e resistência

2.1. Formação da colônia portuguesa de Angola

Em meio ao processo de centralização e expansão do reino do Ngola, os portugueses começaram a articular a colônia portuguesa de Angola, clara adaptação do nome do principal governante daquele reino. A "conquista" de Angola deve ser entendida no contexto da expansão do Império Marítimo Português, que pretendia obter o monopólio da navegação e do comércio em todas as novas áreas conquistadas e impor a religião cristã aos povos considerados pagãos, autorizado por diversas bulas papais.[112]

Os portugueses haviam chegado à África Central no final do século XV e obtiveram grandes sucessos com o batismo do *mani* Congo em 1491. Mas ao longo do século XVI, a relação com os portugueses não permaneceu pacífica e amistosa como quando começou.

A presença de comerciantes brancos no reino do Ngola é documentada desde 1504,[113] quando estes, fugindo da instabilidade política do reino do Congo, buscaram as terras mais ao sul. No contexto desses novos contatos, circulou um boato na corte do Congo dizendo que o Ngola solicitava missionários para o seu reino, pois desejava se converter ao cristianismo.

Em resposta à solicitação, D. Manuel, rei de Portugal enviou a primeira expedição às terras do Ngola em 1520, com o objetivo de batizar o soberano e averiguar as riquezas daquela terra. A prata, explicitamente, despertava os interesses do rei de Portugal.[114]

A missão, entretanto, não foi bem-sucedida. Um dos emissários, o escrivão Baltasar de Castro, foi aprisionado pelo Ngola, permanecendo como

---

112 BOXER, 2002; CURTO, 2009.

113 A primeira notícia sobre as terras do Ngola está em BRÁSIO, 1952, v. II, Doc. 46.

114 Regimento dado por el-rei D. Manuel a Manuel Pacheco e Baltasar de Castro, que foram descobrir o reino de Angola. In: FELNER, 1989, p.21.

refém por seis anos. Em 1526, ele escreveu de Mbanza Congo ao rei D. João III, contando como havia sido solto pela intervenção do *mani* Congo D. Afonso.[115]

Mas o desejo português de comercializar nas terras do Ngola permaneceu. A intensificação do comércio com o Ngola desagradava o Congo, que via sua soberania ameaçada. Os planos dos comerciantes de São Tomé eram aumentar o tráfico clandestino com Ndongo e sair da órbita de controle de São Salvador, auxiliando o Ngola a conquistar a independência em relação ao Congo.

A batalha do Ndande, em 1556, marcou a autonomia do Ngola, que conseguiu derrotar o Congo. Para consolidar seu poder autônomo, orientado por comerciantes de São Tomé, o Ngola mandou uma embaixada a Lisboa pedindo padres para converter seu reino. A embaixada ficou aguardando embarque em São Tomé por alguns anos. O estudioso Carlos Alberto Garcia suspeita que tal demora ocorreu pelo receio do rei português em desagradar seu então parceiro, o *mani* Congo.[116] Quando finalmente a missão chegou a Portugal foi recebida pela regente D. Catarina, que hospedou os embaixadores na casa de padres da Companhia de Jesus, a quem encomendou a preparação da nova missão às terras do Ngola. A articulação entre a Coroa portuguesa e a Companhia de Jesus para a conquista de Angola é evidenciada em vários documentos.[117]

Entretanto, o Ngola que havia solicitado o batismo morrera e fez-se necessário saber se o novo Ngola estaria disposto a se converter como seu antecessor. Para isso, a regente D. Catarina consultou o bispo e o capitão de São Tomé.[118] Após alguns anos, o sucessor mandou resposta afirmativa, assim a Coroa portuguesa prosseguiu com a articulação da missão com a Companhia de Jesus, que zarpou do Tejo em 1560.

Paulo Dias de Novais, neto de Bartolomeu Dias, foi nomeado capitão da caravela, responsável por acompanhar os jesuítas. Ao chegar ao território do Ndongo, Paulo Dias foi alarmado por portugueses residentes ali que desaconselharam o encontro direto com o Ngola, que seria Dambe a Ngola

---

[115] BRÁSIO, 1952, v. I, p. 485.

[116] GARCIA, 1964, p. 150.

[117] Carta do padre Inácio de Azevedo para o padre Diogo Lainez. 19 de maio de 1558. In: BRÁSIO, 1952, v. II, p. 411. Carta do padre Francisco de Bórgia para o geral da Companhia. 20 de maio de 1558. In: BRÁSIO, 1952, v. II, p. 415.

[118] FELNER, 1933, p. 406.

(Ndambi a Ngola ou Ngola Kiluanji Kia Ndambi), filho de Ngola Inene, que solicitara os missionários anos antes.[119] Depois de muito hesitar, Paulo Dias resolveu subir o rio Kwanza e conhecer pessoalmente o Ngola. O soberano Mbundu chegou a dar vinte jovens ao padre Francisco de Gouveia, que acompanhava Paulo Dias, para serem educados, o que despertou a esperança dos missionários. Todavia, as expectativas se frustraram rapidamente: o Ngola não aceitava um Deus que condenava a poligamia e passou a chamar os europeus de feiticeiros, declarando "que lhe iam espiar a terra com mentiras e que os havia de degredar para outra terra."[120] Por fim, tomou-lhes tudo que levavam, proibindo-os de regressar ao litoral.

Os jesuítas atribuíram a hostilidade do Ngola a intrigas provenientes do *mani* Congo, a quem desagradava as relações diretas entre Portugal e Ndongo. Frequentemente o *mani* Congo aparece, nas correspondências missionárias, alertando o Ngola do perigo das relações com os portugueses.[121]Mas essas acusações de intrigas vindas do Congo devem ser vistas com ressalvas, uma vez que os jesuítas haviam sido expulsos daquele reino por D. Diogo em 1553 e não eram mais bem-vindos nas terras ao norte. Delgado indica que os jesuítas tinham a intenção de minar a influência do Congo na região, deslocando o eixo comercial para Angola.[122] Os portugueses residentes no Ndongo também influíram para o mau recebimento dos enviados da Coroa, já que o comércio existente com o Ngola poderia ser prejudicado pela intervenção do governo lusitano.

Uma carta do Padre Francisco de Gouveia, conta que os cativos foram mal alimentados, espancados, abandonados.[123] Foram classificados de escravos do Ngola, cosiam-lhe as roupas e eram obrigados a fazer serviços degradantes. E Gouveia relatou ainda que o Ngola se interessava mais pelas sedas e bebidas ofertadas do que pela palavra de Deus. Desviava-se quando a questão era sobre a conversão ao cristianismo e fingia não entender o que

---

[119] *História da residência dos padres da Companhia de Jesus em Angola e cousas tocantes ao reino e conquista*, 1 de maio de 1594. In: BRÁSIO, 1952, v. VI, p. 552.

[120] Carta do irmão Antonio Mendes para o padre Leão Henriques, 29 de outubro de 1562. In: DIAS, 1934, p. 33.

[121] Carta do irmão Antonio Mendes, 9 de maio de 1563. In: BRÁSIO, v. II, p. 495-512.

[122] DELGADO, 1961, v. I, p. 227.

[123] Carta do Padre Francisco de Gouveia para o padre Diogo Mirão, 1 de novembro de 1564. In: FELNER, 1989, p. 36.

eles perguntavam, sempre zombava da religião, dando pouca atenção às coisas de Deus.

Paulo Dias permaneceu como cativo por cinco anos e, segundo o Catálogo dos Governadores do Reino de Angola foi libertado para ir a Portugal buscar socorro militar para conter a revolta de um vassalo rebelado chamado Quiluange Quiacongo.[124] O embaixador retornou a Lisboa levando presentes ao rei de Portugal:

> *a visitar sua alteza e levando como presente quarenta argolas de cobre e trinta e cinco dentes de alifante e quarenta paos que caá chamaõ de quicongo que é muyto estimado nestas paragens e assim manda mais certos escravos mãdando pedir por isso milhares de cousas.*[125]

Desconfiamos que não foi esse o motivo real da libertação de Paulo Dias, pois sendo o Ngola um rei tão poderoso, que já conseguira combater o potente exército do Congo, não teria dificuldades em vencer um soba menor que se rebelara. No entanto, o embaixador chegou a Portugal com promessas de retornar ao reino do Ngola.

Chegando ao Tejo, Paulo Dias foi recebido com singular entusiasmo, assim como a "causa angolana". A Companhia de Jesus, animada, prontificou-se a auxiliá-lo, com a justificativa de libertar o padre Francisco de Gouveia. Diante da impossibilidade de converter as massas bárbaras sem o uso da força, aconselhava-se a mudança da política de cooperação pela política de conquista. Assim, em vez de nova missão religiosa para Angola, composta por embaixador e presentes, defendeu-se o envio da primeira expedição militar, que impusesse a conversão pelas armas.

A necessidade de intervenção militar para garantir a conversão foi abertamente defendida pelo jesuíta Maurício Serpe:

> *Trata-se cá de fazer nova missão a Angola, onde está aquele nosso padre Francisco de Gouveia, retido há perto de nove anos com muitos trabalhos, sem se confessar e sem dizer missa, e com comer muito mal e vestir muito pior, sem fazer nenhum fruto e sem poder sair daquela terra; nos quais trabalhos até agora*

[124] Catálogo dos Governadores do Reino de Angola. "Arquivos de Angola". In: *Collecção de noticias para a historia e geografia das nações ultramarinas, que vivem nos domínios portuguezez, ou que lhe são visinhas, publicada pela Academia Real das Sciencias.* Lisboa: Typografia da mesma Academia, 1825, v. III, p. 460.

[125] FELNER, 1989, p. 114, nota 1.

deu bom exemplo de si e muitas mostras de virtude. E porque se tem de cá mui bem entendido por isto e por outras experiências, que ***a cristandade em gente bárbara não se pode bem fundar nem se pode conservar sem sujeição*** *- o que não acontece com gente polida, como são os chinas e japões - determinaram S.S.A.A. agora ultimamente de mandar sujeitar esta terra e fundar nela nova cristandade, especialmente por informação do embaixador, que foi com os padres [...] O padre tem escrito por algumas vezes do estado e disposição daquela gente, e o principal é dizer que,* ***se não for sujeita, que não tem remédio, mas se houvesse nela alguma sujeição, que todos se fariam cristãos e muito bons cristãos.***[126] *[grifos nossos]*

Juntamente com a ida de uma armada para o reino do Ngola, o rei de Portugal desejava que fosse uma nova missão jesuítica, o que também fora antes solicitada por Paulo Dias. Depois de três anos de preparativos, a missão saiu de Portugal em 23 de outubro de 1574, com armada composta de tripulantes, eclesiásticos, servidores e soldados, num total de 700 homens.[127] Os padres Garcia Simões, como superior, e Baltasar Afonso, e os irmãos Gomes e Constantino Rodrigues formavam a missão religiosa.

A carta de doação dada a Paulo Dias, nos moldes das donatarias brasileiras, prescrevia que a conquista do então chamado reino de Angola deveria ser feita sem ajuda financeira ou de qualquer outra coisa por parte da Coroa. [128] O donatário obrigava-se a cultivar e povoar as ditas terras, sob pena de perdê-las em quinze anos, obrigava-se também a pôr 400 homens de guerra no território e construir três "castelos de pedra e cal, entre os rios Zenza e Cuanza". A doação mandava que fossem também três clérigos "para confessarem e sacramentarem toda a gente armada" e que se construísse uma igreja sob a invocação de São Sebastião.

---

[126] *História da Companhia de Jesus (H.C.J).* tomo II, v. II, p. 506, *apud* DELGADO, 1961, v. I, p. 272.

[127] *Uma história inédita de Angola,* do padre Francisco Rodrigues, 1936, p. 16. Na petição do governador, de 1588, fala-se em "uma armada de nove velas de alto bordo", ver: BRÁSIO, 1952, v. IV, p. 481.

[128] Carta de doação a Paulo Dias de Novais. 19 de setembro de 1571. In: BRÁSIO, 1952, v. III, p. 36.

Quando Paulo Dias chegou à baía de Luanda, em fevereiro de 1575,[129] encontravam-se ali sete barcos de traficantes de São Tomé e 40 portugueses residentes, fugidos do Congo pela invasão dos Jagas e pelas dissidências políticas nortenhas, todos muito ricos. Com a chegada da frota de Paulo Dias, os principais se apressaram em visitar o governador, a cumprimentá-lo e a conhecer os seus desígnios, dando boas notícias do padre Francisco de Gouveia, ainda preso.

A primeira ação política do novo governador foi convocar todos os portugueses residentes no sertão angolano para colher notícias da terra e do rei e explicar suas intenções. Apesar de alguns temerem as intervenções governamentais, a reunião se concretizou, tendo participado, além dos brancos, alguns principais da terra.

Pouco antes do desembarque de Paulo Dias de Novais, Ngola Ndambi morrera, causando uma crise constitucional no Ndongo. A tradição recolhida por Antonio da Gaeta, 80 anos depois, registrou Ngola Ndambi como um rei que usou os portugueses para expandir o reino nas regiões dos rios Ndande, Zenza e Lukala, exatamente onde Paulo Dias de Novais o assistira ainda em 1564.[130] O sucessor teve que ser escolhido por uma eleição, em que os oficiais reais, incluindo o *tendala*, os *makotas* e o *kilunda*, conduziram o processo. De acordo com Garcia Simões, o poder fora temporariamente tomado por um "tirano que governou o reino" como um administrador, chamado Kilundo, mas ele foi morto pelo novo rei, que recebeu os emissários de Paulo Dias de Novais.[131]

O novo rei eleito, Nzinga Ngola Kilombo Kia Kasenda (1575-1592) se dizia bisneto do fundador do Ndongo, por uma linha diferente daquela que descendia Ngola Ndambi. Nzinga Ngola foi descrito como um rei muito temido e cruel, que travou sangrentas lutas contra os sobas e mandou decapitar dezenas de opositores, principalmente dos sobas detentores do título Are, que reivindicavam o trono do Ndongo, dizendo-se descendentes do primeiro Ngola.[132]

---

[129] Em *Uma história inédita de Angola*, fala que chegaram a Luanda no dia 11 de fevereiro. Na carta do Padre Garcia de Simões, de 20 de outubro de 1575 (BRÁSIO, 1952, v. IV, p. 338), diz que chegaram a Luanda em 20 de fevereiro.

[130] GAETA, 1669.

[131] Garcia Simões para o provincial, 20 de outubro de 1575. In: BRÁSIO, 1952, v. III, p. 134.

[132] CAVAZZI, 1965, v. II, p. 132. Carta de Diogo da Costa para o provincial. 31 de maio de 1586. In: BRÁSIO, 1952. v. III, p. 339.

Ao saber da chegada do representante português, Nzinga Ngola mandou-lhe um *mogunge* (embaixador) para cumprimentá-lo, acompanhado de numeroso séquito, com mais de cem escravos e uma infinidade de gados, recebidos em homenagens pelo caminho. Depois das solenidades, o embaixador entregou a carta de que era portador ao Ngola. O governador trocou com ele muitos cumprimentos, dizendo que D. Sebastião o mandara àquela terra para servir o seu soberano, defender os portugueses e desfazer os conflitos existentes. "Folgou muito o rei com o presente e embaixada, especialmente por saber que o governador vinha com poder não para lhe fazer guerra, mas para o ajudar nas suas."[133]

O ato diplomático aconteceu na choupana dos missionários, que testemunharam tudo. O governador aproveitou para perguntar sobre as riquezas da terra e do reino. Passados três dias, o embaixador regressou à *mbanza* (moradia) do Ngola com ricos presentes.

Em meados de 1576, Paulo Dias deu ordem de governo com vereadores e mais oficiais de justiça e ergueu um forte de taipa, no morro batizado de São Paulo, em terras do senhorio de Manicabunga. Até então, os portugueses estavam estacionados na ilha de Luanda, pertencente ao domínio do Congo, que autorizara a presença deles.

As relações com o Ngola eram as melhores possíveis. Havia trocas de presentes entre D. Sebastião e o soberano, vivia-se uma verdadeira política de cooperação. Os portugueses andavam seguros em Angola e as boas relações chegaram a tal apogeu que Nzinga Ngola pediu a Paulo Dias um capitão para a sua capital para garantir a justiça nos negócios entre brancos e crioulos de São Tomé. Foi atendido pelo governador que mandou Pero da Fonseca, seu parente, acompanhado de vinte homens.

Os jesuítas não concordavam com essa ocupação de "águas-mornas", buscavam demonstrar a necessidade de se mudar a orientação, de iniciar a sujeição pela violência, pois a conversão "destes bárbaros não se alcançaria por amor", como afirmavam Francisco de Gouveia, capitão no Congo, e o capitão de São Tomé, Diogo Salema. Assim, criticavam a postura de Paulo Dias, "devagar com o negócio da guerra".

[133] *História da residência dos padres da Companhia de Jesus em Angola e coisas tocantes ao Reino e conquista*, 1 de maio de1594. In: BRÁSIO, 1952, v. VI, p. 553.

Paulo Dias justificava sua política pelas próprias instruções de seu regimento,[134] mas conhecendo ele o grande poderio bélico do Ndongo, preferia não provocar o régulo e concentrar seus esforços na exploração do subsolo e no comércio de escravos.

Os jesuítas defendiam o endurecimento das relações, pois a substituição do índio por "escravos da Guiné" já se tornava necessária, conforme defendido pelos inacianos no Brasil. Além do mais, uma política branda, como a desenvolvida no Congo, já se mostrara ineficiente para a Companhia de Jesus.

A aproximação da Coroa portuguesa com o Ndongo não agradava o Congo, que receava perder suas receitas. O *mani* Congo Álvaro I, em 1577, oferecera ajuda para Paulo Dias contra o Ngola, mandando seu sobrinho Sebastião Manibamba, com arcabuzeiros e muita gente, mas, desconfiado, o governador recusou a oferta supondo haver interesse do Congo nas riquezas de Angola: "se o não impedira, estivera hoje de posse de quase toda Angola e suas minas".[135]

A aliança do Ngola com o governo português lhe garantia a submissão dos inimigos e dos sobas rebelados. O Ngola usava os exércitos oficiais e comerciantes dispersos pelos sertões para garantir a ordem. Os comerciantes, por sua vez, gozavam do direito dado pelo Ngola de guerrearem livremente para garantir seus interesses materiais. Mas as relações entre o recém-instalado governo e os portugueses que já comerciavam lá não eram sempre pacíficas. Estes, temerosos de verem seus lucros diminuídos pela intervenção do estado, recusavam-se a obedecer às ordens que lhes pareciam impróprias e continuavam as razias e saques pelo interior. Um episódio pôs fim a estas boas relações iniciais:

Conta-se que em 1579, Francisco Barbuda d'Aguiar, um português com mais de 25 anos de residência na África Central foi preso pelo Capitão Pero da Fonseca por deslealdade. Barbuda já havia sido acusado de fazer intrigas contras os portugueses no Congo, e aparece em Lopes-Pigafetta alertando D. Álvaro I a não confiar na missão de Gouveia Sottomaior.[136] Chegou ao Ndongo

[134] "Dilatou-se a conquista deste reino perto de seis anos, porque tinha por Regimento que procedesse por via de paz e amizades." Carta de Paulo Dias para o rei. 12 de janeiro de 1582. In: BRÁSIO, 1952, v. IV, p. 335.

[135] Carta do padre Baltasar Afonso. 9 de outubro de 1577. In: BRÁSIO, 1952, v. III, p. 157-158.

[136] LOPES; PIGAFETTA, 1989, p. 61.

em 1579 e aproveitou a oportunidade para denunciar o rei de Portugal, o governador Paulo Dias e Pero da Fonseca, "em português e na língua do país".[137] Fora aprisionado por Pero da Fonseca, mas por pouco tempo. Ao ser libertado, foi diretamente ao Ngola dizendo que tinha um "grande segredo": os homens de Paulo Dias estavam no Ndongo e pretendiam tomar pelas armas suas minas, e "tinha gente pronta e muita pólvora, e bala, e que outra mais gente vinha marchando a encorporar-se com ele."[138]

De fato, as tropas portuguesas avançavam lentamente pelo Kwanza acima. O Ngola, por conselho de seus *makotas*, deliberou exterminar o problema e fingiu uma guerra contra uma vila qualquer, pedindo auxílio dos portugueses, que prontamente se dispuseram. O Ngola mandou massacrá-los, subitamente, após a vitória contra o suposto adversário. Morreram de 30 a 40 portugueses residentes na corte e alguns brancos espalhados pelas imediações, e foram chacinados também mais de mil escravos cristãos. Simultaneamente, o Ngola roubou as fazendas dos massacrados de dez a doze navios parados na baía de Luanda, avaliados em 60 mil cruzados, mandando ordem terminante a Paulo Dias de Novais, estacionado no rochedo de São Pedro, nas margens do Kwanza, para sustar sua marcha.

Paulo Dias decidiu suspender o avanço e preparou-se para o ataque do Ngola. Pretendia invadir as minas de Cambambe à força, com o apoio do Congo, solicitado e prometido. Muitos luso-africanos e nobres congoleses se juntaram ao exército português - soldados que aparecem nas fontes como Africanos Cristãos- com o objetivo de atacar o Ndongo.[139]

Em 23 de fevereiro de 1580, chegou de Portugal novo socorro sob o comando de Diogo Rodrigues dos Colos composto de 200 homens. Vieram em sua companhia os padres jesuítas Baltasar Barreira e Frutuoso Ribeiro. Esse socorro fora enviado pelo pai do governador, António Dias de Novais, para o qual o cardeal D. Henrique, inclinado para a questão angolana de longa data, emprestara 22 mil cruzados.[140]

---

[137] Auto de Pero da Fonseca, 18 de abril de 1579. BRÁSIO, 1952, v. IV, p. 308-309.

[138] *História da residência dos padres da Companhia de Jesus em Angola e coisas tocantes ao Reino e conquista.* 1 de maio de 1594. In: BRÁSIO, 1952, v. VI, p. 558.

[139] *Memórias de Diogo de Ferreira*, 1588. In: BRÁSIO, 1952, v. IV, p. 491; CORDEIRO, 1935, p. 188.

[140] RODRIGUES, 1936, p. 24. Na petição de 1588, Paulo Dias parece se referir a este socorro quando lamenta: "Antes (tem) recebidos muitos agravos, deste Reino, que chegaram a tanto que tendo seu pai dois galeões com gente, armas e munições neste rio de Lisboa,

Paulo Dias buscou explorar o facciosismo no Ndongo e impopularidade de Nzinga Ngola, recrutando o apoio dos sobas descontentes com o caráter violento do governante. Em maio de 1580, iniciou-se a campanha contra o Ndongo, em que os portugueses contaram com mais de 60.000 congoleses, 120 luso-africanos e vários sobas que esperavam se libertar do controle do Ngola.[141]

Passando-se a uma nova fase da conquista, novas estratégias precisavam ser pensadas. A paz inicial com o rei de Angola dava lugar a uma política de submissão pela força em que os sobas eram peças essenciais.

2.2. Submissão dos sobas, baculamentos e instituição dos amos

Os sobas foram fundamentais no jogo político criado na conquista de Angola. Os poderosos que aceitavam cooperar com os anseios coloniais portugueses passavam por um ritual de vassalagem, análogo aos rituais medievais, muito usado por Portugal em suas conquistas ultramarinas. Os elementos essenciais do contrato de vassalagem eram, por parte do vencido, a declaração de consentimento, apoio militar, pagamento de tributos, fidelidade e obediência a Portugal e, por parte do vencedor, a promessa de proteção e investidura.

O ritual de vassalagem foi comumente chamado na documentação de "por pezo de Muene Puto",[142] em que *Muene Puto* designava o Rei de Portugal e "*Pheezo*" ou "*pezo*" era a designação usada no Yombe, região do Zaire-Kassai, e também na região do Ndongo, para o barro branco empregado em rituais.[143] Nesse ritual, colocava-se farinha ou caulino nos ombros do soba, depois espalhada pelo peito e braços, simbolizando a fidelidade. As semelhanças com o sistema tradicional, no plano simbólico, serviam para criar correspondências políticas já conhecidas e assim conferir legitimidade ao ritual.

---

para o socorrer, lhe foram embargados pela mesa da Fazenda e lhos não deixaram partir sem dar fiança de dez mil cruzados com notificação a seu pai que não armasse mais navios." In: BRÁSIO, 1952, v. IV, p. 483.

[141] AMARAL, 2000, p. 132-137.

[142] CADORNEGA, 1972, v. I, *passim.*

[143] DOUTRELOUX. *L'ombre des fétiches: societé et culture Yombe*, 1967, *apud* HEINTZE, 2007, p. 258.

O vassalo continuava a ser livre, porém passava a dever lealdade e obediência à Coroa portuguesa. O vassalo era ainda obrigado a cooperar com os projetos colonizadores: abrigar e alimentar soldados, mercadores e traficantes em suas terras; juntar-se aos aliados e ser inimigo dos inimigos portugueses; dar passagem às tropas e pumbeiros; manter as feiras comerciais abertas em seu território.

O pagamento de tributos já era realizado no sistema tradicional, em que os sobas davam ao Ngola parte de sua produção em troca de segurança e chamava-se *baculamento*, nome que foi adotado pelas autoridades portuguesas como sinônimo de cobrança de impostos dos sobas vassalos. Mas, tradicionalmente, os sobas disponibilizavam apenas os servos excedentes para o Ngola, segundo taxas previamente fixadas. O abuso da cobrança por parte dos portugueses levou à ruptura do sistema social tradicional, causando inúmeras guerras pelo interior, cujo objetivo era capturar escravos para saldar os tributos exigidos.

O período da primeira grande ofensiva portuguesa, de 1580 a 1607, foi determinado pelo avassalamento dos sobas à força e deu resultados positivos, embora efêmeros, principalmente nas províncias da Ilamba e da Quissama.

O primeiro soba a prestar obediência ao governador e tornar-se vassalo do rei de Portugal foi Muxima Quitangonge (ou Quitambonge, Muxima ua ngombe). Este, foi ao encontro do governador trazendo muitos mantimentos, capados e bois, "pedindo-lhes que dessem ajuda contra um seu inimigo, que ele em pessoa como todos os seus vassalos ajudaria ao Governador contra o mesmo rei de Angola e assim o fez".[144]

Apesar de essa primeira submissão ter sido voluntária, a maioria dos sobas foi submetida à força. Suas opções ficavam entre: resistência, execução, deportação para o Brasil como escravo ou o avassalamento. Alguns optaram por oferecer a vassalagem quando pensavam que a guerra para submetê-los estava próxima ou quando o Ngola representava um mal maior. Outros sobas souberam aproveitar a oportunidade para ganhar um aliado de peso e se avassalaram quando precisaram de apoio militar urgente contra um vizinho.

Na narrativa de Cadornega nota-se que as alianças eram facilmente dissolvidas. Os sobas aliados aos portugueses frequentemente se rebelavam

[144] Carta do Padre Baltazar Afonso para Miguel de Sousa, de Loanda, 4 de julho de 1581. In: BRÁSIO, 1952, v. III, p. 200.

ou se aliavam a seus inimigos. A Coroa precisou investir grande soma em guerras para conter e reprimir as rebeliões dos vassalos, num jogo de alianças sempre flutuantes.

A situação financeira da conquista se agravou a partir de 1580. Faltava alimento para as tropas, remédios, soldos. Os jesuítas também sofriam as dificuldades e prestavam apoio cada vez maior a Paulo Dias. Como a carta de doação o permitia, através do sistema de sesmarias, o governador indenizou os missionários com doação de terras, em grandes escalas, a partir de 1581. Conquistadores e portugueses de mérito também se beneficiaram deste meio, como Garcia Mendes Castelo Branco e o mineiro Rodrigues de Godói. Entretanto, a Sociedade de Jesus foi, sem dúvida, a entidade mais favorecida com a doação de terras em Angola. As terras doadas correspondiam muitas vezes a sobados inteiros e incluíam todos os seus habitantes, bens, águas. Os jesuítas ganharam o direito de nomear e destituir, segundo seus interesses, os alcaides-mores de seus territórios. Normalmente, as propriedades dos religiosos consistiam em grandes extensões de terras e estavam isentas de impostos. Nas demais, dever-se-ia pagar o dízimo à Igreja e 2% por ano dos lucros dos engenhos e moinhos, mais 40 % em caso de vendas. [145]

No entanto, em Angola, ninguém estava realmente interessado no aproveitamento agrícola do solo. Os escravos eram a principal riqueza e a doação de terras era uma forma de adquiri-los sem grandes custos. O novo proprietário tinha o direito, expresso ou implícito, de dispor livremente dos africanos residentes em seu território. Assim, o contrato de colonização se tornou um instrumento do comércio de escravos, cujo único objetivo era o rápido enriquecimento pessoal.

A doação de terras se dava com o ritual de vassalagem do soba. O novo proprietário era chamado de amo, adaptando-se uma antiga instituição já existente nas tradições angolanas. Quando Paulo Dias e o padre Francisco de Gouvéia foram feitos reféns do Ngola, atribuíram-lhes um amo, chamado Gongacinza, para que servisse de intermediário com o rei. O amo na tradição Mbundu, atuava como "traço-de-união entre a comunidade e o forasteiro, facilitava a vida deste, ajudava o recém-chegado a adaptar-se ao novo ambiente e evitava que agisse de forma incorreta ou ferisse os costumes locais."[146] Em contrapartida, o amo deveria ser o intermediário preferido nas

[145] BRÁSIO, 1952, v. IV, p. 436-438.

[146] SILVA, 2002, p. 417.

trocas comerciais. A História da Companhia de Jesus buscou na tradição já existente a legitimação dessa instituição:

"em se sujeitando um soba, a primeira coisa que fazia, pedia logo amo, a quem tivesse na corte do governador, por conservador e protector, para em tudo lhe obedecer e recorrer a ele. Porque assim o fazem também com o rei de Angola."[147]

Inicialmente, os Mbundu aceitaram de bom grado a instituição dos amos, por já ser do seu costume, mas o constante abuso dos portugueses que, além dos escravos, exigiam serviços, alimentos, hospedagem, fez com que muitos se rebelassem. Tradicionalmente, o amo era um procurador, um intercessor nas disputas com os europeus, porém tal instituição fora desvirtuada para favorecer o rápido enriquecimento dos donatários. Além de escravos, os sobas também davam a seus amos gêneros alimentícios, construíam casas, semeavam os campos, faziam serviços de carregadores:

> *O capitão ou soldado que tem soba pode tirar dele muito proveito, a saber, massa, azeite, vinho da terra para os de sua casa, galinhas, capados, etc. Também podem mandar semear e recolher por seus escravos em terra de seu soba legumes e outros mantimentos.* [148]

Muitas vezes, resultava em excesso por parte dos portugueses e o soba se rebelava, ao que era imediatamente respondido com guerra considerada justa. O soba temia perder seu prestígio e poder diante de seus dependentes, colocado à prova pela insistente cobrança de escravos, o que o obrigava, muitas vezes, a fazer razias contra um povoado vizinho, ou sequestrar rapazes em outras aldeias, ou a tornar-se mais rigoroso na aplicação de leis que previam a escravização, ou até inventar novos crimes. Assim, a comunidade se enfraquecia, tornando-se cada vez mais insegura com a multiplicação de intrigas e delações.

O proveito econômico, em forma de tributos, fora doado por Paulo Dias, em nome da Coroa, aos amos, em consequência da doação de terras. Os missionários e os amos seculares recebiam as doações de terras, ou as receitas dela provenientes, expressamente para seu sustento pessoal ou para

---

[147] *Missão dos Jesuítas em Angola (1602-1603)*. In: BRÁSIO, 1952, v. VII, p. 51.

[148] *História da residência dos padres da Companhia de Jesus em Angola e coisas tocantes ao Reino e conquista*, 1 de maio de 1594. In: BRÁSIO, 1952, v. VI, p. 558.

manutenção de igrejas e colégios.[149] A Sociedade de Jesus também recebera de Paulo Dias o direito a uma parte de qualquer mina de prata que fosse descoberta em Angola (mas que nunca foi de fato encontrada) e o terço do dízimo da igreja, que depois foi retirado pelo rei D. Sebastião. O rendimento das terras, em gêneros e serviços, era de tal importância para os jesuítas que levou a conflitos, tanto em Angola, como no seio da ordem em Portugal.

A Companhia de Jesus proibira a utilização de escravos nas casas da Sociedade, mas vendo que seu uso era tão comum e necessário em Angola, foi obrigada a rediscutir a questão em seus conselhos superiores.

A provisão de 7 de outubro de 1583 concedia aos jesuítas em Angola o subsídio anual de 42$500 réis por pessoa, valor muito pequeno em relação a outros vencimentos e às despesas que se tinha com mantimentos, e este subsídio não fora pago durante os anos de 1586-1596, apesar do Alvará de 22 de novembro de 1592 determinar o seu pagamento. Os padres receberam de seus sobas, em 1590, 300 escravos, além de todos os outros tributos, escravos domésticos e serviços. Podiam exportar estes escravos ao Brasil, isentos de direitos, onde seriam vendidos por 8$000 ou 10$000 réis cada um, o que representava uma cifra bem maior do que seus salários e mais ainda do que suas despesas. Uma parte desse lucro era empregada no "apoio à conquista", que incluía a aquisição de pólvora e armas.

Argumentos de ordem moral também foram frequentemente apresentados pelos jesuítas, que se colocavam como protetores e defensores dos sobas, alegando que tinham como missão consolá-los, acalmá-los e defender seus interesses perante o governador.

A convicção dos jesuítas de que eram os protetores, por excelência, dos índios e das populações nativas submetidas pela colonização, teria influenciado a compreensão dos missionários em Angola. O Provincial Sebastião de Morais expõe o papel dos jesuítas nos conflitos entre os "seus" sobas e o governo:

> *Era grande a inquietação que lhes causavam os sobas nas suas queixas e pretensões e muitos desgostos que por eles os amarguravam. Recorriam os sobas aos padres, nas diferenças que tinham com os Portugueses e com o governador, e nasciam necessariamente desconfianças, melindres e irritações entre estes e os padres, que defendiam aos sobas, seus protegidos.*[150]

---

[149] Cf. BRÁSIO, 1952, v. III, p. 357; FELNER, 1989, p. 463.

[150] *História da Companhia de Jesus*, tomo II, v. II, p. 532, *apud* DELGADO, 1961, v.I.

Em geral, os sobas preferiam ter os jesuítas como amos do que os conquistadores. Em 1587, vários sobas se rebelaram contra o poder dos militares e, diante desta revolta, 47 conquistadores escreveram a Paulo Dias, pedindo que se notificasse "o padre Baltasar Barreira, superior, e em seu nome, ao padre Diogo da Costa, residentes neste Massangano, não largassem de si os ditos sobas, tivessem em seu poder até a terra tomar outro assento."[151]

É importante salientar que a instituição dos amos se diferencia do sistema de *encomiendas* praticado na América Espanhola. Em Angola, a instituição se iniciou como uma concessão de terras de caráter hereditário, em que o beneficiamento econômico compreendia o recebimento de escravos. A instituição dos amos também nunca foi regulamentada por leis no que toca ao trabalho forçado, aos tributos e à cristianização, como se percebe nas encomiendas. Em Angola, tudo ficava a cargo dos amos que, oficialmente, não tinham a obrigação de proteger nem de instruir.

Da mesma forma, essa instituição não tinha a ver com os aldeamentos praticados no Brasil. Catequizar a população local não foi de modo algum a motivação principal dos jesuítas em Angola. A doação de terras era entendida mais como forma de conseguir tributos e apoio para as expedições militares do que ter alguma influência teológica junto à população local, vista apenas como "escravos em potencial". O batismo, quando obrigatório, era dado apenas aos sobas e aos principais da terra. Outra diferença reside no fato de que a maioria das aldeias do Brasil eram lugares para onde se transferiam os índios, obrigados a abandonar o modo de vida nômade. Formava-se uma nova comunidade, dirigida pelos missionários e sem correspondências com a vida social já existente. Em Angola, as terras doadas correspondiam a áreas já sob a jurisdição de um determinado chefe, que não perdia a influência e o poder sobre seus súditos, assim as terras e gentes que lá habitavam continuavam sob controle do soba.

Os jesuítas foram os amos preferenciais de Paulo Dias de Novais por serem eles os maiores apoiadores, no plano ideológico e material, de seus projetos colonizadores. A Companhia de Jesus constantemente pedia ao rei de Portugal recursos para garantir a colonização de Angola e ainda sustentava o "mito da prata" na corte. A suposta existência de metais preciosos em Angola fazia com que a Coroa mantivesse os interesses coloniais ali e, apesar

[151] *História da residência dos padres da Companhia de Jesus em Angola e coisas tocantes ao Reino e conquista.* 1 de maio de 1594. In: BRÁSIO, 1952, v. VI, p. 559.

de a carta de doação determinar que a conquista deveria se dar sem o auxílio real, a defesa veemente dos religiosos fomentava a ida de recursos para a empresa colonial.

Filipe II da Espanha e I de Portugal assumiu a Coroa portuguesa em 1580. Paulo Dias lhe prestou homenagem em 1582 e solicitou auxílio para continuar a conquista, demasiadamente dispendiosa. Os jesuítas, já conhecedores dos projetos do novo rei, foram os maiores cultivadores do dito "mito da prata", pois sabiam que o simples desejo de evangelização não motivaria a Coroa a financiar a colonização em Angola. Era necessário outro motivo que seduzisse o rei, e a prata se adequava muito bem aos anseios metalistas da Península Ibérica desse período.

É visível o esforço do jesuíta Baltasar Afonso para garantir a ajuda da Coroa para a efetiva colonização de Angola. Ele e o padre Baltasar Barreira foram os principais defensores de Paulo Dias de Novais junto à corte e o auxiliaram efetivamente na conquista do território. É fácil perceber, por suas cartas, como a imagem do governador é exaltada, assim como seus feitos militares:

> *São tantas as vitórias que os nossos têm alcançado destes nossos inimigos que não se pode crer por carta, principalmente, tendo até aqui por impossível poder-se conquistar Angola sem grande poder dos portugueses e quer Deus que o governador com cem tem tomado a metade do reino de Angola, e sujeitando muitos e grandes fidalgos, que com ele vão conquistando a terra toda. Em obra de três meses venceu três guerras do próprio rei de Angola, matando e cativando infinidade deles.* ***Somente falta ajudá-lo el-rei*** *desse reino com pólvora e munições, e alguma gente para que se vão refazendo em lugar dos que morrem.*[152] *[grifo nosso]*

Apesar de a carta de doação de D. Sebastião estabelecer que os custos da conquista ficassem a encargo do donatário, os jesuítas tentaram convencer a Coroa a ajudar tal empenho, que poderia lhe render muitos frutos. O que se percebe é a tentativa de Paulo Dias, com o apoio dos missionários jesuítas, de substituir o sistema de capitania implantado por uma "colônia de exploração", transferindo-se assim os custos à Coroa.

Em seu testamento, Paulo Dias glorificou a ação da Companhia na conquista de Angola:

> *Peço a Sua Majestade não consista que os Padres da Companhia de Jesus desamparem esta conquista pois foi cavada desde o princípio e adquirida com*

[152] Carta do padre Baltasar Afonso. 31 de julho de 1582. In: BRÁSIO, 1952, v. III, p. 219.

seus conselhos e ajudas espirituais. E aos mesmos padres pelo e requeiro da parte de Jesus Cristo, por cujo amor cometeram esta empresa, que a levem por diante, e a cultivem com sua vida e exemplo e doutrina, para que nela se multipliquem os filhos de Deus, e a fé católica que começaram a plantar se estenda por esta grande gentilidade.[153]

Entre os anos de 1560 a 1593, vinte e seis jesuítas foram a Angola, onze dos quais faleceram e três regressaram à Metrópole.[154] Destaca-se a atuação do padre Baltasar Afonso, o pioneiro das missões pelo sertão que realizou muitos batismos pelas margens do rio Kwanza, e do padre Baltasar Barreira, que Delgado chamou de "o grande coadjuvador [*sic*] de Paulo Dias e dos seus sucessores, tanto no campo material, como no espiritual."[155] Através das cartas deste missionário, percebe-se sua inserção no exército, sendo até indicado como comandante de esquadrões. Seus relatos são verdadeiros diários de guerra onde o aspecto religioso ficou relegado a segundo plano.[156]

A morte de Paulo Dias de Novais, em nove de maio de 1589, desarticulou a conquista e paralisou o sistema de exploração do território. Luis Serrão sucedeu ao donatário e seu curto governo, ainda sustentado pela expectativa da prata, foi marcado por conflitos com os comerciantes de zimbos (conchas usadas como moeda no Congo) e pela necessidade de vencer o Ngola para assegurar a conquista territorial. Em sua substituição, o povo e capitães elegeram o capitão-mor André Ferreira Pereira. O padre Baltazar Barreira fora eleito pelas Câmaras de Luanda e Massangano, mas não chegou a tomar posse.[157]

O governo de Ferreira Pereira marcou o final da "Capitania e Governança de Angola", já muito abalada em seu projeto original. Paulo Dias falecera sem deixar herdeiros, e a Coroa, interessada em saber a situação real da conquista, mandara a Luanda o licenciado Domingos de Abreu de Brito para

[153] *Testamento de Paulo Dias de Novais*. 24 de outubro de 1582. In: BRÁSIO, 1952, v. IV, p. 156.

[154] *Uma História Inédita de Angola*. In: BRÁSIO, 1952, v. III, p.36.

[155] DELGADO, 1961, v. I, p.363.

[156] Carta do padre Baltasar Barreira ao provincial. 20 de novembro de 1584 e Carta do padre Baltasar Barreira ao provincial do Brasil, no ano de 1585. In: FELNER, 1989, p. 124-132; Carta do padre Baltazar Barreira ao padre Sebastião de Morais. 31 de janeiro de 1582. In: BRÁSIO, 1952, v.III, p.209.

[157] FARINHA,1942, p. 224.

fazer um inquérito. Vindo do Brasil em 1590 e retirando-se de Angola em quatro de março de 1591, o nomeado analisou a economia do novo reino e traçou metas para prosseguir a conquista do território através da criação de um governo-geral.[158] Assim, desfeita a carta de doação, iniciava-se uma nova época colonizadora, em que a Metrópole figuraria como exclusiva orientadora e financiadora da colonização angolana.[159]

Em 1592, chegou a Angola o primeiro governador-geral, D. Francisco de Almeida. Alinhado com os propósitos centralizadores de Felipe II, aceitou o cargo em regime de sociedade com a Coroa, cabendo-lhe a liquidação das despesas da conquista, embora auxiliado pelo rei. A conquista de Angola estava em estado de rebelião geral, vários sobas revoltados com a substituição da "política pacífica" inicial para uma "política de força" combatiam o poder português. A conquista estava ameaçada, assim como a vida de todos os conquistadores.

Os excessos cometidos pelos amos já eram denunciados na corte e via-se que a substituição da donataria era uma boa oportunidade para se abolir tais direitos. Francisco de Almeida foi o escolhido para assumir o governo de Angola com provisão real que tirava os sobas do poder dos conquistadores e dos padres da Companhia de Jesus, pois a instituição foi considerada nociva à autoridade da Coroa e aos interesses da Fazenda Real.

Em 1594, Pero Rodrigues, visitador da residência dos padres da Companhia naquele reino, escreveu a *História da residência dos padres da Companhia de Jesus em Angola* (1/5/1594). Na tentativa de dissuadir a Coroa de acabar com o privilégio dos amos jesuítas, a relação conta que os senhores de sobas eram obrigados, por costume, a gastar boa parte do tributo com o próprio soba:

> *[...] em vinhos, sedas, e panos finos, como é de vinte peças que lhe traz, há-de gastar valia de sete ou oito. Donde se entende o quão grande e excessivo gasto El-Rei nosso senhor tomaria sobre si se deitasse a mão dos sobas deste reino, os quais, com é dito, são em número, setecentos e trinta e seis, fora outros de que ainda se*

---

[158] BRITO, 1933.

[159] Antes de nomear sucessor para Paulo Dias, o rei ouviu o procurador da Coroa, Dr. Jorge de Cabedo o licenciado Lourenço Correira e os desembargadores do Paço, acerca dos direitos reais sobre a capitania, sendo todos favoráveis ao rei dissolver a capitania hereditária visto que o donatário não cumprira suas obrigações. In: BRÁSIO, 1952, v. III, p. 383, 391 e 401.

> *não sabe, pois conforme a este costume se obrigava a sustentar uma riquíssima alfândega de todo o gênero de sedas e outras coisas de preço de Portugal e da Índia, para satisfazer a tanto número de sobas, quando lhe viessem pagar seus tributos.*[160]

Heintze denunciou a estratégia dos padres que, ao mostrarem os custos da doação, pretendiam dissuadir a Coroa de submeter os sobas diretamente ao seu poder, devendo permanecer nas mãos dos particulares.[161] Provavelmente, essa contraprestação não era tão alta como diz o documento do jesuíta.

Iniciou-se então a uma série de protestos que contrapuseram jesuítas e governo. O padre Baltasar Barreira liderou a rebelião contra o governador e a nova orientação metropolitana. As demonstrações de forças chegaram ao extremo do governador proibir os padres de alimentarem os soldados pobres. O padre Barreira, por sua vez, excomungou o governador por "autoridade do seu conservador".[162]

O governador D. Francisco de Almeida acabou sendo expulso de Angola e o povo e a Câmara de Luanda convidaram seu irmão, D. Jerônimo de Almeida, a assumir o governo da colônia, já que esteve ao lado dos revoltosos. O novo governador acatou a sugestão do padre Barreira de suspender a provisão real até nova deliberação do rei. É inegável a importância dos padres da Companhia de Jesus nos primeiros anos da conquista portuguesa em Angola. Delgado afirmou que foram "fundamentais e decisivos".[163] Atuaram politicamente, junto à Coroa, para obter recursos para a conquista de Angola, a fim de convencer as autoridades de como ela era importante e poderia gerar grandes frutos. Para isso insistiram em sustentar o "mito da prata" e das riquezas do subsolo angolano, sobretudo no reinado de Filipe II de Espanha e I de Portugal, notoriamente interessado na busca por metais preciosos, como vimos.

A importância dos escravos de Angola já era evidente na economia portuguesa do final do século XVI. Ao lado das guerras e das feiras, a

---

[160] *História da residência dos padres da Companhia de Jesus em Angola e coisas tocantes ao Reino e conquista.* 1 de maio de 1594. In: BRÁSIO, 1952, v. VI, p. 558.

[161] HEINTZE, 2007, p. 208.

[162] *História da Companhia de Jesus*, tomo II, v. II, p. 544, *apud* DELGADO, 1961, v. I.

[163] DELGADO, 1961, v. I, p. 365.

"instituição dos amos" foi um importante modo de adquiri-los, em forma de tributos. Além disso, a submissão dos sobas permitiu a penetração no interior e a conquista de novas terras, uma vez que os sobas eram obrigados a contribuírem nos exércitos, disponibilizando seus súditos para a "guerra preta" ou como carregadores.

Os jesuítas, os maiores contemplados nas doações de Paulo Dias de Novais, foram essenciais para garantir o controle e colaboração dos sobas. Os escravos que receberam engrossaram os números do tráfico negreiro para o Brasil, em comércio direto com as missões jesuíticas na América. O documento abaixo revela a inserção dos padres no comércio transatlântico, preocupados com o maior lucro:

> *Que as peças se vendam em Angola pelos preços correntes, mas parece perda vender aqui por quatro o que no Brasil importa oito ou dez; que podem ir ao Brasil encomendados aos superiores dos colégios poucos e poucos, por modo que não seja notado, contanto que não se entenda receberem os padres disso opressão. Ao menos parece não escusamos mandar aos padres do Brasil as peças que eles para seu serviço mandam pedir, e também outras para se pagar o que devemos aos colégios daquela província, de coisas que para nossa sustentação nos têm mandadas.*[164]

A menor parte dos negros recebidos foi utilizada como escravaria dos próprios jesuítas em suas fazendas. O visitador Pero Rodrigues orientava a possuir apenas os escravos necessários, já que a produção da terra era mínima:

"E quanto ao número dos nossos escravos, tenha o superior tento que não haja mais que os que boa mente se não podem escusar para o serviço da casa; porque a multidão deles é odiosa dos seculares e para nós trabalhosa de sustentar."[165]

Os objetivos evangelizadores são pouco encontrados na ampla documentação jesuítica. Além da queima de ídolos e alguns batismos em massa nas áreas ocupadas, a atuação missionária é mais evidente nas batalhas e nas articulações políticas. A catequização do povo angolano só existiu, de fato, nos números das cartas dos padres para mostrar a "boa obra" adquirida

---

[164] *Projecto de aforamento de sobas, de Garcia Mendes Castelo Branco*, de 1620. In: CORDEIRO, 1935, v. I, p. 178.

[165] *História da residência dos padres da Companhia de Jesus em Angola e coisas tocantes ao Reino e conquista.* 1 de maio de 1594. In: BRÁSIO, 1952, v. VI, p. 560.

com tantas guerras. Os jesuítas organizaram mais expedições militares que paróquias e colégios, visto que o primeiro colégio só começou a funcionar em 1605.[166] O cristianismo não conseguiu superar a poligamia e as crenças ancestrais, os costumes tradicionais continuaram a vigorar, mesmo com a violenta repressão.

A poligamia, tão condenada pelos missionários, fazia parte da organização social e econômica em Angola. Ter muitas mulheres significava muitos *arimos* (plantações), e, assim, mais alimentos, mais riquezas. Dessa forma, poucos, ou de fato, nenhum soba realmente aceitou essa imposição do cristianismo, vista como inconcebível na realidade Mbundu.

A ideia de "fé pela força" era defendida pela Companhia de Jesus, governadores e soldados. Cadornega, repetidas vezes, defendeu que os negros só entenderiam a cruz através dos mosquetes. O arquétipo das Cruzadas compunha os ideais missionários em Angola, onde os cristãos, em nome de Deus e para o serviço da "Santa Madre Igreja", iriam escravizar ou matar os infiéis.

Para garantir seus rendimentos econômicos, os missionários articularam, no plano ideológico, o discurso de que a escravidão salvaria o africano visto que o cristianismo o livraria do paganismo e dos ritos perversos. A antropofagia era constantemente mencionada, pois a escravidão seria uma forma de livrar os negros de serem devorados por seus semelhantes. O próprio termo utilizado para a captura de escravos na África revela a dimensão religiosa: *resgate*. O negro seria resgatado do inferno em que vivia para alcançar as graças do cristianismo por meio da ação do colonizador branco. "Resgatar" aparece na documentação como sinônimo de escravizar.

A *Mesa da Consciência e Ordens*, instituída em 1532, já havia estabelecido as condições legais para a redução à escravidão, tendo por base o direito romano: guerra justa, comutação da pena de morte e extrema necessidade. Era comum que criminosos condenados à pena de morte fossem escravizados, o que originou este discurso legitimador, no qual a escravidão seria uma salvação das barbáries em que viviam os africanos, o que garantiria a salvação definitiva do paraíso cristão.

A "guerra justa" foi evocada como justificativa de se escravizar o povo de Angola, pela grave ofensa que os portugueses sofreram ali. O Ngola havia pedido padres para seu reino e não cumprira a promessa. A prisão de Paulo Dias e do padre Francisco de Gouveia já justificavam a invasão armada do

---

166 SANTOS, 1969.

Ndongo, mas quando o Ngola rompeu com a política de boas relações com o primeiro governador e mandou matar os portugueses em sua corte, ganhou-se toda a legitimação para fazer guerra naquelas terras, cujo produto principal era sempre escravos.[167]

As práticas tradicionais existentes na África também foram usadas para justificar a escravidão, já que a falta de liberdade para alguns indivíduos era uma instituição muito antiga, como vimos no papel dos *ijikus* na composição da sociedade Mbundu, que tanto se diferia da escravidão atlântica introduzida pelo europeu.

Em 1593, no auge do conflito dos jesuítas com o governador-geral D. Francisco de Almeida, o visitador Pero Rodrigues explicita os argumentos do uso da escravidão em Angola ao mesmo tempo em que se escusa das acusações "escandalosas" que eram feitas aos religiosos:

> *1º: Não é escândalo nenhum em os padres de Angola pagarem suas dívidas em escravos, porque, assim como na Europa o dinheiro corrente é oiro e prata amoedada, e no Brasil o açúcar, assim o são em Angola e reinos vizinhos os escravos. 2º: Os escravos que os padres vendem não são somente os que dão o sobas, mas também outros que lhes dão de esmola, ou lhes deixam em testamento, dos quais não têm necessidade para o seu serviço, como quem manda vender trigo e outras coisas, que não há mister para sua casa, a parte onde vale mais. 3º: Nas alfândegas do Brasil, aonde estes escravos até agora se mandavam, não pagamos direitos por privilégio de Sua Majestade, como também pelo mesmo privilégio não pagam direitos os padres, do açúcar que vendem no Brasil, nem de outras coisas em Portugal. E de usarmos deste privilégio tomaram alguns contratadores motivo de escândalo, e de falarem contra nós em as alfândegas.*[168]

Carlos Zeron, ao tentar desmistificar a oposição jesuítica à escravidão, constatou que o Privilégio Real dado aos jesuítas dos dois lados do Atlântico, em forma de isenção de tributos para se exportar açúcar e escravos, afirmou a interdependência econômica das missões angolanas e brasileiras, em que os negros africanos foram peças essenciais para o enriquecimento da ordem. [169]

A instituição da escravidão atlântica em Angola foi um complexo processo que envolveu atores de diferentes lugares sociais, articulando

[167] BRÁSIO, 1952. v. III. p. 227-229.

[168] *História da residência dos padres da Companhia de Jesus,* p. 554, *apud* DELGADO, 1961, v. I.

[169] ZERON, 2011.

a elite local, o governo colonial e o clero, conseguindo, assim, criar a sua legitimidade.

2.3 As guerras angolanas: "guerra preta" e guerreiros Jagas

No princípio do século XVII, os governadores abandonaram a ideia de fazer de Angola um entreposto comercial e adotaram uma política de agressão militar contra os centro-africanos. A guerra foi um investimento muito presente no orçamento colonial, não obstante a orientação do rei Felipe III da Espanha (Felipe II de Portugal), que preocupado com os altos custos da guerra, mandou os governadores não se envolverem em atritos e focar mais no comércio, pois acreditava que o controle do comércio de escravos, mais do que a guerra, tornaria a colônia sustentável e seria a razão da colonização, de caráter pacífico e pagável.

Mas foi através da imposição pelas armas que os portugueses conseguiram concretizar o tráfico negreiro. O termo "guerras angolanas" foi consagrado por Cadornega e se refere principalmente às décadas entre 1580-1660, sendo o período de 1624-1660 o mais acirrado, cujo principal inimigo dos portugueses foi a rainha Nzinga Mbandi.

É claro que a guerra já era bem conhecida entre os habitantes de Angola e havia castas de guerreiros especializados que se dedicavam à proteção do território, fabricação e uso de armas. Antes da chegada dos europeus, os sobados adjacentes ao reino do Ndongo viviam um cenário de instabilidade política e militar, com frequentes invasões por outros grupos, sendo necessário defender-se. Mas até então, a guerra era feita para ampliar a disponibilidade de mão de obra, aumentar a produção agrícola e sustentar o crescimento populacional, ou ainda como forma de expansão do poder político e do prestígio social de determinado chefe.[170] Os portugueses perceberam a guerra como uma maneira de se obter muitos escravos rapidamente, já que os perdedores eram tradicionalmente escravizados. E, assim, o sentido da guerra foi alterado: o que antes era uma luta necessária para assegurar a sobrevivência do grupo tornou-se uma eficaz ação para o aprisionamento de escravos. Os governos coloniais em Angola passaram a se dedicar fundamentalmente

[170] THORNTON, 1992, p. 34; SILVA, 2002, p. 20.

à indústria bélica e nenhum outro setor da economia recebeu tantos recursos como a guerra.

A guerra era um meio eficiente de garantir a sujeição de um soba e, mesmo após o avassalamento, tudo era usado como justificativa para se atacar um sobado: inadimplência no pagamento dos tributos exigidos, aliança com inimigos, insubordinação. Frequentemente e por qualquer razão, os portugueses atacavam sobas que já haviam se avassalado, escravizavam a população – sobretudo a masculina – e substituíam os líderes por chefes mais leais ao governo português. Criou-se um ambiente de terror constante em que a obediência era garantida pelo receio das armas.

Thornton se contrapôs à ideia da existência de uma superioridade militar europeia sobre os africanos.[171] Para ele, antes da revolução industrial, os exércitos europeus não eram tão superiores aos africanos quanto a historiografia sugere. A dificuldade de conquistar o grupo político dominante no Ndongo mostrou aos portugueses a necessidade de combinar táticas, estratégias e armas africanas com as europeias, criando uma "nova arte da guerra em Angola", que foi adotada por ambos os lados do conflito.

Pode-se afirmar que as guerras angolanas foram lutadas por africanos contra outros africanos. Os portugueses eram poucos e inexperientes nos negócios da guerra pelo sertão angolano. Os brancos, chamados *mundeles*[172], que chegavam a Angola não resistiam às intempéries do clima, morriam rapidamente ou, se enviados para o campo de batalha, desertavam e fugiam. Os exércitos portugueses em Angola eram largamente uma força africana sob sua própria estrutura de comando, com europeus simplesmente servindo como generais, como foi documentado por toda a obra de Cadornega. Para compor as tropas, os portugueses contavam com homens dados pelos sobas vassalos, e assim, eram chamadas "guerra preta".

A atuação da "guerra preta" foi decisiva para os portugueses vencerem algumas batalhas, pois, desse modo, contavam com pessoas que conheciam a geografia local, sabiam como se comportar nas densas matas e como manusear e se defender das principais armas usadas pelos africanos. Havia uma rígida hierarquia militar nessas tropas e seus líderes eram chamados *kilambas*. Alguns foram premiados por suas ações pelos portugueses, como o Kilamba Mulundo, que aprisionou a irmã de Nzinga, D. Bárbara, e foi

[171] THORNTON, 1988.

[172] CADORNEGA, 1972, v. I, p. 349.

considerado "um Deos Marte em quanto negro"[173] e prometeu casar uma filha com Ngola Ari. Outro *kilamba* homenageado foi João Bango-Bango, condecorado com o hábito da Ordem de Cristo devido a seus feitos militares na Batalha de Cavanga, em 1646.[174] Os filhos de *kilambas* que iam às guerras eram considerados os mais fiéis entre os gentios.[175] Os *kimbares* eram pretos forros, treinados militarmente que serviam nos presídios. *Cangoandas* eram chamados os crioulos de São Tomé e da terra, vestidos "à portuguesa", que reuniam em torno de 130 homens por volta de 1640.[176] Os negros *empacaceiros* eram os que carregavam as armas de pesso, como espingardas e mosquetes, e receberam este nome por alusão aos animais de grande porte, como búfalos e vacas, chamadas *mpakassa* na língua kimbundu. [177]

Ao mesmo tempo que a "guerra preta" garantia a vitória dos exércitos pró-lusitanos, deixava os portugueses em situação vulnerável. Muitos negros desertavam e, em determinado momento da guerra, recusavam-se a cooperar ou passavam a não mais aceitar os maus tratos infligidos pelos comandantes. Assim, a frente de combate lusitana era completamente dependente da força africana.

As guerras em Angola eram primordialmente travadas "mano-a-mano" e, desse modo, dependiam muito das habilidades pessoais de cada guerreiro em saber se esquivar, pular, correr, manusear escudos e se esconder rapidamente. Pero Rodrigues anotou que a maior defesa dos soldados africanos "consistia no *sanguar* que é pular de um lado para o outro com milhares de tranças e tanta agilidade que podia escapar de flechas e espadas." [178]

Os exércitos geralmente eram dispostos em "ordem aberta", em que os soldados andavam espalhados e distantes, para dar espaço às habilidades individuais, enquanto uma tropa dava cobertura à outra. Observadores europeus geralmente consideraram esse modo de lutar "semi-disperso" uma desordem e frequentemente falavam da desorganização dos exércitos africanos. Mas Thornton defende que a desordem era mais aparente do

---

[173] CADORNEGA, 1972. v. I, p. 409.

[174] *Condecoração a João Bango-Bango*. In: BRÁSIO, 1952, v. X, p. 60.

[175] CADORNEGA, 1972, v. I, p. 397.

[176] *Ibidem*, p. 346.

[177] *Ibidem*, p. 349, nota marginal do autor.

[178] Pero Rodrigues. *História da Residência dos Padres...* In: BRÁSIO, 1952, v. IV, p. 563.

que real, pois as evidências sugerem que os exércitos da África Central eram organizados em unidades regulares com uma estrutura de comando e métodos complexos de comandar essas unidades.[179]

Os portugueses compreenderam que marchar com o exército formado, tal como se fazia na Europa, era um alvo fácil para as flechas e adargas e passaram a adotar os modelos de guerra africanos. O abandono português da organização que caracterizava as guerras europeias é bem ilustrado pela decisão tomada por Luiz Mendes de Vasconcelos em 1622. O então governador de Angola havia servido no exército espanhol em Flandres e escrito um tratado sobre a arte da guerra ("*Da arte militar*", publicada em 1612). Conta-se que Vasconcelos, vendo o exército formado frouxamente em ordenação aberta, deu ordem para que se fechasse, mas foi imediatamente aconselhado que isso o deixaria muito vulnerável a flechas e seu pedido foi desfeito.[180]

Uma das táticas africanas de maior sucesso nas batalhas era a "meia-lua", em que os *muzengos* (esquadrões) se dividiam em três - uma central e duas asas - com o objetivo de encurralar o inimigo. Enquanto o opositor lutava contra o *mozengo* central, os dois outros o cercavam e o aniquilavam.[181] Pero Rodrigues narrou uma batalha em que as tropas do governador Luis Serrão foram acometidas por essa tática da "meia-lua" em 1589.

> *[...] o exército de Matamba vinha marchando com muito silêncio, repartido em três muy grossos esquadrões, com seus arcos, e frechas, azagaias e cutelos: por fora dos esquadrões vinha outra infinidade de gente em meia lua muy larga. [...] Após três dias o confronto foi iniciado, atacando-se primeiro o esquadrão do meio, mas os inimigos vinham passando por cima de nossos mortos e ferindo outros tantos, até que se fechou a meia lua, ficado todo o nosso exército cercado entre aqueles esquadrões.*[182]

O conhecimento da geografia local também foi um fator fundamental para as vitórias nas guerras angolanas. Os soldados se escondiam nos matos e dali podiam atacar os inimigos com flechas e adargas sem serem vistos.

[179] THORNTON, 1988, p.365.

[180] CADORNEGA, 1972, v. I, p. 83-86.

[181] Baltasar Barreira ao provincial do Brasil, 17 de Agosto de 1585. In: BRÁSIO, 1952, v. III, p. 323-324. Carta de Diogo da Costa, 31 de Maio de 1586. In: BRÁSIO, 1952, v. III, p. 336; CADORNEGA, 1972, v. I, p. 406-412.

[182] Pero Rodrigues. *História da Residência dos padres...* In: BRÁSIO, 1952, v. IV, p. 565.

Cadornega narrou que o gentio usava aqueles matos como suas fortalezas,[183] assim como usavam as rochas para se esconderem, como uma pedra chamada de Bamba Ampango, que foi usada pelos Mbundu como fortificação por meses durante o governo de D. Francisco de Almeida.[184]

Havia um complexo sistema hierárquico e de comunicação por sinais, difundidos pelos instrumentos de guerra. A *Lunga ou gonguê*, instrumento conhecido no Brasil por seu nome yorubá *agogô*, era um dos principais recursos de comunicação dentro dos exércitos. Constituído de um ou mais sinos de ferro, ao se bater com um pau, o som ecoava longe e cada toque alertava os soldados para um momento da batalha: hora de atacar, de marchar ou de recolher, ou sinalizavam a vitória.[185] Só podia ser tocado pelo capitão mor ou *Tendala* do reino, ou pelo Samba Tendala na ausência do primeiro. Este instrumento aparece sempre associado aos Jagas como bélico e não como instrumento musical.

Lunga. Aquarela do Manuscrito Araldi de Cavazzi publicada em ALENCASTRO, 2000. Texto em italiano na imagem: "Lunga é instrumento militar dos Jagas e sua principal insígnia, sem o qual não podem ser Jagas".

[183] CADORNEGA, 1972, v. I, p. 87.

[184] *Ibidem*, p. 74.

[185] Pero Rodrigues. *História da residência dos padres...* Brásio, v. VI, p. 574. Cadornega também se refere a esses sinos como *muucu*, 1972, v. I, p. 180.

Instrumentos de guerra. Aquarela de Cavazzi (Descrição histórica dos três reinos do Congo, 1965, v. I).

Tambores e caixas também aparecem acompanhando os soldados nas batalhas, em que um tocador motivava os guerreiros pelos toques enérgicos. Os tambores – chamados de modo geral *Ngoma* nas línguas bantas – eram considerados sagrados e seus toques capazes de mobilizar forças ancestrais. Nas guerras eram utilizados para a evocação dos espíritos que ajudavam a vencer as batalhas, além de manterem os guerreiros no mesmo ritmo e pulsação. Cada ocasião demandava um toque e somente os principais comandantes eram autorizados a tocá-los. Uma tradição recolhida por Miller narra o momento em que Kinguri, em busca de magia adicional para vencer seus oponentes no Libolo, mandou um de seus companheiros ir a Lunda e lhe trazer uma das insígnias dos chefes *tubungu*, um tambor de guerra chamado *ngoma ya mukamba*, que era um grande talismã de guerra. As aquarelas de Cavazzi frequentemente mostram os tambores acompanhando os cortejos militares e os rituais Jagas.

A rainha Nzinga com seu séquito e tocador de tambor em frente ao seu palácio. Aquarela de Cavazzi (Manuscrito Araldi) publicada em "Njinga a Mbande e Aimé Césaire: independência e universalidade". (2013, p. 36)

Nzinga e seu séquito indo para a guerra. Destaque para o tambor Ngoma. (Ibidem. p. 49)

Uma importante característica dos exércitos da África Central é que eles eram inteiramente compostos pela infantaria. Apesar de a cavalaria ter sido adotada com eficácia em sistemas militares africanos ocidentais,[186] os cavalos nunca chegaram a desempenhar papéis decisivos nas guerras na África Central, não obstante os esforços dos portugueses para isso.[187] O relevo acidentado e a hidrografia composta por diversos rios caudalosos impediam a circulação dos cavalos, de forma que as travessias eram feitas a pé. A cavalaria teve que ser substituída por *pombos*, tropas especiais formadas por soldados levemente armados conhecidos pela habilidade de correr rapidamente.[188]

A ausência de cavalos e animais de carga gerou efeitos na logística dos exércitos angolanos, que tinham de carregar todo o suprimento nas costas, auxiliados apenas pelo transporte fluvial em alguns trechos. O serviço de carregador era um dos mais essenciais para a guerra e, ao mesmo tempo, o mais desprezado pelos africanos, que se recusavam a realizá-lo e muitas vezes abandonavam os portugueses, deixando para trás toda a bagagem, chamada *quicumba*. Apesar de Cadornega se referir à quicumba como "mulherio e gente inútil",[189] Thornton a considerou a "chave objetiva para qualquer batalha".[190] A quicumba correspondia não apenas às coisas, mas a todo o aparato de utensílios e pessoas necessárias para o trânsito em guerra, como alimentos, armas, estrutura de acampamento e de alimentação. Cerca

---

[186] LAW, 1980.

[187] Carta de Fernão de Sousa ao governo. 8 de Janeiro de 1630. In: HEINTZE, 1988. Doc. 149. p. 243. Fernão de Sousa defendia a criação de uma companhia de cavalos, com capitão e alferes, para defesa dos rebeldes e socorro da conquista. No "Memorial de Luiz Mendes de Vasconcelos", de 1616, Vasconcelos pedia ao rei que lhe enviasse 200 cavalos, considerados fundamentais para o comércio (In: BRÁSIO, 1952, v. VI, p. 21.) E na "Consulta do Conselho Ultramarino" (14/12/1652), ordenava a importação de cavalos do Brasil, mas chamava atenção para que nunca se levasse éguas a Angola, para evitar a reprodução e a conseqüente posse desses animais pelos africanos. (In: BRÁSIO, 1952, v. XI, doc. 79.)

[188] CADORNEGA, 1972. v. I, p. 89 e 148; *Relatório de Fernão de Sousa*. In: HEINTZE, 1985, p. 252-255.

[189] CADORNEGA, 1972, v. I, p. 135, 347, 403.

[190] THORNTON, 1988, p. 369.

de metade do contingente militar era de carregadores,[191] incluindo muitas mulheres, talvez "esposas" dos combatentes, que ajudavam no preparo da comida e outros serviços. Os oficiais portugueses acreditavam que a presença feminina também ajudava a preservar o moral e dava aos soldados motivo extra para lutar, pois caso fugissem, suas mulheres poderiam ser presas pelos vitoriosos. Contudo, os oficiais tentavam limitar o número de mulheres nas expedições, especialmente as não casadas.

A decisão de carregar a quicumba e onde colocá-la no momento da batalha era fundamental para a vitória do exército. A Batalha de Cavanga, em 1646, ilustra bem essa importância, pois o conselho de guerra português, na véspera, gastou tempo considerável decidindo onde pôr a quicumba, optando, finalmente, por deixá-la bem no meio do exército em vez de destacar tropas para defendê-la, prejudicando assim seu desempenho no campo de batalha.[192] Em outras guerras, os inimigos roubavam toda a quicumba, deixando as tropas desoladas, sem comida, armas e abrigo em lugares desertos. O roubo da quicumba foi frequentemente usado como estratégia de ataque para desestabilizar o oponente.

A alimentação das tropas era outro fator fundamental na logística da guerra em Angola. A chamada "farinha de guerra" foi essencial para a nutrição dos soldados, mas não conseguia garantir a sobrevivência de todos nas longas jornadas. Frequentemente homens da "guerra preta" eram deslocados para a tarefa - *canzar*[193] - de buscar alimentos nas matas, que demandava que se percorresse quilômetros, às vezes dias, para encontrar comida, enquanto o resto da tropa padecia de fome. A busca por alimentos fragilizava o exército que tinha seu contingente diminuído, como ocorreu em1644, quando Nzinga Mbandi atacou a armada portuguesa quando parte de seus homens estava em busca de comida.[194]A fome era frequente e a busca por mantimentos, determinante, já que, sem alimentos os soldados não conseguiam lutar. Frequentemente, os exércitos assaltavam comunidades e roubavam toda a comida.

---

191 Um observador da Batalha de Ambuíla notou que o exército do Congo lavava metade de carregadores e metade de soldados. *Relação da mais gloriosa victoria...* (1666). In: BRÁSIO, 1952, v. XII, p. 584.

192 CADORNEGA, 1972, v. I, p.403-407.

193 Do verbo *Kukanza*, apanhar frutos pendentes. In: CADORNEGA, 1972, v. I, p. 349.

194 *Ibidem*, p. 347-348.

Cavazzi registrou o estrago que os exércitos faziam ao passarem por comunidades rurais,[195] e quando passavam por territórios aliados, as tropas eram orientadas a ter cuidado redobrado para não roubar comida e prejudicar as relações amistosas. Os sobas aliados tinham a obrigação, prevista pelo acordo de vassalagem, de alimentar as tropas, mas os abusos de soldados famintos muitas vezes os desagradavam e prejudicava as alianças, de forma que Fernão de Sousa recomendou muito cuidado neste particular a seu capitão Bento Banha Cardoso, em 1626.[196]

As armas de fogo usadas pelos europeus foram, por muito tempo, consideradas pela historiografia como avassaladoras e revolucionárias nas guerras na África. Mas estudos que investigaram esse cenário mais de perto colocaram essas afirmações em xeque, argumentando, por exemplo, que as armas de fogo tiveram um pequeno efeito na tentativa portuguesa de conquistar Moçambique, justo no mesmo momento em que as guerras angolanas começaram. [197] Se os portugueses que lutaram no Congo em 1491 levavam armas de fogo, os congoleses foram indiferentes à sua performance, pois o equipamento mandado ao Congo em 1509 continha apenas lanças e arcos. Thornton afirma que o período entre 1450 e 1650 foi considerado um dos momentos de mudança nas guerras europeias, em que a infantaria, paulatinamente, substituía a cavalaria armada com lanças. [198] A utilidade das armas de fogo europeias em Angola foi questionada, pois as condições para seu emprego eram menos favoráveis. O poder das armas de fogo, tão úteis contra a cavalaria com armadura, era um desperdício contra inimigos sem blindagem, mais ainda, sua inutilidade não era apenas uma desvantagem nas batalhas contra tropas em massa, era uma dificuldade ainda maior contra as formações dispersas tão comuns em Angola. Talvez a maior vantagem das armas de fogo fosse psicológica, pelo menos naqueles encontros em que o povo nunca havia ouvido ou visto uma arma de fogo. Lopes Pigafetta creditou ao barulho das armas portuguesas a vitória sobre os Jagas.[199] Pero Rodrigues escreveu que os africanos que no princípio haviam fugido das armas de fogo, estavam agora as roubando das mãos dos portugueses.[200]

---

[195] CAVAZZI, 1965.v.I. p. 316

[196] *Regimento a Banha Cardoso,* 1626. In: HEINTZE, 1985, p.205.

[197] GRAY, 1971.

[198] THORNTON, 1988, p. 372.

[199] LOPES; PIGAFFETTA, 1989, p. 61.

[200] Pero Rodrigues. *História da Residência dos padres...* In: BRÁSIO, 1952, v. IV, p. 565.

Apesar de mosquetes terem alcançado algum êxito nos exércitos portugueses, as armas africanas (arcos e flechas, lanças, facas, machadinhas e grandes escudos) continuaram a ser preponderantes nas guerras angolanas. Thornton sugere que as maiores vantagens que os europeus trouxeram para a África foi a armadura de corpo e as habilidades com a espada. A armadura e a espada fizeram deles uma infantaria pesada e temida, mas o poder dessas armas não começou sem desvantagens. A armadura era pesada e a mobilidade das tropas era estritamente limitada por ela. Mais ainda, as tropas não podiam se sustentadar sozinhas em campo. Em situações que foram obrigadas a lutar desamparadas, seja porque os aliados haviam abandonado o combate ou porque a infantaria leve havia fugido, foram esmagadas, frequentemente por um homem apenas. Foi o que ocorreu na batalha de Ngolomene a Kweta, em 1644, quando tropas leves estavam em busca de Nzinga e seu exército acometeu os homens vetidos de armaduras pesadas.

Desde o início da presença portuguesa em Angola, a organização no campo de batalha português foi pensada de modo a se conformar ao modelo de seus oponentes. Em 1585, Baltazar Barreira defendeu o recrutamento de arqueiros e soldados locais, que somou 9.000 efetivos, enquanto os portugueses totalizavam apenas 300.[201] As tropas locais, que Diogo da Costa chamou *chorimbares* (quimbares ou imbari) lutaram com seu "próprio estilo".[202] Além do mais, um dos temas comuns de Cadornega e uma das razões para ter escrito sua "História" foi a incompetência dos oficiais europeus recém-chegados que não entendiam a situação local- a arte da guerra local- e perdiam batalhas e tropas como resultado disso.

O desenvolvimento de uma "nova arte da guerra" em Angola revela algumas complexidades da história militar no mundo pré-industrial e mostra as dificuldades em ver como as conquistas europeias na África foram feitas. Concordamos com Thornton ao afirmar que não havia superioridade organizacional nem técnicas esmagadoras ou automáticas dos europeus sobre os africanos, apesar de os sistemas militares de ambos os lugares terem sido afetados pelo contato.[203]

---

[201] Baltasar Barreira para o provincial do Brasil. In: BRÁSIO, 1952, v. III, p. 323.

[202] Carta de Diogo da Costa, 20 de julho de 1585. In: BRÁSIO, 1952, v. III, p. 319-320.

[203] THORNTON,1988, p. 377.

Jagas mercenários para o tráfico de escravos

Além da "guerra preta", kimbares, kilambas, cangoandas, os portugueses receberam um apoio decisivo nas guerras de aprisionamento de escravos pelo interior: os guerreiros Jagas.

Enquanto esses bandos guerreiros destruíam comunidades Mbundu, desorganizavam a produção agrícola, pilhavam os bens e sequestravam os homens e crianças, os portugueses prosseguiam com a guerra pelo interior, construindo fortificações ao longo do rio Kwanza e organizando feiras a fim de aumentar o volume do tráfico de escravos. Juntos formaram uma lucrativa e violenta parceria que provocou grande despovoamento na região de Angola.

Nos registros de Battel, conta-se que em 1600, mercadores vindos de Luanda estabeleceram contatos com os Jagas perto do porto de Benguela, onde haviam destruído grande parte do reino e feito muitos cativos, que lotaram os navios portugueses.[204] Por volta de 1607, o reino de Benguela foi efetivamente destruído por esses bandos e as terras do poderoso Kafuxe foram pilhadas, o que serviu para abastecer o recém fundado presídio de Cambambe com muitos escravos.

O Governador Manuel Pereira Forjaz (1607-1611) ilustra bem o descompasso entre ordem metropolitana e política colonial para o enriquecimento pessoal. Forjaz recebeu instruções para implementar um governo de "*paz e justiça*" através da diplomacia.[205] Para compensar as perdas das guerras, o rei estimulava a agricultura comercial, como o açúcar ou a pesca das conchas *nzimbu*, usadas como moeda no Congo. As ordens régias não foram cumpridas, ao contrário, o governador articulou uma extensa rede comercial que envolvia a guerra para aprisionamento e venda de escravos, e lhe rendia altos lucros. Pereira Forjaz organizou o comércio de escravos e marfim conectando a região do Mpumbu (nordeste do Congo) aos portos de Mpinda (Loango) e Benguela. Tudo isso se valendo dos ataques Jagas aos povoados, nos quais os homens eram escravizados e os meninos raptados. O governo fomentou a guerra entre as populações locais para se tornar grande exportador de escravos. Forjaz fortaleceu Cambambe como

---

[204] RAVESTEIN, 1901, p. 16-21.

[205] Regimento a Manuel Pereira Forjaz, 26 de março de 1607. In: BRÁSIO, 1952. v. V, p. 270. A mesma ideia foi repetida nos regimentos passados a governadores posteriores. Regimento de 22/9/1611, que se supõe ser dirigido a Francisco Correia da Silva, que nunca foi a Angola (In: BRÁSIO, 1952, v. VI, p. 21-39) e Regimento a João Correia de Sousa, 3/9/1616. (In: BRÁSIO, 1952, v. VI, p. 257-259.)

centro comercial, de onde se podia explorador novas rotas comerciais para o leste, "[...] sonhando em alcançar Moçambique na outra costa".[206] Assim ações militares passam a assumir lugar de primeira importância nos planos governamentais.

Bento Banha Cardoso, um soldado veterano que estava em Angola desde 1592, assumiu como governador interino em 1611 após a inesperada morte de Pereira Forjaz. Banha Cardoso fez a primeira aliança formal com os Jagas, inaugurando uma política de guerra. Também descumpriu as instruções reais que requeriam governos pacíficos e argumentou que "levou a guerra a grandes escalas para trazer vassalos desobedientes novamente ao controle português e reabrir as rotas para o comércio".[207]

Banha Cardoso atacou o soba Xilonga do Lukala, formalmente vassalo dos portugueses, alegando que este se tornara desobediente e bloqueara o comércio; ergueu o forte de Hango nas terras de Hango a Kikaito, líder da facção norte do Ndongo; ordenou uma campanha ao longo do Kwanza, a leste do forte de Cambambe, atacando as terras de Dembo a Pebo e Pungo a Ndongo na província do Are.[208]

O governador sofreu devassa em que teve que justificar seus atos perante a Coroa. Defendeu-se junto ao governo real alegando que havia trazido mais de 80 sobas para o controle português, garantindo tributos em escravos e assim, a continuidade dos mercados. Ele assinalou que não apenas adquiriu escravos pela guerra, mas que também impôs tributos cobrados em escravos nas novas terras anexadas.[209]

Devido aos sucessos de suas campanhas militares, a Coroa fez "vistas grossas" às violações das instruções reais e decidiu apoiar as guerras em Angola. Escolheu o fundador do forte de Cambambe, Manuel Cerveira Pereira, para governar dando continuidade às guerras iniciadas por Banha Cardoso. Cerveira Pereira foi enviado a Benguela para estabelecer ali um novo reino e conseguir mais escravos para a Coroa.[210]

---

[206] *Catálago dos governadores de Angola.* In: CORRÊA, 1937, v. I, p. 221.

[207] Processos de justificaçãodos Actos de Bento Banha Cardoso, 31/10/1616. In: FELNER, 1933, p. 438.

[208] Devassa de Bento Banha Cardoso, 21/8/1615. Arquivo Histórico Ultramarino, Cx. 1, Doc. 40. Cartas de Bento Banha Cardoso. 28/6/1614. In: BRÁSIO, 1952, v. VI, p. 178.

[209] Processos de justificação dos Actos de Bento Banha Cardoso, 31/10/1616. In: FELNER, 1933, p.438. CADORNEGA, 1972, v. I, p. 77.

[210] Manuel Cerveira Pereira para o rei, 11/3/1612. In: BRÁSIO, 1952, v. VI, p. 77-81.

Com a ajuda dos kilombos Jagas, Cerveira Pereira lançou uma violenta campanha contra Kakulu Ka Hango. Após esta guerra, suas forças se dirigiram para o nordeste, em direção ao Vale do Zenza, onde pilharam os chefes independentes Ndembos.[211] Os lucros da venda de escravos obtidos nessa guerra engordaram os cofres para a conquista de Benguela e para o próprio enriquecimento do governador.

Na visão de Miller, Cerveira Pereira, ao se estabelecer em Benguela, falhou em firmar uma aliança com os bandos Mbangala do sul, pois, a instituição do kilombo teria surgido entre os Ovimbundus desta região, e sendo assim, não precisavam buscar aliados externos para enfrentar a população local. Miller vê diferenças entre os bandos que rodavam nas margens norte e sul do rio Kwanza. Os grupos do norte viviam de rapina, atacando os povos Mbundu e demais etnias da África Central.[212] Os Mbangala do sul já estavam mais estruturados naquela região, o que lhes permitiu recusar o comércio com os portugueses e o pagamento de tributos. "Viviam em abrigos rochosos fortificados, onde armazenavam água e comida para suportar os cercos."[213]

Após a partida de Cerveira Pereira de Benguela em 1617, a Coroa escolheu Luiz Mendes de Vasconcelos para sucedê-lo como governador de Angola, cumprindo mandato até 1621. Vasconcelos foi para Angola com o objetivo de regulamentar o tráfico negreiro revertendo para a Coroa os impostos de exportação, porém a necessidade de se fortalecer militarmente para derrotar Ngola Mbandi fez com que o governador também se aliasse aos Jagas.

[211] *Catálago dos governadores de Angola.* CORRÊA, 1937, v. I, p. 224. Carta de Luis M. de Vasconcelos ao rei. 28/8/1617. In: BRÁSIO, 1952. v. VI.p. 238.

[212] MILLER, 1995, p. 210; Representação a Manuel Cerveira Pereira, 2/7/1618. In: BRÁSIO, 1952, v. VI, p. 315-319.

[213] Relação da costa de Angola e Congo, pelo ex-governador Fernão de Souza, 21/2/1632. In: BRÁSIO, 1952, v .VII, p. 129.

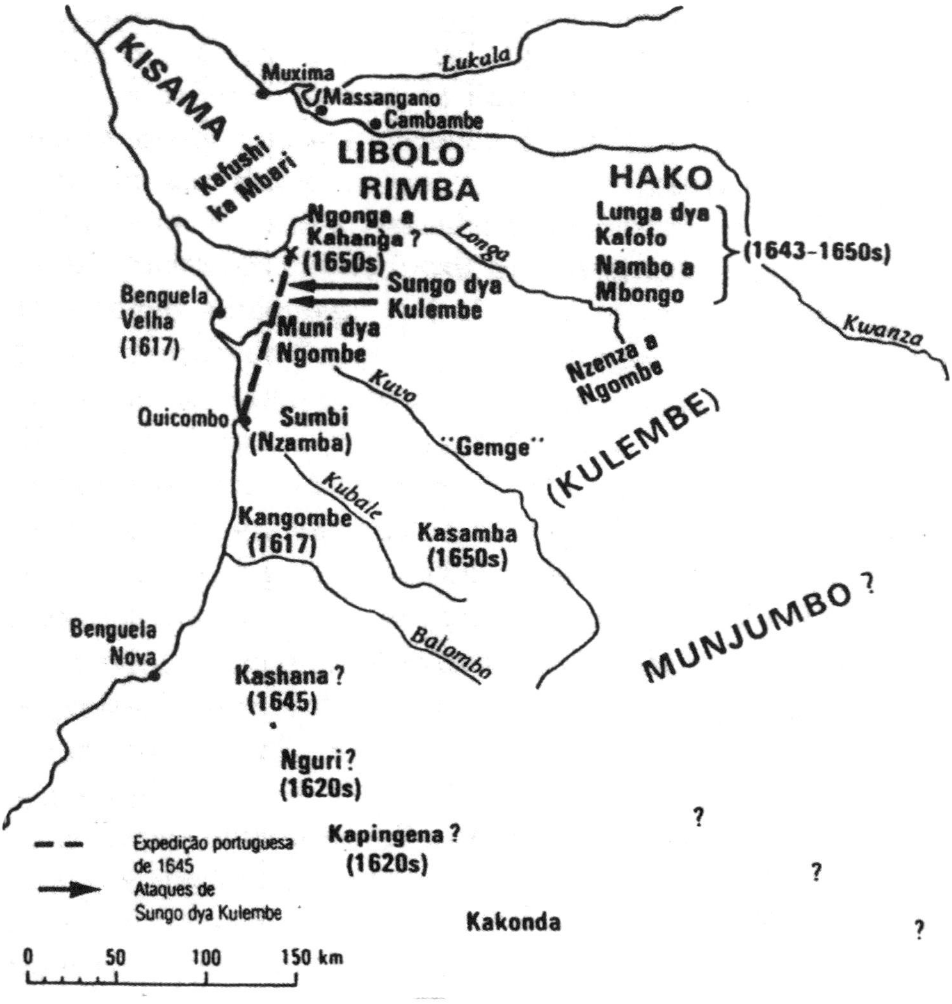

Os Mbangala ao sul do Kwanza. In: MILLER, 1995, p. 211.

Antes de sua chegada a Angola, Vasconcelos acreditava que escravos poderiam ser gerados por ações militares e chegou a escrever que "o comércio de escravos, que é tão importante para o tesouro de Sua Majestade, poderia ser escassamente mantido, porque na ordem do tráfico ser satisfatório, é necessário ter as armas em punho".[214]

Em seu plano inicial, Vasconcelos propunha o uso das táticas tradicionais europeias para vencer essas guerras e denunciava o uso dos Jagas, que haviam sido usados como "cães farejadores" para transformar injustamente os habitantes locais em escravos. Vasconcelos antevia que a estratégia de usar continuamente os Jagas "em algum tempo consumiria os nativos deste reino em um caminho que levaria a despovoamento."[215]

Inicialmente contrário à aliança com os Jagas, percebeu que a extraordinária força militar que eles conseguiam mobilizar rapidamente poderia lhe ser útil para ameaçar o Ngola. A tradição oral recolhida por Miller narra o momento em que Kulaxingo, chefe Mbangala chamado pelos portugueses de Jaga Cassanje, se apresentou ao governador Vasconcelos oferecendo apoio para lutar contra o Ngola: explicou que o régulo tinha construído uma fortaleza mágica que os portugueses eram incapazes de atingir e assim o governador precisaria das armas mágicas do dito Jaga.[216] Essa narrativa reforça a crença dos Jagas de que a sorte na guerra dependia também da manipulação de apetrechos mágicos.

Miller afirma que a conquista portuguesa só ocorreu, ainda que parcialmente, devido ao apoio dos Mbangala.[217] Neste ponto, concorda Thornton, para quem a aliança com bandos Mbangala foi a chave para o "rápido e dramático sucesso das forças portuguesas".[218] Os governadores lusos exploraram as rivalidades entre facções do norte e do sul no Ndongo, para capturar escravos ao longo dos rios Lukala e Kwanza, valendo-se da rígida organização militar dos kilombos Jagas.

Em tempos pacíficos, os Jagas capturavam os agricultores locais para serem vendidos como escravos e, em tempos de guerra oficialmente

---

[214] *Memorial de Luis Mendes de Vasconcelos*, 1616. In: BRÁSIO, 1952, v. VI, p. 264.

[215] Luiz Mendes de Vasconcelos ao rei, 28/8/1617. In: BRÁSIO, 1952, v. VI, p. 283-284.

[216] MILLER, 1995, p. 196.

[217] *Ibidem*, p. 197. Miller defende a identidade dos Jagas citados pelas fontes com os Mbangala.

[218] HEYWOOD; THORNTON, 2007, p. 114.

declarada, juntavam-se às expedições portuguesas. Havia uma relação de complementaridade entre interesses Jagas e portugueses: enquanto aqueles preferiam guardar os rapazes mais novos ainda não submetidos à circuncisão das linhagens para serem iniciados nos rituais dos kilombos, os portugueses se interessavam por homens e mulheres adultos para serem escravizados na América. Para Miller, "os Imbangala tornaram-se, assim, a ambivalente pedra basilar que sustentava os dois braços do duplo do sistema comercial que atingiu a fase de maturidade durante a primeira parte do século dezassete".[219]

Em consequência da parceria econômico-militar entre portugueses e Jagas, um grande empório de escravos se desenvolveu nas proximidades do Médio Lukala. Como os Jagas conseguiam capturar mais escravos do que eram absorvidos pelos canais oficiais do governo, paralelamente desenvolveu-se um sistema ilegal do tráfico. A aliança entre o governo português e os Jagas gerou uma contradição no sistema colonial, pois muitos sobas invadidos pelos bandos guerreiros ficavam incapacitados de saldarem o tributo em escravos exigidos pela Coroa.

Rebello de Aragão, enviado por Felipe III em 1618 para avaliar a posição de seu exército em Angola, deu parecer de que, inicialmente, tal aliança foi fundamental para a colônia e para o estabelecimento do tráfico negreiro, porém, os Jagas tornaram-se arrogantes e começaram a desviar escravos que deveriam ter ido para a alfândega real em Luanda. O emissário atribuía a culpa do tráfico ilegal não apenas aos africanos, mas também aos oficiais portugueses que encorajavam o rapto da população local.[220] Os chefes Jagas eram tratados com grande dignidade pelos oficiais lusos. A relação de Garcia Mendes Castelo Branco argumentava que o rei português deveria oferecer três tonéis de vinho por ano aos Jagas para garantir sua lealdade e o lucrativo tráfico de escravos que eles proporcionavam. [221]

Contudo, as alianças com os Jagas eram sempre flutuantes e guiadas mais por seus interesses momentâneos do que por laços de fidelidade. Em diversos momentos, os mesmos líderes Jagas que serviam aos portugueses os atacavam em batalhas posteriores. O próprio Jaga Cassanje, que ajudou

---

[219] *Ibidem*, p. 195.

[220] Rebello de Aragão. *Relação*. In: CORDEIRO, 1881.

[221] Relação de Garcia Mendes de Castelo Branco. Ajuda,16 de Janeiro de 1620. In: BRÁSIO, 1952, v. VI, p. 446-452.

no ataque ao Ndongo em 1617, passou a ser considerado um dos principais inimigos dos portugueses.

Cadornega narrou episódios em que os Jagas acompanhavam os exércitos portugueses. Em sua narrativa cronologicamente confusa, registrou o momento em que os Jagas Caza e Donga abandonam os portugueses e passam a lutar ao lado da rainha Nzinga:

> *Nesta ocazião do Cerco da Fortaleza de nossa Senhora da Asumção da Embaca accompanhou tambem o tenente General o Jaga Donga com seu Quilombo o qual servia debaixo de nossas bandeiras, como o fazia tambem como dito he o Jaga Caza, o qual, tendo-nos assistido à Conquista do Dongo com o Governador e Capitão geral, se rebellou o que obrigou ao Governador [...] a dar as ordens necessárias por ser cauza de muita importância o afastarse-nos este poderozo Jaga e tambem se havia rebelado outro Jaga por nome Caza.*[222]

Miller atribuiu o qualificativo "mercenários" aos Mbangala, evidenciando a relação calcada em interesses materiais, em que estes bandos atacavam os vilarejos em troca de bebidas e armas. O historiador defende ainda que, os Mbangala posteriormente rejeitaram "o papel de mercenários empregados exclusivamente pelo governador de Angola e tinham voltado ao seu papel original, como agentes de comerciantes privados."[223] De qualquer forma, a ação predatória dos Jagas para o aprisionamento de escravos pelo interior gerou grandes lucros aos governadores e demais agentes envolvidos no tráfico negreiro, causando grande despovoamento na região de Angola.

[222] CADORNEGA, 1972, v. I, p. 90.

[223] MILLER, 1995, p. 196.

Os Mbangala e os portugueses. In: MILLER, 1995, p. 193.

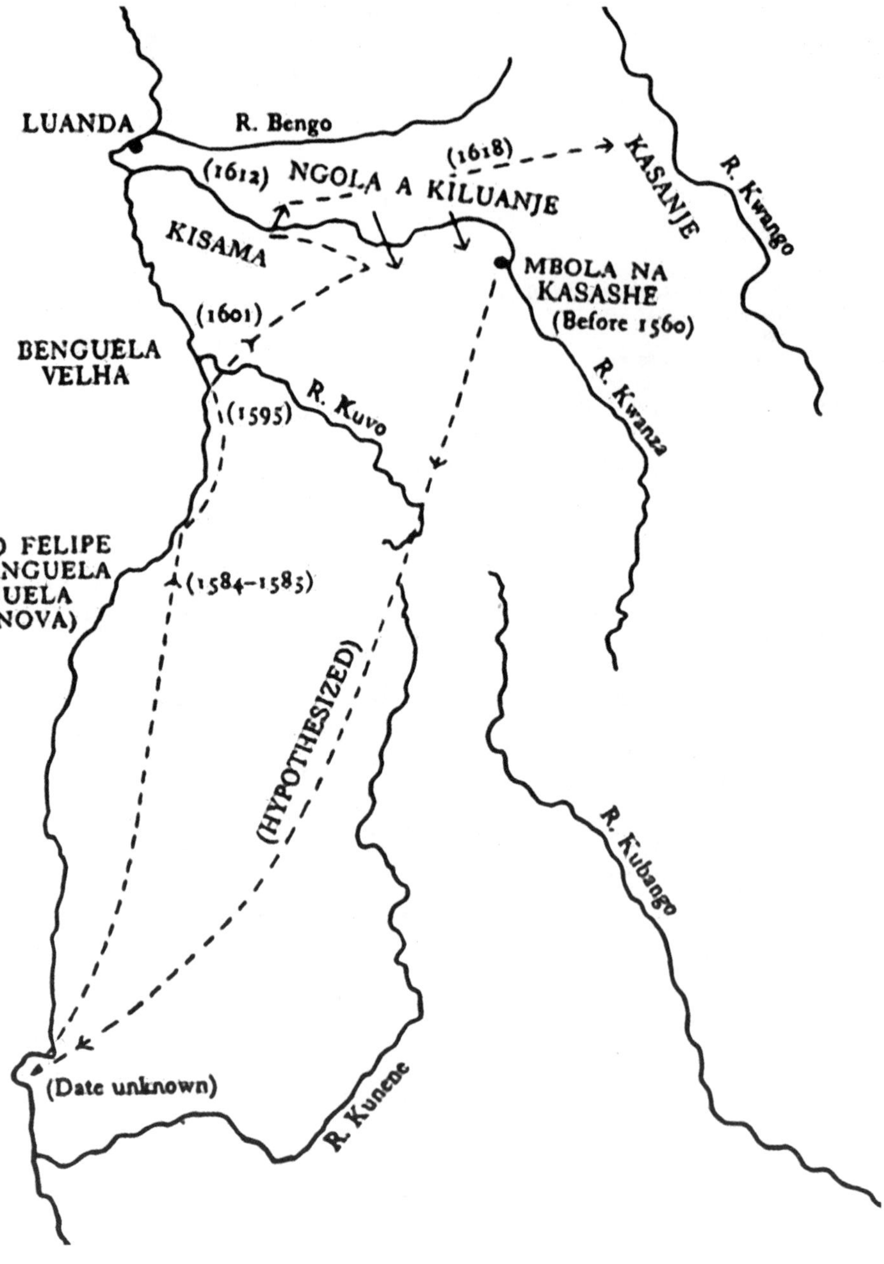

Prováveis rotas dos Mbangala em Angola, mostrando as datas dos encontros com os portugueses.
In: MILLER, 1972, p. 193.

2.4. Itinerário do tráfico negreiro: feiras e presídios

O comércio já existia no reino do Ndongo e era bem desenvolvido quando os portugueses chegaram. As feiras, chamadas *kitanda* na língua kimbundu, faziam parte de uma rede ampla que conectava diferentes povos e mercadorias da África Central. Cadornega registrou o hábito do comércio entre o povo com o qual conviveu em Angola:

> *são muito inclinados a feiras, e para comprarem barato e venderem caro, tem tantas manhas que nenhuma nação lhes faz vantagem. Dinheiro em metal não corre entre elles, tudo he comutação, dando huma cousa por outra. Em algumas feiras comprão mantimentos por capões, em outras por pedras de sal. Os portugueses comprão as cousas meudas por empondas, que são terças de palmilhas. Nas feiras comprão peças por panos de preço, por tafetá, damasco, veludo, alcatifas, margarideta, vinho e outras mercadorias de Portugal e da Índia.*[224]

Para Jan Vansina, antes da chegada dos portugueses coexistiam dois tipos de comércio na África Centro-ocidental: o de "curta distância", essencialmente regional, conduzido nos mercados locais, ligando as comunidades vizinhas, e o "comércio a distância", que ocorria entre povos culturalmente diferentes, conectando estados e regiões diversas. [225] A partir do século XV, o contato com os portugueses teria gerado um novo tipo de comércio, o de "longa distância", em que produtos europeus eram trocados por produtos africanos.

Adriano Parreira, orientado por Vansina, complementou seu professor alegando que as viagens na África Central eram medidas mais em tempo do que em distâncias, em função das condições climáticas e a instabilidade dos caminhos, sendo as noções de "curta" ou "longa" distância imprecisas e variáveis. Parreira formatou o "Quadro das distâncias entre regiões, aglomerados populacionais, mercados e lugares",[226] dando a distância, ora em dias ora em léguas, entre as principais localidades de Angola. O grande esforço de Parreira em cruzar os dados de diversas fontes fornece um instrumental para o historiador atual, mas apenas confirma a imprecisão

224 CADORNEGA, 1972, v. I, p. 32.

225 VANSINA, 1962, p. 375.

226 PARREIRA, 1997, p. 90-93.

dos números, por exemplo: de Luanda a Mbanza Kongo se percorria 80 a 100 léguas, 270 milhas ou 18 dias. Os documentos europeus foram escritos com o intuito de relatar, dar ciência e informações aos conquistadores, para facilitar a ação dos que fossem ao local posteriormente, mas a cada experiência registraram-se diferentes dados, tornando quase inútil o esforço de sistematizar as distâncias entre as localidades da África Central.

Beatrix Heintze classificou o comércio em "mercados locais", que ocorriam na maioria dos sobados, e "mercados supra-regionais" espalhados por todo o território, procurados por pessoas de diferentes localidades. [227] Os produtos africanos mais estimados nos mercados do Ndongo eram o sal, o óleo de palma e as peles de animais, enquanto os produtos europeus mais desejados eram as miçangas de vidro, bebidas alcoólicas, armas de fogo e pólvora, que eram trocados por cobre, marfim, ferro lavrado, cera e escravos. Os panos recebiam especial atenção, tanto os de origem africana quanto os europeus e indianos.

Havia rotas comerciais já consolidadas antes da chegada dos europeus, a partir de vias terrestres, fluviais e marítimas. O transporte por terra encontrava vários obstáculos, como a vegetação que cortava a pele dos caminhantes, animais ferozes e a grande quantidade de rios para atravessar, o que dificultava o uso da tração animal. Assim, o transporte das mercadorias dependia essencialmente dos carregadores, a maioria escravos, que cortavam a pé as regiões da África Central levando os produtos sobre seus ombros ou cabeças. O transporte de pessoas importantes também era feito por tração humana, em tipoias, e os escravos eram amarrados e arrastados por todo o trajeto.

Carregadores. In: CAVAZZI, 1965, v. I, p. 186.

[227] HEINTZE, 2007, p. 200.

Os rios eram muito utilizados no transporte de cargas e pessoas, principalmente o Kwanza, que deságua próximo a Luanda, conectando o interior ao litoral. A navegação pela costa era praticada e conectava os portos de Luanda, Benguela, Mbriz e Mpinda.

Nas principais passagens e fronteiras, cobravam-se taxas alfandegárias para se atravessar rios e terras, chamadas *xikaku*. Esses direitos movimentavam a economia da região, mas sobrecarregavam os comerciantes, que deveriam pagar também pelas mercadorias transportadas, e foram alvo de protestos por parte deste setor.[228]

No momento da chegada dos portugueses já havia uma densa rede de comunicações, constituída por vias terrestres, fluviais e marítimas, que formava a base de toda a atividade econômica na região entre os rios Zaire, Kwango e Kuvo.[229] Praticava-se um comércio ativo entre regiões distanciadas e havia rotas comerciais que ligavam lugares remotos, com grande número de paragens intermediárias. Os comerciantes europeus já encontraram um sistema de trocas organizado e usaram as rotas comerciais pre-existentes para inserir seus produtos nos mercados africanos.

Em 1582, a feira "supra-regional" mais importante acontecia na capital Cabaça, sob a supervisão do Ngola, e era visitada por pessoas dos mais diversos lugares.230 O sal, proveniente da Quissama, era a mercadoria mais procurada pelas diversas caravanas. Inspetores do Ngola, inspirados por um modelo que já existia no Congo desde 1526, passaram a controlar a venda de pessoas escravizadas nas feiras de Cabaça e adjacências, zelando para que não fossem vendidas pessoas livres, o que era punido com pena de morte.[231]

Frequentemente havia rebeliões nas feiras e o consequente encarecimento dos escravos, sobretudo devido à ação de comerciantes brancos que interceptavam as "peças" nos caminhos, impedindo-as de chegar às feiras. Assim os mercadores negros passaram a mudar sua trajetória, abandonando as feiras já consolidadas para vender os escravos em outros lugares. Esta situação levou o rei da União Ibérica, em 1607 a proibir que

---

[228] CADORNEGA, 1972, v. III, p. 274.

[229] PARREIRA, 1997, p.77.

[230] Relação de 1582-1583. In: BRÁSIO, 1952, v.III, p. 227.

[231] Carta de 7/11/1576. In: BRÁSIO, 1952, v. III, p.146.

homens brancos fossem às feiras e fizessem resgates de escravos e também exigir mais rigor nas punições a extorsões e "maus ofícios".[232]

Junto às feiras, a construção de fortalezas e presídios impulsionava a colonização portuguesa rumo ao interior, pois garantia a estabilidade das negociações comerciais e marcava militarmente a presença lusa nas regiões conquistadas. As fortalezas serviram também para armazenar alimentos e escravos, que aguardavam caravanas para o litoral, onde seriam embarcados para o tráfico Atlântico.

Segundo Júnia Furtado, a construção de fortalezas fazia parte das estratégias colonizadoras no Império Português e era bastante comum nos séculos XVI e XVII.[233] O próprio regimento passado a Paulo Dias de Novais pelo rei D. Sebastião determinava que o primeiro governador de Angola deveria erguer "três fortalezas de cal e pedra entre os rios Zenza e Lukala".[234]

Buscamos analisar o itinerário da penetração portuguesa, refletindo como os lusitanos utilizaram as rotas comerciais existentes para levar interior adentro a colonização de Angola. Os portugueses escolheram locais estratégicos para se fortificaram, estabelecendo-se em regiões produtoras das mercadorias mais estimadas, em torno das principais feiras, em pontos cruciais para o escoamento do tráfico negreiro.

São Paulo de Luanda

Em 25 de janeiro de 1576, Paulo Dias fundou a vila de São Paulo de Luanda e mandou erguer a primeira estrutura defensiva de Angola, a fortaleza de São Paulo de Luanda, dedicada a São Sebastião. O padre Baltazar Barreira defendeu a fortificação em terra firme, pois temia que o rei do Congo se incomodasse com a construção de um forte na ilha Luanda, que lhe pertencia.[235]

O local da vila foi escolhido pela existência de um ótimo porto natural formado pela baía da ilha de Luanda. Recebia as águas dos rios Kwanza, ao sul, e do Bengo, ao norte. Nas proximidades da vila havia uma importante fonte

[232] Regimento ao governador de Angola (Manuel Pereira Forjaz) em 26/03/1607. In: BRÁSIO, 1952, v. VII, p. 274.

[233] FURTADO, 2008.

[234] Regimento a Paulo Dias de Novais. In: BRÁSIO, 1952, v. IV, p. 302.

[235] Carta do Padre Baltazar Barreira. In: BRÁSIO, 1952, v. VI, p. 617-618.

de água potável, o poço da Maianga - então chamado Lagoa dos Elefantes. O Morro de São Paulo era outro ponto estratégico na ocupação territorial pois dá vistas para o mar e está ligado ao platô que dá acesso ao interior. Ali se instalou a primeira sede do governo português e foram construídas as estruturas administrativas, como a Câmara e o tribunal, e o povoamento foi se dirigindo para a "cidade alta".

Tanto que em 1606, Manuel Cerveira Pereira, ao relatar à Coroa a situação dos fortes da conquista, reclamava que há muito tempo o de Luanda estava sem defesa alguma, com a artilharia sem reparos e não havia ordens nem recursos para melhor guarnecê-lo.[236] Uma descrição de 1608 também denunciava o mau estado daquilo que nem poderia se chamar feitoria "porque são uma taipas feitas de palha, estas mui desbaratadas".[237]

A fragilidade do forte e a falta de recursos não evitaram o ataque dos holandeses em 1641 que tomaram conta do porto de Luanda e consequentemente do escoamento do tráfico negreiro até 1648. Após a expulsão dos holandeses por Salvador de Sá, o forte teve o seu nome trocado para São Miguel, santo da particular devoção do "restaurador".

Muxima

A primeira fortaleza fora do litoral foi a de Muxima, localizada na província da Quissama, onde se retirava o sal, a mercadoria de maior prestígio e importância nas feiras do Ndongo. A maior parte do sal utilizado no Ndongo era proveniente das grandes minas da Ndemba, localizadas na Quissama. Os sobas da Quissama tradicionalmente forneciam sal ao Ngola como pagamento de tributos, reconhecendo a soberania deste titular. A fiscalização política da região da Quissama era estratégica para controlar economicamente a região, já que o sal era um produto essencial para aquelas comunidades. O padre Pero Rodrigues, visitador da Companhia de Jesus, registrou que "das minas de prata fazem pouco caso, as de sal são o seu tizouro por ser moeda corrente com que comprão peças e todo gênero de mantimentos."[238]

Pensando no controle das rotas do sal, Paulo Dias de Novais ergueu a fortaleza de Muxima em 1581. Não por coincidência, em terras do primeiro

[236] Caderno do governador de Angola, 17/10/1606. In: BRÁSIO, 1952, v. VII, p. 224-225.

[237] Descrição de Angola, 1608. In: BRÁSIO, 1952, v. VII, p. 389.

[238] Pero Rodrigues. *História da residência dos padres...* In: BRÁSIO, 1952, v. VI, p. 571.

soba a se avassalar, Muxima Quitambonge. Localizada às margens do rio Kwanza, Muxima significa coração, entranhas, por estar bem no centro do reino do Ndongo, em ponto bastante estratégico.

Os habitantes da Quissama aparecem sempre como "gente belicosa e mais ferós que há neste Reyno, pelejão em campo com muito esforço e às vezes pegão em espingardas sem temor da morte".[239] Foram grandes opositores à presença portuguesa e frequentemente atacavam as embarcações lusas estacionadas no Kwanza, dificultando o comércio na região, muitas vezes impediram as passagens e a navegação do Kwanza e tomaram os escravos dos portugueses.[240] Pela continuidade destes ataques, percebemos que a dita "conquista" da Quissama não ocorreu de fato, como foi exaltada no governo de Paulo Dia de Novais. A província e seus habitantes nunca foram efetivamente dominados. A construção da fortaleza de Muxima não significou a subjugação da população ao seu entorno, mas certamente colaborou para a penetração no interior, permitindo que a "conquista" portuguesa se estendesse até a província da Ilamba. Da fortaleza, que guarnecia de armas e mercadorias a região, saíram diversas expedições em socorro das tropas que atacavam sobados inimigos, tendo importância fundamental na defesa contra os povos da Quissama, que insistiam em atacar a fortificação.

Em 1599, o governador João Furtado de Mendonça determinou a construção de uma nova fortificação para melhor defesa do presídio. Nessa época, o presídio oferecia suporte às relações comerciais na região, servindo como ativo entreposto de mercadorias e escravos.

Cadornega registrou que em sua época se podia ver as ruínas de uma outra fortaleza, erguida nas terras do Soba Catala, que dava continuidade à dita "conquista da Quissama", mas que se desmanchou em pouco tempo. O presídio de Muxima foi transferido para novo local em 1609 por determinação do governador Manuel Pereira Forjaz, que temia os constantes ataques dos povos da Quissama.

---

[239] BRÁSIO, 1952, v. VI, p. 550.

[240] CADORNEGA, 1972, v. I, p. 80.

Fortaleza de Muxima. Fonte: http://angolaterranossa.blogspot.com/2011_01_01_archive.html. Acesso em: fevereiro de 2012.

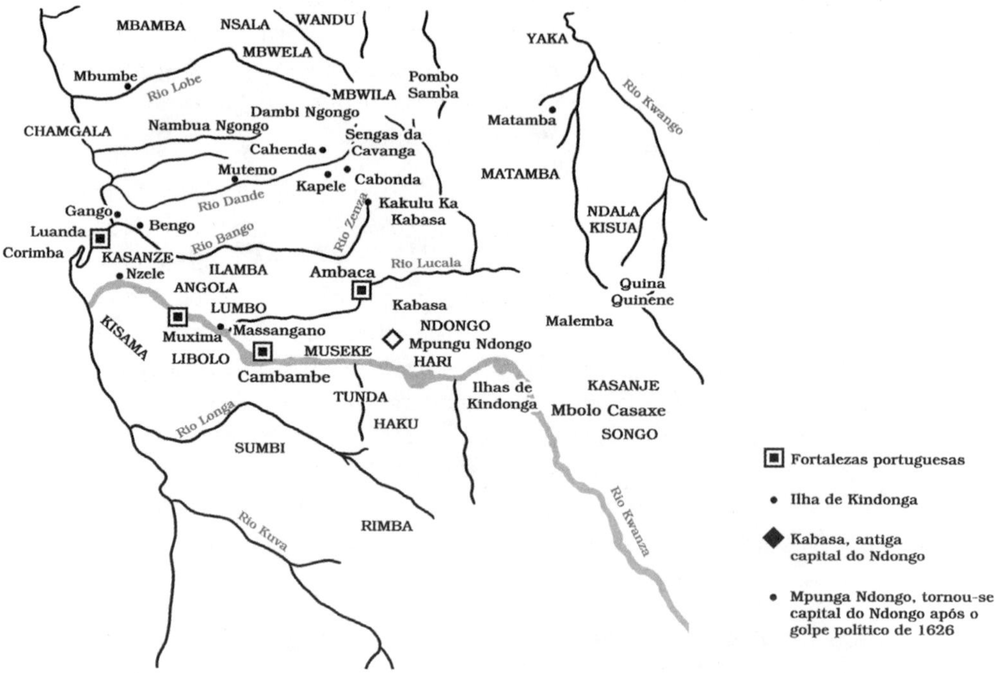

Fortalezas portuguesas erguidas nos séculos XVI e XVII. In: HEYWOOD; THORNTON, 2007. (editado)

Cambambe

As lendárias minas de prata da região de Cambambe motivaram várias investidas pelo interior. Os jesuítas constantemente exaltavam as riquezas de Angola em suas correspondências. Os trechos a seguir mostram como os religiosos buscaram convencer as autoridades da importância do investimento na colonização do território angolano, reforçando o chamado "mito da prata":

> *Sobretudo há muitas minas de prata e muito ricas. Eu vi o sítio onde elas estão e tive nas mãos pedras que de lá trouxeram e entre elas vinham muitos fios, alguns mais grossos que alfinetes dos grandes, muito grossos, tanto que os mineiros afirmam que até agora se não têm outras minas descobertas tão ricas. Dizem eles mesmos que por cada quintal de pedra responderá oitenta marcos de prata. Isto é ainda à flor da terra, obra de uma vara; e afirmam os negros que há minas em que tudo é prata sem pedra, e estas minas são muitas.*[241]

> *Em todas estas serras há muitas minas de quase todos os metais e querem dizer que, como o reino for sujeito a Portugal, que se acharão minas de ouro, principalmente no Musseque, que é a mais rica terra de todas. Aqui estão as minas de prata de Cambambe, que são as mais ricas que os portugueses até agora têm achado. Estas minas são serras altas e muito compridas de penedias, e não luzem por fora como lá imaginam, são como as do Reino, somente têm veias de prata, as quais, quanto mais cavam, tanto mais tiram maior quantidade e melhor prata; destas veias há muitas que parecer ser impossível acabarem-se nunca; minas tão ricas, que tão somente os ferreiros do rei sabem onde estão e, quando querem tirar para el-rei, acham vergas tão grossas que não lhes fazem outro benefício senão martelá-las e ajuntá-las umas às outras, de que fazem malungas, e levam-nas ao rei. Dando-nos Deus paz, facilmente se achariam.*[242]

Diogo de Raquena visitara as minas de Cambambe, de onde tirou amostras de prata e mandou ao rei Dom Sebastião afirmando haver outras quarenta minas de prata na região.Em 1590, o mineiro Martin Rodrigues de Godoy explorou ao longo do rio Lukala, aonde teria achado muitas minas de prata.[243] Na *História da residência dos padres da Companhia de Jesus*, justifica-se o fato dessas minas não terem até então sido exploradas:

---

[241] Carta do padre Diogo da Costa, 20 de julho de 1585. In: FELNER, 1989, p. 155.

[242] Carta do padre Diogo da Costa ao Provincial de Portugal, 31 de Maio de 1586. In: FELNER, 1989, p. 162.

[243] BRÁSIO, 1952, v. VI, p. 550.

> *[...] como quer que o benefício das minas requeira quietação, e até agora neste reino não a houve por ser o gentio buliçoso e os portugueses poucos, sem presídios nem povoações que possam conservar as províncias lá conquistadas, ficam sempre enterrados tão grandes tesouros, com os quais poderá enriquecer Portugal muito mais que com as drogas que lhe vêm de outros reinos.*[244]

Após a ruptura de Ngola Kiluanje com Paulo Dias de Novais, no princípio da década de 1580, o primeiro governador apressou-se a marchar em direção a Cambambe, visando conquistar as supostas minas de prata à força.

O sonho da prata de Cambambe continuou alimentando a ambição dos governadores e motivou Manuel Cerveira Pereira (no seu primeiro mandato, 1603-1606) a construir a fortaleza de Nossa Senhora do Rosário de Cambambe em 1604. O padre Fernan Guerreiro, noticiou a construção dessa fortaleza:

> *Este novo governador [Manuel C. Pereira] entrando no cargo e continuando a jornada de seu antecessor, em poucos dias entrou pela terras do negro Cafunche fazendo-lhe guerra e lhas assoulou quási todas. Deu-lhe três batalhas e o desbaratou, escapando ele porém. Dali foi logo à serra de Cambambe, onde estão as minas de prata. Fez logo uma fortaleza num sitio para isso acomodatissimo. Poz logo na fortaleza 250 soldados e começou a cavar, ainda que pouco em algumas partes daquela serra, de que tiraram varias mostras de prata que nella há, que dizem os mineiros ser muita e haver também outros metais.*[245]

A vitória sobre o soba Cafuche Cambare foi um importante passo para a conquista da região de Cambambe, pois Cafuche havia derrotado os governadores anteriores que quiseram afrontá-lo, e essas vitórias lhe fizeram tão poderoso que até o Ngola lhe temia. Dizia-se que caberia a Cafuche assumir o título Ngola segundo as leis de sucessão daquele reino, por ser tão valente e capaz de vencer os portugueses.[246] Com a fuga de Cafuche, muitos sobas que antes eram subjugados por ele vieram à obediência dos portugueses e até o Ngola mandou uma embaixada ao governador português para parabenizá-lo pelo ataque, já que Cafuche era tão temido por todo o Ndongo.

A fortaleza de Cambambe foi erguida em local alto e estratégico, junto à parte navegável do Kwanza, possibilitando assim a conexão com o litoral

---

[244] *História da residência dos padres...* In: FELNER, 1989, p. 177.

[245] Relações annuaes das cousas que fizeram os Padres da companhia de Jesus, nos annos de 1602 e 1603. Escrita pelo padre Fernan Guerreiro. In: BRÁSIO, 1952, v. VII, p. 53.

[246] *Ibidem*, p. 53.

e o fácil guarnecimento do forte. A partir de Cambambe, os portugueses fomentavam as guerras entre os grupos, chamadas guerras de Kwata-Kwata, em que os centro-africanos iam à busca de escravos em outras povoações.

Massangano

A fortaleza de Massangano foi erguida por Paulo Dias de Novais em 1583, após a improvável vitória contra as tropas do Ngola no dia da purificação de Nossa Senhora. Ao romper a paz com o Ngola, os governadores rodavam a província de Cambambe em busca da prata. A luta direta contra o Ngola era considerada impossível já que o soberano reunia milhares de guerreiros, enquanto os portugueses eram poucos, não mais de 150 soldados. Os sobas aliados aos portugueses temiam o confronto e desertaram. Apenas o soba Songa, que recebera o nome cristão de Paulo Novais, auxiliou seu homônimo.

A vitória dos portugueses foi considerada milagrosa e entendida como uma mercê de Nossa Senhora, que com sua santa mão, ajudara seus filhos a vencer o potente inimigo. Os triunfos lusitanos eram considerados obras da "mão de Deus" que ajudava o exército português a concretizar a luta do bem contra o mal, pois a presença lusa em Angola era uma luta também espiritual em seu benefício. Percebe-se nesse discurso a identidade entre luta militar e luta espiritual, sendo o exército luso o exército de Deus, mantendo a visão cruzadista das batalhas. Os portugueses batizaram a localidade de Villa da Victoria de Massangano e Paulo Dias mandou erguer a fortaleza junto a uma igreja dedicada a Nossa Senhora da Victoria, a quem se atribuía o triunfo.

Localizada entre as margens direita do rio Kwanza e à esquerda do Lukala, em local elevado depois do ponto em que os dois cursos d'água se unem, a fortaleza possibilitava a observação da navegação em ambos os rios.

Com a fortificação de Massangano, os portugueses melhoraram sua defesa e expandiram a ocupação da região de Cambambe. Além de marcar a presença militar portuguesa, esta construção impulsionou a penetração portuguesa para o interior através do rio Lukala, em direção ao centro do reino do Ndongo, e ao mesmo tempo tentava garantir o funcionamento das redes comerciais, em que o tráfico de escravos assumia papel cada vez maior. Ao redor do presídio, desenvolveu-se uma povoação que atuava tanto na guarnição militar como nas feiras que ocorriam na região.

Durante a ocupação holandesa, Massangano foi usada como refúgio para o governo português e, com Luanda tomada, passou a servir como capital política e administrativa até esta ser transferiada para a Barra do Bengo.

Fortaleza de Massangano. Imagem da década de 1990. fonte: http://www.minhasimagens.org/Fconvidados/historiaestorias/chinguar/cuanza/cuanza.html. Acesso em: fevereiro de 2012.

Ango

Ao assumir o governo interino em 1611, a primeira empresa que se ocupou Bento Banha Cardoso (1611-1615) foi combater os sobas da província do Lumbo que impediam a "real feira de peças", de importância considerável naquele momento. Após muitos conflitos com vários sobas da região, Banha Cardoso decidiu erguer uma fortaleza para garantir a segurança daquela feira e controlar os sobas levantados da província do Lumbo. Chamou a fortaleza de Ango (Hango ou Hako), por ser o nome do maior soba daquelas terras.[247]

Ambaca

A fortaleza de Ambaca localizava-se no rio Lukala, penetrando no reino do Ndongo, muito próxima à sua capital, Cabaça. A decisão de construir o forte partiu de Luiz Mendes de Vasconcelos, assim que assumiu o governo de

[247] CADORNEGA, 1972, v. I, p. 77-78.

Angola em 1617. Essa decisão ameaçava a soberania do Ndongo e desagradou profundamente Ngola Mbandi, desencadeando uma intensa guerra.

O episódio ficou conhecido marco inicial da guerra contra o Ndongo e de seu processo de subjugação. A retirada portuguesa de Ambaca passou a ser uma das maiores reivindicações do Ngola e seus representantes na década de 1620. Apesar de acordada, a saída nunca foi efetivada; pelo contrário, os portugueses fortaleceram sua presença na região com a abertura da feira de Ambaca em 1624. O que no princípio não passava de um entreposto sem importância e difícil de abastecer[248], tornou-se ponto estratégico para o domínio politico do Ndongo e passou a ser um centro fundamental da irradiação da "cultura atlântica-crioula." [249]

Percebemos que a construção de fortalezas em locais estratégicos foi o modo pelo qual o governo português avançava pelo interior e aumentava seus domínios na conquista de Angola. Com essas fortificações, os portugueses puderam se estabelecer no território, controlar as feiras e guarnecer militarmente as regiões ocupadas, aumentando assim o poder de defesa contra os inimigos, principalmente os habitantes locais que se opunham à sua presença. A construção de uma nova fortaleza significava um passo adiante na conquista de Angola.

[248] Fernão de Sousa ao governo. In: HEINTZE, 1988, p. 154. Nesta carta, o governador Fernão de Sousa mostra-se favorável à desocupação de Ambaca.

[249] HEYWOOD; THORNTON, 2007, Mapas.

Capítulo 3.

Nzinga Mbandi e a luta pelo Ndongo

3.1. A guerra contra o Ndongo

Luiz Mendes de Vasconcelos assumiu o governo de Angola em 1617 com o objetivo de regulamentar o tráfico negreiro e reverter para a Coroa os impostos de exportação. Vasconcelos chegou justo no ano de falecimento de Nzinga Ngola Kiluanje, e julgou que a sucessão do Ndongo seria o momento oportuno para subjugar o reino e Ngola Mbandi, recém-instalado no poder. O novo cenário político no Ndongo motivou Vasconcelos a decidir rapidamente pela guerra, pois desejava aumentar sua participação no comércio de escravos[250].

Vasconcelos era um experiente combatente nas guerras ibéricas no Oriente e dedicou-se à produção intelectual sobre a guerra em seu tratado *"A arte militar"*, publicado em 1612. Ao ser indicado para o governo de Angola, defendia que para manter satisfatoriamente o comércio de escravos era necessário ter as armas em punho.[251] Sua família, principalmente seu sogro, o comerciante cristão - novo Manuel Caldeira, estava diretamente envolvida com o tráfico de escravos para as Índias espanholas.[252] Como o novo governador não tinha esperanças de que a Coroa pudesse aumentar seu ordenado ou mandar mais recursos para seu governo, optou pela "autoajuda financeira".[253]

O pretexto para a guerra contra o Ndongo foi a rebelião do soba Caita Calabalanga (Kaita Ka Balanga ou Gaita) contra o comandante da fortaleza de Ango, Francisco Antunes da Silva. Ao invés de atacar diretamente o soba

[250] HEINTZE, 2007, p. 293.

[251] Memorial de Luiz Mendes de Vasconcelos, 1616. In: BRÁSIO, 1952, v. VI, p. 264.

[252] ALENCASTRO, 2000, p. 357.

[253] HEINTZE, 2007, p. 293.

Caita, o governador optou por atacar Ngola Mbandi, porque este tinha incitado o soba, seu aliado, contra os portugueses e lhe prestara auxílio militar. O governador acreditava que vencendo o adversário mais poderoso, derrotaria todos os seus aliados menores.

As duas residências reais do Ndongo – Vunga e Cabaça – foram queimadas e destruídas, membros da família real foram feitos reféns, sobas que estavam sob a jurisdição do Ngola foram avassalados e muitos *kijiku* foram aprisionados. Ngola Mbandi conseguiu escapar e refugiou-se, primeiramente em Samba Aquizenzele, na fronteira leste do Ndongo.[254]

Visando ameaçar a soberania do Ngola, Luiz Mendes de Vasconcelos decidiu transferir o presídio de Ango, construído por Banha Cardoso em 1611, para Ambaca, em terras pertencentes ao domínio do Ngola, a apenas um dia de distância da capital Cabaça. A decisão desagradou profundamente Ngola Mbandi, que reagiu contra-atacando os portugueses. Uma segunda campanha militar contra Ngola Mbandi abalou definitivamente o poder político no Ndongo e os portugueses saquearam a capital Cabaça, aprisionando muitas pessoas como escravas. Derrotado, Ngola Mbandi fugiu para as ilhas de Kindonga no rio Kwanza, deixando sua mãe e mulheres em poder dos portugueses.[255]

Mendes de Vasconcelos aproveitou o exílio do Ngola e quis instituir seu próprio candidato para o trono do Ndongo, Samba Antumba, batizado com o nome de Antônio Correia. Mas essa tentativa de golpe "não surtiu efeito porque não foi obedecido assim por ser vivo Angola Ambande como porque este gentio não obedece senão os que são legitimamente filhos ou descendentes do rei", como explicou posteriormente Fernão de Sousa.[256]

Para atacar o Ndongo, Luiz Mendes de Vasconcelos contou com o expressivo apoio dos bandos dos Jagas Caza Cangola, Donga e Cassanje, que receberam vinhos e armas (proibidos no trato em Angola) para lutar contra o Ngola.[257] Os dois primeiros se rebelaram contra os portugueses logo após

[254] *História das relações entre a Angola portuguesa e o Ndongo*, 1617-1624, 1ª parte, escrita por volta do outono de 1624. In: HEINTZE, 1985, Doc. 23, p. 195.

[255] Relação de Manuel Severim de Faria, 1620, p. 61. Em nota do editor. In: CADORNEGA, 1972, v. I, p. 146. In: BRÁSIO, 1952, v. VIII, p. 136.

[256] *História das relações entre a Angola portuguesa e o Ndongo*. 1617-1624. 1ª parte. In: HEINTZE, 1985, Doc. 23, p. 195.

[257] CADORNEGA, 1972, v. I, p. 89; BRÁSIO, 1952, v. VI, p. 368.

a invasão do Ndongo, devido à fome e aos maus tratos sofridos.[258] Donga foi cruelmente derrotado, enquanto Caza Cangola foi obrigado a fugir do Ndongo.

Inicialmente contrário ao uso dos Jagas nas guerras, como já vimos, ao chegar a Angola, Vasconcelos mudou de opinião e passou a contar com vários bandos desses guerreiros. A aliança com os Jagas, principalmente com o bando liderado por Cassanje, foi fundamental para a invasão do Ndongo.

O enfraquecimento político do Ngola também fazia parte das pretensões de Cassanje, que desejava canalizar o tráfico de escravos para si, livrando-se da concorrência do Ngola. Após ocupar o Ndongo, Cassanje se recusou a sair das terras invadidas e se fixou com seu bando nas proximidades de Ambaca.

Segundo Vansina, os portugueses queriam que Cassanje se firmasse nas terras abandonadas pelo Ngola, provavelmente perto do rio Lukala, mas ele sabia que viver sob a efetiva jurisdição de um presídio era inoportuno.[259] Ele se fixou longe o bastante para evitar a interferência dos capitães e perto o suficiente para estar apto a negociar com os portugueses, em Lucamba, onde continuou a viver de assaltos e aprisionamento de escravos. Foi para o leste, expulsando os Pende e ganhando novos guerreiros para seu exército até atingir a região de Cassanje.

A documentação disponível não permite que se tenha certeza sobre onde exatamente Cassanje se estabeleceu logo após a invasão do Ndongo. Ele teria ocupado uma região próxima a Ambaca e, posteriormente, na década de 1630, dirigiu-se à região conhecida como Baixa de Cassanje, onde fundou o estado de Cassanje, que se tornou um dos mais importantes centros comerciais da África Central até o século XIX.

Com parte do Ndongo ocupado, Cassanje se recusou a ser um mero fornecedor de escravos baratos para os portugueses e começou a roubar os pumbeiros que atravessavam a região que havia dominado, causando considerável prejuízo aos mercadores europeus. Com a fuga de Ngola Mbandi, Cassanje continuou atacando o Ndongo e apoderou-se de parte de suas terras.[260] Sua presença passou a ser vista como inconveniente tanto para os portugueses, que tinham o tráfico de escravos ameaçado, como para o Ngola que perdera parte de seu território e ficou impedido de realizar as feiras.

---

[258] BRÁSIO, 1952, v. VI, p. 342; CADORNEGA, 1972, v. I, p. 90.

[259] VANSINA, 1963.

[260] *História das relações entre a Angola portuguesa e o Ndongo*, 1617, setembro de 1624. 2ª parte. In: HEINTZE, 1985, p. 198-199; CADORNEGA, 1972, v. I, p. 152-153 [nota do anotador].

As campanhas contra mani Casanze da Nsaka obrigaram o deslocamento das tropas portuguesas para o interior de Luanda, permitindo que Cassanje consolidasse seu domínio da região próxima a Ambaca.

Durante os três anos de seu mandato, Luiz Mendes levou a cabo muitas guerras, que se estenderam desde o norte-nordeste, onde atacou o Ndembo Mbwila e outros sobas; Matamba, na porção leste; e *mani* Casanze da Nsaka, na região de Luanda. Luiz Mendes de Vasconcelos e seu filho – o tenente João Mendes – efetuaram violenta política de guerra contra muitos sobas, com decapitação de vários poderosos que não aceitavam a dominação portuguesa. O cronista português Manuel Severim de Faria narrou o ataque ao Sova Gaita (Caita) comandado por João Mendes, chamando atenção para a sua crueldade: "mandou degolar 94 poderosos com algum escândalo dos naturaes".[261] As relações de Severim não constituem, no entanto, uma fonte segura pois seus escritos são notoriamente vinculados a suas intenções políticas, principalmente sua posição contrária ao perdão geral dados aos cristãos-novos em 1601. Nesse sentido, o sacerdote tinha especial aversão à política desempenhada por Mendes de Vasconcelos, pertencente à família de judeus, e seus relatos são repletos de exageros e imprecisões.[262]

Para desestabilizar o reinado de Ngola Mbandi, Luiz Mendes de Vasconcelos também buscou apoio em famílias nobres tradicionais que queriam mudar o *status quo* e ascender ao poder político central, numa tentativa de rearranjar e intervir nas forças políticas ali existentes. Foram avassalados os sobas da província do Are, detentores do título Are a Kiluanje, que descendiam dos antigos reis e desejavam assumir o título central Ngola. Cadornega falou de um poderoso parente, o soba Mobanga, "parente dos reis de Angola", que deu "porta e entrada por suas terras" ao governador para a invasão do Ndongo.[263]

As campanhas militares trouxeram consequências terríveis, tanto para o Ndongo quanto para a Angola portuguesa. As feiras foram totalmente

[261] Relação de Manuel de Faria, 1 de fevereiro de 1620. In: CADORNEGA, 1972, v. I, p. 88 [nota do editor], que comenta que na Biblioteca Nacional de Lisboa o mesmo documento fala da decapitação de 49 sobas. Em Brásio (1952, v. VI, p. 371) consta que 28 sobas foram decapitados.

[262] Manuel Severim de Faria escreveu em Lisboa dois livros em que se posicionou contrário aos judeus: *Razões Para Não Se Admitirem Sinagogas em Portugal*" e "*Relação dos Castigos Que Tiveram os Reis de Portugal Que Favoreceram os Judeus.*

[263] CADORNEGA,1972, v. I, p. 130.

paralisadas e comércio legal de escravos foi suplantado pelo ilegal, em que os escravos provenientes dos ataques eram embarcados clandestinamente, com proveito para o próprio governador. Calcula-se que em torno de 50.000 escravos foram embarcados no mandato de Luiz Mendes de Vasconcelos [264], o que causou uma devastação demográfica no Ndongo, agravada pela seca, que já durava três anos, e pela fome generalizada.

A guerra contra o Ndongo teve como consequências a expansão formal do domínio português e a segmentação do reino, porém não alcançou a submissão efetiva de Ngola Mbandi. Na análise de Heintze, a perda da independência política do Ndongo foi um longo processo que durou doze anos e cada uma de suas etapas corresponde aos mandatos dos diferentes governadores, que dirigiram a guerra e paz de formas diversas.[265]

O editor de Cadornega, o cônego José Mathias Delgado, observou o mau comportamento do governador português: "Este governador, Luiz M. de Vasconcelos, foi um dos mais perniciosos governadores de Angola pelas gravíssimas consequências que resultaram das muitas extorsões feitas ao rei e da desmedida ambição tanto dele como de seu filho." [266]

Luiz Mendes de Vasconcelos sofreu devassa em março de 1622 a fevereiro de 1623. A Coroa confiscou suas fazendas e ordenou seu desterro para o Brasil, mas ao chegar ali, ele conseguiu escapar da prisão e embarcou secretamente para o Reino, onde deu ao rei um memorial dos grandes serviços que fez em Angola e foi absolvido pela Justiça Real. A guerra movida contra o Ngola foi considerada injusta pela Coroa e pelos governadores subsequentes, que admitiram a ilegalidade da ação militar.[267]

---

[264] HEINTZE, 2007, p. 296.

[265] *Ibidem*, p. 281.

[266] CADORNEGA, 1972, v. I, p. 98 [nota do editor].

[267] Instrução secreta do rei a Fernão de Sousa, 19 de Março de 1624. In: HEINTZE, 1985, Doc. 3, p. 137. Regimento do governador de Angola. *Ibidem*, Doc. 4, p. 143.

3.2. Dona Anna de Sousa: batismo e paz

Luiz Mendes de Vasconcelos havia avassalado 190 sobas, dos quais 81 se comprometeram a pagar tributos.[268] Mas quando seu sucessor, João Correia de Sousa, assumiu o governo, em outubro de 1621, encontrou a conquista em situação deplorável, com todos os sobas rebelados e nenhum tributário, as feiras estavam paralisadas e havia sérios problemas decorrentes da guerra: "Confesso as novas que acho de Angola estar tudo revolto e baralhado mal me posso eu resolver no negócio dos soldados, de mais de trazer muy poucos, e elles de muy má vontade ficarem neste sitio."[269]

A presença do Jaga Cassanje no centro do reino do Ndongo tornou-se o principal problema a ser resolvido pelo novo governador, que procurou Ngola Mbandi, para juntos vencerem o inimigo em comum, que havia sido forjado nas guerras de Vasconcelos. Uma de suas primeiras ações foi procurar o Ngola, escusando-se das ações de seu antecessor, para que a paz fosse restabelecida e as feiras retomadas.

Para acertar a paz com os portugueses, a irmã mais velha do Ngola, Nzinga Mbandi, foi enviada a Luanda como sua embaixadora. As embaixadas eram frequentemente utilizadas nas negociações entre chefes na África Central e estavam presentes no cenário político no século XVII, tanto nas relações entre o Ngola e os sobas, como entre estes e os portugueses. Os embaixadores eram, tradicionalmente, pessoas de destaque e de confiança dos chefes africanos.

Cavazzi descreveu a embaixada com grandeza e magnitude. Nzinga foi de Cabaça a Luanda, acompanhada por numeroso séquito. Chegou toda ornamentada, carregada às costas, exibindo vários símbolos que representavam a sua alta dignidade: "a primeira vez que foi levada à audiência, apareceu carregada de gemas preciosas, bizarramente enfeitada de penas de várias cores, majestosa no porte e rodeada por grande grupo de donzelas, de escravas e de oficiais da sua corte."[270]

Devemos refletir sobre o intenso uso de símbolos de poder nas sociedades africanas e o que eles significavam. A vestimenta com que Nzinga

---

[268] Relação de Manuel Severim de Faria, 1620, p. 61. In: CADORNEGA, 1972, v. I, p. 88-89. Nota do editor.

[269] Carta de João Correia de Souza a Manuel Cerveira Pereira, 4/10/1621. In: CADORNEGA, 1972, v. I, p. 100 [nota do editor].

[270] CAVAZZI, 1965, v. II, p. 67.

se apresentou aos governantes portugueses foi estrategicamente pensada para demonstrar sua importância política, refletida pela imponência de sua imagem.

Na audiência com o governador, uma cena foi especialmente recordada: o "episódio da cadeira". Nzinga, ao perceber que havia apenas uma cadeira para o governador e que ela deveria se sentar em um tapete no chão, fez sinal a uma de suas donzelas, que prontamente ficou na posição de uma cadeira, "de gatinhas", onde Nzinga se sentou e permaneceu por toda a audiência. O episódio chocou os presentes, mas o que causou mais estranhamento à cultura europeia não foi o fato de sentar sobre a donzela. Em sua narrativa, Cavazzi comenta que Nzinga foi carregada por mais de 100 léguas entre a capital Cabaça e Luanda, "como era costume no país". Em diversas passagens, os padres aparecem carregados nas viagens missionárias pelo interior. Os presentes à cena, então, ficaram atônitos mais pela atitude desafiadora de Nzinga, que não quis estar em posição inferior ao governador português e contrariou as expectativas demonstrando, por este gesto, sua forte personalidade e postura política, que exigiam respeito. Finda a reunião, Nzinga complementou o ato deixando a donzela na mesma posição e ao ser questionada, argumentou que não era digno se sentar duas vezes na mesma cadeira.

Embaixada de Nzinga. In: CAVAZZI, 1965, v. II, p. 67.

Cavazzi descreveu como os magistrados e conselheiros ficaram sem palavras diante da atuação de Nzinga: "Os presentes admiraram, todos pasmados, esta presteza em sair-se bem e vivacidade da sua inteligência, nunca esperado duma mulher tanta desenvoltura."[271]

Segundo a descrição de Cuvelier, os magistrados e conselheiros "ficaram pasmados quando ouviram uma mulher criada entre selvagens e animais bravios falar e raciocinar com tamanha eloquência e propriedade de linguagem que parecia coisa sobrenatural".[272]

Na audiência, Nzinga e o governador entraram em acordo para a restituição da paz e mútua amizade, mas quando foi dito que o Ndongo deveria reconhecer Portugal com tributo anual, Nzinga "respondeu que tal condição só se podia exigir duma nação submetida, mas não duma nação que espontaneamente oferecia uma mútua amizade."[273] Essa postura firme e resoluta convenceu os presentes de que o Ndongo deveria permanecer como estado livre, independente e aliado, sem contudo ser tributário do rei português, como era prática nas relações de vassalagem luso-africanas. Nzinga deixou claro que aceitava a paz e a amizade com Portugal, mas como duas nações soberanas e livres, e de forma alguma aceitaria a submissão.

O governador João Correia de Sousa a passou estimar Nzinga e "julgá-la capaz de aprender a nossa santa religião".[274] Ofereceu-lhe o batismo cristão, que ela aceitou recebendo o nome de Dona Anna de Sousa, tendo o governador como padrinho. Cadornega comenta que sua madrinha foi uma "senhora autorizada", mulher do capitão mor de cavalos Luis Gomes Machado, chamada Jeronima Mendes ou pelo nome da terra de Gombe a Coanza.[275] Heintze, por sua vez, inferiu que sua madrinha teria sido D. Ana da Silva, irmã de Francisco de Souza e esposa de Paio de Araújo de Azevedo, que mais tarde, em 1629, teria acolhido em sua casa suas duas irmãs detidas, Mocambo e Kifungi.

---

[271] CAVAZZI, 1965, v. II, p.67

[272] CUVELIER, 1946, p. 53.

[273] CAVAZZI, 1965, v. II, p. 68. Outra versão semelhante aparece em Cadornega, v. I. p. 153: "Respondeo-lhe João Correia, que para maior firmeza da alliança. Devia seu Irmão, reconhecer-se vassalo d'El Rey de Portugal e pagar um tributo annual: a isto, com prompta vivacidade, replicou a embaixatriz; que semelhante encargo, só poderia impor-se, a quem tivesse sido conquistado; e nunca a hum Principe Soberano, que procurava a amizade, de outro seu igual."

[274] CAVAZZI, 1965, v. II, p. 69

[275] CADORNEGA, 1972, v. I, p. 115.

Antes de retornar à Cabaça, Nzinga, agora Dona Anna de Sousa, permaneceu em Luanda por algumas semanas, aproveitando para conhecer melhor a administração portuguesa.

A correspondência do governador Fernão de Sousa, temporalmente mais próximo ao evento, mostra outra versão dessa embaixada, bem menos extraordinária.[276] Conta que Nzinga e suas duas irmãs, Mocambo e Kifungi, foram a Luanda na qualidade de reféns, como garantia para o acordo de paz. As três irmãs foram batizadas ao mesmo tempo, em 1622, de Anna de Sousa, Maria e Grácia respectivamente.[277] Mocambo foi batizada inicialmente como Maria e mais tarde, adotou o nome de D. Bárbara de Araújo da Silva,[278] personagem importante na sucessão de Nzinga nas décadas de 1650-60.

Em Cavazzi, lê-se que as duas irmãs mais novas haviam sido capturadas no segundo confronto contra Luiz Mendes de Vasconcelos e seus regastes foram usados, desde cedo, para convencer o Ngola a se sujeitar. Mas na versão do padre italiano, Nzinga aparece como embaixatriz especialmente selecionada por Ngola Mbandi, enquanto na de Fernão de Sousa, Nzinga aparece como prisioneira, sem tanto prestígio político. Fernão de Sousa escreveu que Nzinga foi designada como embaixatriz posteriormente, nos governos de Pero Sousa Coelho (1623) e do bispo Simão de Mascarenhas (1623-24) quando voltou a exigir o cumprimento do acordo firmado no ato do batismo.

O batismo de 1622 é o momento histórico mais repetido e analisado da vida de Nzinga, apesar de ter sido apenas sua primeira atuação política pública. Após o acordo firmado com João Correia de Sousa, o prestígio de Nzinga cresceu na comunidade Mbundu e ela passou a ser vista como sábia diplomata e proeminente liderança política, mas o episódio rendeu diferentes interpretações.

Glasgow interpretou que Nzinga teria ficado maravilhada com a cultura europeia que viu em Luanda e se admirou pela "disciplina e segurança das tropas lusas", "pela beleza e luxo das vestes empregadas pelo público", e pelo "esplendor das mobílias".[279] Nesse sentido, Nzinga teria concluído

---

[276] *História das relações entre a Angola portuguesa e o Ndongo*, 1617-1624, 1ª parte. In: HEINTZE, 1985, p. 196; HEINTZE, 2007, p. 305.

[277] BRÁSIO, 1952, v. VIII, p. 137; CADORNEGA, 1972, v. I, p. 113-115.

[278] Cf. Leguzzano, in: CAVAZZI, 1965, v. II, p. 70, nota 148; CADORNEGA, 1972, v. I, p. 116.

[279] GLASGOW, 1982, p. 82.

que os portugueses eram realmente um povo opulento e poderoso e que o povo Mbundu poderia alcançar tal poder se fosse aliado a Portugal. O autor registra ainda que Nzinga foi convencida a se batizar, pois traçou uma associação entre tráfico, poder e fé e concluiu que o cristianismo lhe traria riquezas, poder para derrotar seus inimigos e lhe daria condições para se firmar como "Imperatriz de um Império Mbundu", noções anacrônicas para o universo africano do século XVII. No olhar de Glasgow, a ambiciosa Nzinga queria ter um "Estado todo-poderoso" e usaria o tráfico transatlântico e o cristianismo para isso.

Já Miller entende que Nzinga, em vez de salvar seu irmão, aproveitou sua visita à capital portuguesa para obter um triunfo pessoal ao aceitar o batismo e teria sido vista pelos portugueses como potencial condutora das esperanças evangelizadoras no reino do Ngola e do desenvolvimento de um comércio lucrativo.[280] Na análise de Miller, a aceitação de Nzinga ao cristianismo garantiu o apoio português para sua ambição ao poder Mbundu, uma vez que seus ganhos em diplomacia exterior teriam fortalecido a sua reivindicação à legitimidade. Miller interpretou a boa vontade de Nzinga para com os sacramentos cristãos como pouca lealdade ao seu próprio povo e cultura, afirmando que Nzinga teria usado o cristianismo como forma de se promover politicamente e ganhar aliados externos, já que não tinha legitimidade entre os Mbundu. Para ele, o batismo teria sido, desde cedo, uma estratégia de acomodação aos interesses portugueses a serviço de suas ambições políticas pessoais.

Heintze, por sua vez, que acredita e defende a versão de Fernão de Sousa, compreendeu que as três irmãs, ao retornarem para junto de Ngola Mbandi, seriam intermediárias nas negociações de paz e evangelização no reino do Ndongo. Os portugueses esperavam que elas "pudessem ser úteis à estabilização das relações recém-estabelecidas."[281] Para a pesquisadora, Nzinga agia em inteira consonância com Ngola Mbandi, que desejava a paz.

Marina de Mello e Souza diz que Nzinga causou uma forte impressão no governador e nas demais autoridades portuguesas, comportando-se como habilidosa chefe de estado e que ela teria ficado impressionada com as grandes construções e embarcações que viu em Luanda, bem como com o

[280] MILLER, 1975 e 1995.

[281] HEINTZE, 2007, p. 305.

comportamento ritualizado do poder.[282] Segundo Marina, Nzinga entendeu o seu batismo como uma forma de construir relações de paz com os brancos, que, contudo, não foram alcançadas.

Luís da Câmara Cascudo ficou fascinado pela história da rainha guerreira e lhe dedicou várias páginas.[283] A repetição do episódio da cadeira, exposto acima, nos mostra como esta cena ficou retida na memória coletiva dos angolanos que vieram ao Brasil, sendo um dos fatos mais lembrados na longa história de Nzinga, tornando-se quase um mito.

Lenda e fato histórico se misturam. Mesmo que Nzinga tenha "estilizado" a embaixada de 1622 e exagerado seu papel político ao narrar os acontecimentos a Cavazzi, acreditamos que sua atuação foi destacada na assinatura do acordo de paz. O governo português viu em Dona Anna de Sousa a melhor alternativa para retomar o comércio e a paz com o Ndongo. Assim, ela foi a primeira herdeira do título Ngola a aceitar o sacramento cristão.

Entendemos que a análise de Glasgow, de uma embaixadora fascinada pela cultura externa, não pode ser sustenta, já que Nzinga conhecia a experiência do cristianismo no Congo, iniciada 120 anos antes, e quando saiu de seu reino, provavelmente, sabia que o caminho para a paz com os portugueses passava pela aceitação de uma nova religião.

Cavazzi escreveu que Ngola Mbandi, ao preparar a embaixada à Luanda, aconselhou a irmã, e "acrescentou que, se os Portugueses mostrassem o desejo de atraí-la ao cristianismo e de batizá-la, não se recusasse [...] que as aparências exteriores eram uma coisa e os sentimentos interiores outra coisa."[284]

Nzinga não acreditava que o cristianismo era superior às crenças Mbundu, como supõe Glasgow. Devemos entender o cristianismo, nesta conjuntura da África Central e da expansão portuguesa, como condição *sine qua non* para a amizade mútua, como preliminar essencial para o diálogo com as autoridades europeias. O Cristianismo estava notoriamente envolvido com a política colonial no século XVII e Nzinga provavelmente sabia que teria de aceitar a cruz para conseguir a paz.

---

[282] SOUZA, 2008.

[283] CASCUDO, 1965, p.3-12.

[284] CAVAZZI, 1965, v. II, p. 66.

O Ndongo estava fragilizado depois da guerra iniciada em 1617: as feiras paralisadas, o Ngola refugiado, parte do território ocupado pelo Jaga Cassanje e seu bando de guerreiros fortemente armados. A expulsão de Cassanje foi uma das principais reivindicações no acordo de paz. Nzinga sabia que iria precisar da ajuda militar dos portugueses para tirá-lo de seu território; por outro lado, o apoio militar português traria a obrigação do Ndongo para com a Coroa lusa.[285]

O Ngola reivindicava também que todos os sobas ilegalmente aprisionados por Luiz Mendes de Vasconcelos deveriam ser restituídos à sua soberania, assim como os *ijiku* (traduzido como escravos, plural de *kijiku*), justificando que não poderia governar sem seus súditos.

Nzinga Mbandi, essa mulher inteligente e estrategista como foi descrita, provavelmente pesou todas essas circunstâncias quando foi a Luanda. Nzinga aceitou o cristianismo não porque ficou maravilhada pela cultura alheia, não foi o luxo dos palácios de Luanda que lhe convenceu a se batizar. Esse pensamento de Glasgow revela certa continuidade do olhar eurocêntrico e despreza o entendimento dos chefes africanos em relação ao cristianismo.

Tampouco, Nzinga não foi desleal com seu povo para seguir ritos estrangeiros, como interpretou Miller.[286] Reflitamos sobre como se deu esaa aceitação do cristianismo: será que Nzinga deixou de acreditar nas crenças de seus ancestrais ao receber o batismo? Como ela entendeu o ritual cristão? O que significou a mudança de nome e o apadrinhamento do governador? Nzinga teria sentido Jesus Cristo tocar seu coração, como afirmou Cavazzi?[287] Ou tudo não passou de uma fria decisão, sem fé, com o objetivo de conseguir um acordo de paz que fosse favorável ao Ndongo?

Podemos afirmar que Nzinga foi muito bem sucedida em sua primeira atuação como *Ngambele* (embaixadora), pois conseguiu acordar a retirada dos portugueses de Ambaca e a expulsão do Jaga Cassanje do Ndongo. Nzinga manteve o Ndongo como estado livre e independente, não aceitou o avassalamento e a submissão do Ngola, bem como não aceitou o pagamento de um tributo anual à Coroa portuguesa. Prometera aos portugueses abrir o reino para evangelização cristã e garantir a segurança nas feiras.

---

[285] HEINTZE, 2007, p. 288.

[286] MILLER, 1975.

[287] CAVAZZI. *op. cit.*, p. 69.

Entretanto, seu padrinho não cumpriu o acordo de paz, tampouco seus sucessores, não obstante Nzinga tenha presidido outras duas embaixadas aos novos governadores.[288]A traição do acordo pelos portugueses agravou a crise no Ndongo e frustrou as expectativas de paz do Ngola, que morreu sem nunca ter sido batizado.

Entendemos o batismo de Nzinga Mbandi como uma estratégia política para obter a paz no Ndongo, num momento em que o Reino estava altamente fragilizado devido às guerras movidas por Luiz Mendes de Vasconcelos. A paz viria acompanhada da prosperidade gerada pelo comércio com os portugueses e da ajuda militar contra os inimigos.

Apesar do batismo de Nzinga, o Ndongo não se tornou um reino cristão. Ngola Mbandi se recusou a ser batizado por Dionísio de Faria, o sacerdote negro natural de Matamba, enviado para lhe consagrar o batismo. O Ngola achou um absurdo terem lhe enviado um “filho de uma escrava sua”[289], enquanto sua irmã recebera o sacramento com toda a pompa e honras do governador. Ngola Mbandi permaneceu exilado em Kindonga, deixando um vácuo no poder central do Ndongo, enquanto aguardava o cumprimento do acordo, o que nunca ocorreu.

3.3. Nzinga Mbandi Ngola

O governador Fernão de Sousa (20/6/1624 a 4/9/1630) foi mandado a Angola para salvar a colônia da ruína causada pela ganância dos governadores passados. Os lucros da colonização deveriam ser revertidos exclusivamente para a Coroa, sendo preferencialmente obtidos pelo comércio e não pela guerra. O rei mandava que se desenvolvesse a mineração de cobre em Benguela e estimulasse a agricultura através da concessão de terras.[290]

---

[288] Pedro de Souza Coelho, que governou brevemente em 1623, e o Bispo Simão de Mascarenhas, que governou em 1623-1624. Cadornega mencionou as tentativas de Nzinga em fazer valer o acordo. Fernão de Souza explicitou também estas tentativas (1972, p. 161), cf. Carta de Fernão de Sousa ao governo, 15/8/1624. In: HEINTZE, 1988, Doc. 36, p.85.

[289] Livros de Fernão de Souza, tomo I, fl. 326 ao fundo, e tomo III, fl. 30. In: Nota do anotador de Cadornega, 1972, v. I, p. 153.

[290] *Instrução secreta do rei ao governador*, 19/03/1624. In: HEINTZE, 1985, v. I, Doc. 03, p. 136-137.

Passou-lhe ainda instruções para que fizesse todo o possível para ter paz e amizade com Ngola Mbandi e tê-lo sob sua obediência, assim como deveria agir com todos os sobas, "por meios brandos e sem rigor." Reconhecia que governadores passados moveram guerras injustas contra sobados em benefício próprio e decretou que os sobas que aceitassem a evangelização em seu território não deveriam ser obrigados a pagar tributos. O rei sistematizou melhor a taxação dos sobas, e, para que não houvesse excessos, determinou que os baculamentos devessem ser pagos voluntariamente pelos sobas que recebessem ajuda militar contra seus inimigos, caracterizando assim a relação de vassalagem.[291] Segundo seus cálculos, em 1624, havia 81 sobas que pagavam voluntariamente cerca de 320 escravos, o que rendia 22 mil réis à Coroa, e havia outros 109 sobas que poderiam vir a ser tributários se a guerra não os incomodasse. Assim, a Coroa estimava que o comércio pacífico e a cobrança "sem extorsões e com suavidade" seriam mais lucrativos que a guerra.

Mas antes que Fernão de Sousa pudesse realizar as ordens régias, Ngola Mbandi morreu na ilha de Kindonga. A data de sua morte é incerta. Cuvelier afirmou que se deu no final de 1623[292]. Heintze situou sua morte na primavera de 1624, mas utilizou a divisão de estações do ano pelo ponto de vista do hemisfério norte.[293] Sabemos, de fato, que ele morreu entre março, quando o rei recomendou a Fernão de Sousa ter paz com o Ngola, e junho de 1624, quando o governador chegou a Angola e encontrou a crise de sucessão.

Segundo Cadornega, Ngola Mbandi teria adoecido e morrido de causas naturais.[294] Cavazzi o descreveu como um soberano déspota, que assumiu o poder violentamente, governou com a espada e assassinou os seus possíveis sucessores, dentre eles o filho de Nzinga, que passou a odiá-lo. Na visão eurocêntrica de Cavazzi, foi Ngola Mbandi quem invadiu as conquistas portuguesas, sendo derrotado e obrigado a se refugiar na ilha de Danji. Em sua narrativa, Ngola Mbandi foi sitiado pelos portugueses e abandonado pelos seus, "de maneira que não teve outro remédio senão morrer de veneno que, conforme o boato, lhe foi entregue pela própria Jinga", que quis vingar a morte de seu filho. A narrativa de Cavazzi apresenta a visão dos fatos

---

291 Regimento do governador de Angola, 20/03/1624. *Ibidem*, Doc. 04, p. 145.

292 CUVELIER, 1948, v. II, p. 741; CAVAZZI, v. II, p. 70 [nota].

293 HEINTZE, 2007, p. 182.

294 CADORNEGA, 1972, v. I, p. 53.

segundo a concepção portuguesa, nem menciona o não cumprimento do acordo de 1622 e tem vários erros cronológicos graves como, por exemplo, dizer que Ngola Mbandi morreu em 1627.[295] Esses boatos de que fala Cavazzi circulavam nas décadas de 1650-1660, muitos anos depois das intensas guerras de perseguição contra Nzinga, que afetaram negativamente sua imagem diante dos portugueses.

As cartas de Fernão de Sousa revelam informações importantes sobre essa passagem, e estão bem mais próximas temporalmente do evento. Em 15 de agosto de 1624, o governador escreveu ao governo noticiando a morte do soberano:

> *El Rey d'Angola he falecido de hus pôs de peçonha que tomou de paixão por lhe não cumprir o governador João Correa de Souza a promessa que lhe tinha feito de mudar o presídio da Embaça pera a Luynha conforme ao assento que se tinha tomado sobre isso per autos que ficao em meu poder. Deixou nomeada no trono Dona Anna de Souza sua irmã que esta baptisada, mas ella se não nomea senão senhora d'Angola. Tenho carta sua em que me diz que mudando o presídio se sahira logo das ilhas donde esta (ilha de Quindonga) e se passará para a terra firme e que fará as feiras na Quiçala onde se costumavao fazer, e que mandará aos seus que venhão a ellas,e que tragão peças por o ter assy assentado com os seus , que são os do conselho, e que semeará as terras, e pedirá padres da Companhia para baptizarem os que quizerem fazer christãos, e o seu tendala, que he a pessoa principal se quer logo baptizar e pede ao Bispo lhe mande levantar igrejas, e que se lhe mande hua pessoa de respeito pêra tratar distas coisas. Pólas razões que se apontão no auto que fez João Correa, e no que fez Pero di Souza, retificou o Bispo servindo de governador, que todos tenho em meu poder, me parece que será de grandi serviço de Deos, e di Vossa Magestade mudarse o presídio da Embaça pera a Luynha por não aver nisso perigo por estar o Reyno muito pobre, e falto de gente, e quando parecer tornar a situar o presídio onde esta podesse fazer, e perdendo esta boa ocasião, que Dona Anna offerece do Christianismo,e abrir dos caminhos e principiar feiras não se tornara a ter tão boa, o que importa muito para a Fazenda di Vossa Magestade e bem comum disti Reyno em que há grande falta de peças.*[296]

Em outro documento, ainda datado de 1624, Fernão de Sousa escreveu:

[295] CAVAZZI, *op. cit.*, p. 64-70.

[296] Carta de Fernão de Sousa ao governo, 15/8/1624. In: HEINTZE, 1988, v. II, Doc. 36, p. 85.

> *E vendo ElRei Angolla estas dilaçoens que eram enganos, e de paixão morreo e dizem que de peçonha que ele mesmo tomou de desesperado. Morto ele ficou em seu lugar Dona Ana de Sousa Ginga Ambande que já era cristã, e avizou o Bispo de sua morte pedindo cumprimento dos autos a que o Bispo não deu cumprimento logo.*[297]

Os documentos evidenciam o suicídio de Ngola Mbandi por desgosto, e o não cumprimento do acordo de 1622 por parte dos governadores portugueses aparece como causa direta da morte. Nzinga aparece como soberana legitimamente nomeada, cristã, disposta a regularizar o comércio no Ndongo e a negociar com os governadores portugueses, assim, ela é vista como uma aliada, como uma ótima oportunidade para se firmar a paz no Ndongo e retomar as feiras. Chamamos a atenção para a abrupta mudança de opinião de Fernão de Sousa em relação à Nzinga Mbandi ao longo de seu governo, que será analisada a seguir.

Seguindo as interpretações de Miller, para o qual a morte simbolizaria a extinção do título e não apenas da pessoa, [298] a morte de Ngola Mbandi pode ser entendida como um suicídio político, uma vez que ele estava derrotado e sem o apoio dos seus, só lhe caberia morrer, deixando vago o cargo de Ngola. O suicídio de que fala as fontes pode ser entendido como um "ordálio ritual", oferecido a Ngola Mbandi pelos *makotas* devido a seu fracasso político.[299] Nas histórias africanas, é comum um governante ser envenenado por seus opositores, principalmente quando é considerado fraco ou incapaz de resolver os problemas da coletividade. Por exemplo, o *mani* Congo D.Álvaro IV foi envenenado em 1640 por seus rivais que desejavam a presença holandesa no reino[300]. No reino yorubá, na Nigéria, um rei que traísse seu povo era obrigado a se suicidar de forma ritual, o que era conhecido pela expressão "abrir a cabaça".[301]

---

[297] *História das relações entre a Angola portuguesa e o Ndongo*, 1617 a 1624. 1ª parte. In: HEINTZE, 1985, Doc. 23, p. 196. Ver também *2ª parte da História das relações...*, Doc. 24, p. 199.

[298] MILLER, 1995, p. 169. Refere-se à morte de Kinguri.

[299] SILVA, 2002, p. 501.

[300] CADORNEGA, 1972, v. I, p. 215.

[301] AYOH'OMIDIRE, 2004, p.202.

Ngola Mbandi deixou seu único filho sob a guarda do Jaga Caza, pois segundo Cadornega o soberano não confiava em Nzinga.[302] E Cavazzi escreveu que Nzinga Mbandi mandou afogar seu sobrinho no Kwanza após fingir amor a Caza.[303] Este certamente era um grande guerreiro que seria capaz de educar o futuro Ngola nas artes da guerra e protegê-lo. Mas protegê-lo de quem? Quem mais concorria ao trono do Ndongo e ameaçava a vida do futuro herdeiro? Os documentos de Fernão de Sousa deixam transparecer que Ngola Mbandi desejava proteger o filho dos portugueses, que seriam já naquele momento a maior ameaça à soberania do Ndongo: "O pouco que possuhya deixou encomendado a Dona Anna de Souza sua irmã e em poder do jagua Caza hum só filho por lhe parecer que estava com ele mais seguro de nós."[304]

Todas as fontes afirmam que a guarda do sobrinho - e das insígnias de poder - foram delegadas ao Jaga Caza, mas pouco se refletiu sobre essa tutela. Seria este o mesmo Jaga Caza Cangola que agiu ao lado de Vasoncelos para invadir o Ndongo e depois se rebelou?[305] O que significou a escolha de um Jaga para proteger o herdeiro do trono do Ndongo? Sinaliza que os Jagas já tinham um grande prestígio na corte do Ndongo e uma relação próxima com o Ngola, a tal ponto que lhes foi confiada a sucessão do reino. Redinha mencionou que "alguns antigos Ngolas usaram o título de Jaga, embora não esteja esclarecido em que medida o título correspondia a alguma entidade étnica ou grupal, ou constituía designação honorífica".[306]

Fernão de Sousa registrou que Nzinga, "através de dádivas que deu ao Jaga Caza", recebeu o sobrinho e o matou para assumir o poder. Ele enxergou descuido do Bispo Simão de Mascarenhas, seu antecessor, porque se este houvesse pedido o herdeiro ao Jaga "pudera metelo no Reyno em nome de Vossa Magestade com que ficava tudo seguro",[307] já mostrando seu desejo de intervir na escolha do governante do Ndongo.

---

302 CADORNEGA, 1972, v. I, p. 53.

303 CAVAZZI, 1965, v. II, p. 106-107.

304 *História das relações entre a Angola portuguesa e o Ndongo*, 1617 a setembro de 1625, 2ª parte. In: HEINTZE, 1985, doc. 24, p. 199.

305 Heintze afirma que sim, seria D. João Casa Cangola (1985, p. 199, nota 22).

306 REDINHA, 1969. Disponível em: <http://introestudohistangola.blogspot.com.br/2006/05/31-donde-vem-o-nome-angola.html>.

307 *História das relações entre a Angola portuguesa e o Ndongo*, 1617 a setembro de 1625, 2ª parte. In: HEINTZE, 1985, Doc. 24, p. 199.

Em dezembro de 1624, Fernão de Sousa escreveu ao governo dando conta do terrível cenário da conquista: os holandeses ameaçavam o litoral e seriam ajudados pelo rei do Congo, que preparava um ataque por terra; faltavam soldados e alimentos para as tropas e presídios; a indisciplina nos pelotões era tamanha que todos queriam ser capitães. Completa a carta noticiando:

> ***Dona Anna senhora de Angola*** *me aperta muito que lhe cumpra a palavra que lhe deu o governador João Correa de Sousa, e que lhe mude o presídio da Embaça, e que logo se passará para terra firme, e mandará buscar padres da Companhia, e levantará igreja, e fará feiras largandolhe Vossa Magestade os quizicos e sovas que com a guerra que diz se lhe fez injusta lhe tomarão do que tenho dado conta, e apontado as razões que pera isso há, fico esperando hordem pera seguir a que for em mais serviço de Vossa Magestade.*[308] *[grifo nosso]*

Fernão de Sousa mostrava-se favorável à retirada de Ambaca, que a essa altura não era um entreposto importante, difícil de ser abastecido, "muito sujeito a cobiça dos brancos".[309] João Correia de Souza já havia aprovado junto à Câmara a mudança de Ambaca para o Luinha, em posto que facilitasse a defesa do território, pensando em promover a paz com o Ngola e retomar as feiras no Ndongo. Apesar de aprovada e enviada ao rei, a ação não foi realizada pelos sucessores de João Correia, evidenciando a ruptura da política colonial a cada mudança de governo. Quando chegou a Angola, Fernão de Sousa prometeu a Nzinga retirar-se dali, aguardando somente a ordem de Felipe III para isso. Justificou sua demora por João Correia de Sousa ainda não ter chegado ao Reino para melhor apreciação dos fatos pelo rei.[310] Bento Banha Cardoso também defendia a saída de Ambaca, pois, em sua opinião o presídio estava condenado a extinguir-se devido a grande distância que o separava de Luanda, além de estar muito vulnerável a algum levantamento. [311] No final de 1624, a câmara de Luanda decidiu que a retirada de Ambaca só ocorreria após ordem expressa do rei e que os *ijiku* injustamente tomados por Luiz Mendes de Vasconcelos só seriam devolvidos

---

[308] *Ibidem*, p. 199.

[309] *Ibidem*, p. 198.

[310] *Extenso relatório do governador a seus filhos*, 1630. *Ibidem*, Doc. 30, p. 227.

[311] Arquivo Histórico Ultramarino (AHU). E-83. Citado por PARREIRA, 1997, p. 191.

após Nzinga se avassalar.[312] Ao invés de se retirar de Ambaca, o governo se fortaleceu na região e inaugurou ali uma feira de escravos ainda em 1624.[313] A partir desse momento, Ambaca ganhou cada vez mais importância no avanço da colonização portuguesa e tornou-se polo de irradiação da "cultura atlântica crioula".[314]

As fugas para o kilombo de Nzinga

No conturbado cenário político do Ndongo, dilacerado pelas sucessivas guerras, era grande o fluxo de pessoas que fugiam de seus territórios de origem e buscavam proteção em outras partes. Nesse contexto de intensa mobilidade, levas de escravos fugiam de seus senhores procurando proteção junto a Nzinga, assim como grande número de "destribalizados". Em setembro de 1625, Fernão de Sousa registrou:

> *Estando nesta concórdia com Dona Ana começarão a fogir escravos nossos para ella, e continuando em os persuadir que fossem livres e em os recolher, e amparar se começou a sentir a falta deles com grandes queixas por toda a conquista por serem muitos e todos de guerra com que ella se melhora, e este Reyno se enfraquece porque se não pode fazer sem gente preta que faz a sombra dos arcabuzes.*[315]

A grande fuga de escravos para junto de Nzinga passou a preocupar o governador, sobretudo porque a maioria eram kimbares- escravos ou forros entregues pelos sobas para servirem como soldados a favor dos portugueses, de acordo com os tratados de vassalagem e que atuavam principalmente na defesa dos presídios. Uma vez que os kimbares eram militarmente treinados, a fuga para as fileiras de Nzinga significou grande fortalecimento de seu exército e, ao mesmo tempo, representou a perda do contingente militar português e seu consequente enfraquecimento. Tal movimentação causou indignação e revolta em colonos europeus e sobas africanos que perderam seus domínios, passaram a pressionar o governo para que a questão fosse resolvida.

---

[312] BRÁSIO, 1952, v. VII, p. 249 e ss.

[313] HEINTZE, 2007, p. 327.

[314] HEYWOOD; THORNTON, 2007, Mapas.

[315] *História das relações entre a Angola portuguesa e o Ndongo*, 1617 a setembro de 1625, 2ª parte. In: HEINTZE, 1985, Doc. 24, p. 199.

Heintze pensa a fuga de escravos como a forma mais significativa e eficaz de resistência, que levaria à liberdade real dos indivíduos aprisionados. Apesar das enormes dificuldades que os caminhos apresentavam para essas fugas e o perigo de serem delatados e novamente aprisionados, milhares de escravos buscaram asilo em diversos pontos: na Nsaka de Casanze, nas imediações de Luanda; na Quissama, para onde fugiam escravos das fortalezas de Muxima, Massangano e Cambambe; na região dos Ndembos, próximo ao reino do Congo; no Ndongo e em Matamba, onde Nzinga Mbandi acolhia "aldeias inteiras" de escravos fugitivos. O reino de Cassanje também passou a ser um polo de atração de escravos fugidos a partir da década de 1630.

Segundo Heintze, os escravos acolhidos por Nzinga procediam, em sua maioria, da região onde receberam asilo, ou seja, eram provenientes do próprio Ndongo, o que os diferenciava dos demais fugitivos do século XVII.[316] Tinham vivido na região como camponeses livres ou como escravos do rei do Ndongo, e grande parte havia sido aprisionada injustamente nas guerras movidas por Vasconcelos e acabaram na escravatura portuguesa. Fernão de Sousa chegou a levantar a dúvida se eles não teriam readquirido, pela fuga para junto da comunidade de origem, o estatuto de pessoas livres e, se assim fosse, Nzinga não teria mais a obrigação de devolvê-los.[317]

[316] HEINTZE, 2007, p. 518.

[317] Carta de Fernão de Sousa ao governo, 22 de junho de 1625. In: BRÁSIO, 1952, v. VII, p. 362-363.

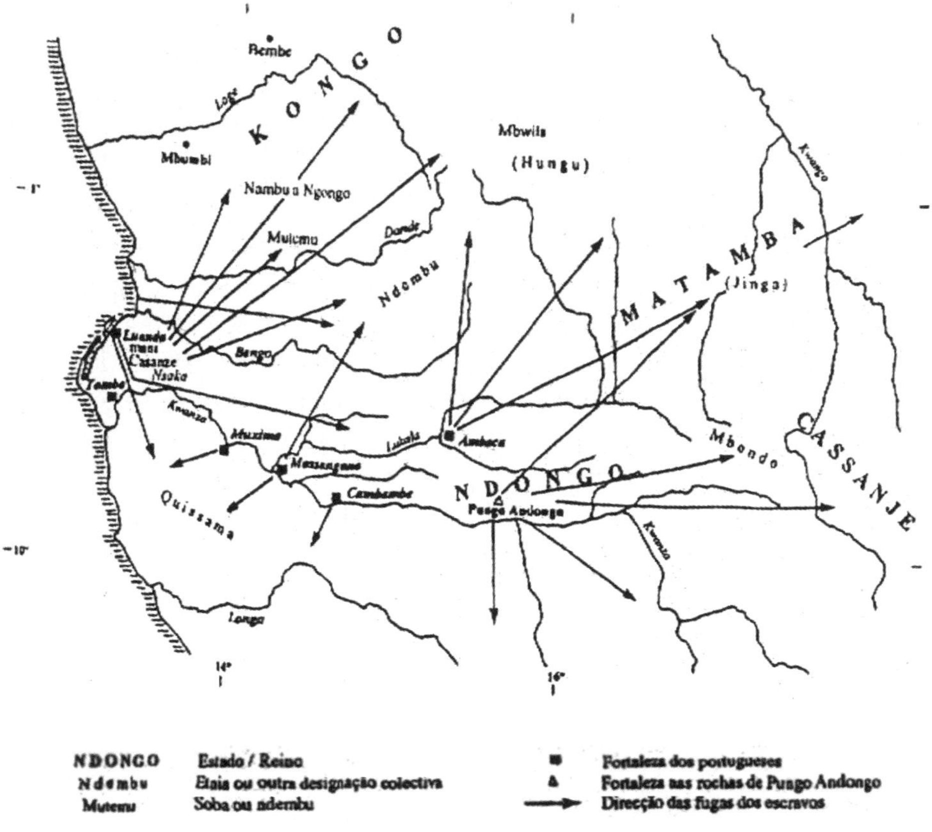

Direção das fugas dos escravos. In: HEINTZE, 2007, p. 516.

Nzinga negava haver escravos fugidos junto a ela,[318] talvez por acreditar que a escravização acontecera de forma ilegal. Esses fugitivos contribuíram de modo decisivo para garantir a sobrevivência física e política de Nzinga, tornando-se soldados leais à rainha. O governo português sabia do perigo que essa mobilidade representava, tanto que Fernão de Sousa chegou a propor perdão a todos os escravos fugidos dispostos a regressar à "guerra preta" e prometeu libertar todos os escravos que Nzinga restituísse.[319] Fernão de Sousa escreveu ao governo lamentando a fuga dos escravos:

> *Dona Ana se resolveo em não entregar os escravos, e posto que toda a conquista se queixa da sua fogida por respeito da perda, porque são todos de guerra e não heide dar pólos recuperar sem expressa ordem de V.M.*[320]

Nzinga chegou a propor a Fernão de Sousa a entrega dos escravos fugitivos desde que o governador lhe enviasse padres da Companhia de Jesus. Os padres Jerônimo Vogado e Francisco Pacconio foram até Ambaca com o intento de atender a reinvindicação, mas foram orientados a não passarem adiante até que Nzinga entregasse os escravos, pois se temia que ela usasse os padres para evitar uma guerra. Os jesuítas não foram em frente e os escravos fugitivos não foram devolvidos.

As grandes levas de escravos fugidos que se agruparam em torno de Nzinga trouxeram consequências econômicas, políticas, militares e socioculturais relevantes para a região. As antigas linhagens foram enfraquecidas, novos valores surgiram e as elites foram reconfiguradas. Heintze sugere que isso tenha favorecido "um alargamento dos horizontes e uma internacionalização da vida", uma vez que os fugitivos traziam informações variadas sobre conhecimentos agrícolas ou rituais.[321] Toda essa movimentação levou à formação de novas identidades étnicas, principalmente no nordeste, onde uma nova "etnia" chamada Jinga ganhou visibilidade a partir do final do século XVII, processo chamado etnogênese.

---

[318] BRÁSIO, 1952, v. VII, p. 361.

[319] Carta de Fernão de Sousa. In: HEINTZE, 1985, p. 205.

[320] Carta de Fernão de Sousa ao governo, 6 de setembro de 1625. In: HEINTZE, 1988, Doc. 60, p. 142.

[321] HEINTZE, 2007, p. 535.

Nzinga Mbandi começou, então, a ser vista como uma alternativa à escravidão, uma esperança de liberdade para aquele povo - visto pelos portugueses ou como mercadoria ou como soldados para escravização de outros semelhantes. A fuga para junto de Nzinga significou para aqueles cativos a possibilidade de recuperar a liberdade, representou uma posição contrária à política europeia desempenhada em Angola, que tinha seu principal objetivo a escravização da população. Foram esses fugitivos que sustentaram política e militarmente Nzinga durante todo o período que ela esteve contrária aos portugueses.

Nzinga se recusou a cooperar com os portugueses enquanto não se cumprisse as cláusulas do acordo de 1622. Recusava-se a aceitar as exigências que pretendiam submetê-la à vassalagem, entravando assim os planos portugueses de promover as feiras pelo Ndongo. Muitos sobas já avassalados passaram a apoiar Nzinga e romperam os laços com os portugueses, como ocorreu em Musseque[322]. Nzinga soube se aproveitar de outros conflitos na África Central e canalizar a seu proveito a inimizade de alguns portugueses, como ocorreu com Ambuíla (Mbwila), um soba Ndembo que se recusava a pagar tributos aos portugueses. A insubmissão justificou a guerra contra o Ndembo Ambuíla em 1625, considerado território estratégico devido à existência de minas de cobre.

A situação no Ndongo estava cada vez mais crítica: as feiras paralisadas, o Jaga Cassanje continuava no território impedindo o comércio, assaltando as caravanas e também acolhendo levas de fugitivos.

Fernão de Sousa registrou as diversas opiniões que havia na época sobre como proceder, revelando as prematuras intenções de intervir diretamente na política do Ndongo:

> *[...] são vários os pareceres porque huns dizem que se faça guerra a Dona Ana antes acabe de recolher todos os escravos, porque depois de fogidos não teremos com que lha fazer, e que se acabe o nome de Rey de Angola porque enquanto o houver há de ser inimigo, e que se faça Dongo província como a Ilamba. Outros são de parecer que a guerra se a primeiro de fazer ao jaga Caçanze, e desalojado do sitio em que está se concertará e comporá o Reyno pondo nele rey que o governe, que abra feiras, e comercio.*[323]

---

[322] BRÁSIO, 1952, v. VIII, p. 360

[323] *História das relações entre a Angola portuguesa e o Ndongo*, 1617 a setembro de 1625, 2ª parte. In: HEINTZE, 1985, Doc. 24, p. 200.

Heintze enxerga uma "instrumentalização" da acusação do recolhimento de escravos para junto de Nzinga para justificar a decisão de se fazer guerra contra ela, no verão de 1625.[324] Argumenta ainda que essas queixas, que levaram à decisão formal de guerra, aumentaram nitidamente após a chegada de reforços vindos de Portugal, em que Bento Banha Cardoso chegou com 200 soldados e material de guerra. Já Miller entende que Nzinga usou os escravos fugidos como uma forma de pressionar o governo português para que o acordo de 1622 fosse cumprido.[325]

Só a partir da recusa de Nzinga em cooperar com os anseios comerciais e políticos do governo português, que Fernão de Sousa criou a tese de sua ilegitimidade e passou a considerá-la usurpadora, alegando que ela teria assassinado seu irmão Ngola Mbandi. A partir daí, Nzinga passou a ser vista como a principal inimiga dos portugueses em Angola e o objetivo primordial do governador foi então capturá-la e expulsá-la do Ndongo.

Os três documentos reunidos por Heintze sob o título "História das relações entre a Angola portuguesa e o Ndongo"[326] evidenciam a mudança da atitude de Fernão de Sousa ao longo de seu mandato e mostra como o governador tentou manipular os fatos para macular a imagem de Nzinga Mbandi. Na última parte dessa "História", escrita em agosto de 1631, após entregar o governo, Fernão de Sousa fez uma síntese dos principais fatos que justificavam o fracasso do comércio de escravos em Angola. Percebe-se nitidamente a alteração da versão antes contada:

> *Quando tomey posse do governo de Angolla, era falecido Angola Ambande Rey e senhor natural daquele Reyno, de peçonha, que lhe deu Ginga Ambande, sua irmã pello não poder desviar da pax e amizade que o governador João Correia de Sousa lhe ofereçeo [...] e pello grande ódio que tem aos portugueses e ha nossa Santa Fee, o matou, e a hum filho seu único, e legitimo sucessor e o abrio, e lhe comeo o coração, e o corpo mandou lançar no rio Coanza, para com essa impiedade se fazer temida, e senhora obedecida dos sovas.*[327]

---

[324] HEINTZE, 2007, p. 536.

[325] MILLER, 1972, p. 208.

[326] HEINTZE, 1985, Docs. 23, 24 e 25, p.195-203.

[327] *História das relações entre a Angola portuguesa e o Ndongo*, 1624-1631, 6/08/1631. 3 ª parte. In: HEINTZE, 1985, Doc. 25, p. 201.

Fernão de Sousa passou a divulgar esta imagem de Nzinga Mbandi cruel fratricida, déspota bárbara e sanguinária, ilegítima e usurpadora do poder. Claro que essa tese contribuía para sustentar os interesses políticos do governo português e justificar tantos anos de perseguição e o pesado investimento na guerra que se fizera para combater Nzinga.

3.4. O golpe político de Fernão de Sousa

Fernão de Sousa não se atrevia a fazer guerra contra Nzinga sem expressa autorização do rei, já que todas as guerras que não servissem para a defesa de Luanda e dos presídios estavam expressamente proibidas.[328] Como Nzinga não havia atacado os portugueses, a guerra contra ela seria uma preventiva - e não defensiva - justificada pelo acolhimento dos escravos fugidos. Em 1625, a Câmara discutia a legitimidade da guerra, enquanto Fernão de Sousa defendia a expulsão do Jaga Cassanje e criava a tese da ilegitimidade de Nzinga, "tiranicamente está intruza no Reyno".[329] O governador pedia a prisão de Nzinga e de suas irmãs e defendia a nomeação de "rei natural a quem per direito pertencer", desde que fosse avassalado e se comprometesse a pagar 100 peças anuais. Como o novo rei precisaria ter domínios, Fernão de Sousa defendia a saída de Ambaca e a devolução dos sobas e *ijikus* tomados na guerra de Vasconcelos.

Por volta de janeiro de 1626, o governador escreveu ao capitão-mor Bento Banha Cardoso para que se procedesse com o plano de instaurar no poder Are a Kiluanje, mandando convocar em Ambaca os sobas que tradicionalmente elegem o rei, principalmente o soba Mobanga que ajudaria nas negociações.[330] Reparemos que se quis criar um ar de legitimidade para o processo, mas antes mesmo que qualquer consulta aos tradicionais eleitores ocorresse, o governador já deixou nomeado Are a Kiluanje:

> *e convindo que a sucessão pertence a Aire Aquilonge o nomearão e o levantarão por rei legitimo do Reyno de Dongo porque demais de lhe pertencer he muy*

[328] Regimento do governador de Angola. In: HEINTZE, 1985, Doc. 04, p. 137. In: BRÁSIO, 1952, v. VII, p. 361.

[329] *História das relações entre a Angola portuguesa e o Ndongo*, 1617 a setembro de 1625, 2ª parte. In: HEINTZE, 1985, Doc. 24, p. 200.

[330] Regimento do governador de Angola. *In: Ibidem*, Doc. 04, p. 137.

conveniente sello por ser vassalo d'ElRey nosso senhor amigo e confederado nosso.[331]

O governador mandou que dessem o recado a Nzinga e aos sobas para que prestassem obediência a Are a Kiluanje, "e rendão por ser seu verdadeiro subcessor legitimo e natural senhor", sob ameaças de guerra. Essa mensagem deveria ser espalhada em português e em kimbundu pelos bandos, "para ser notório a todos e a guerra ficar não somente justa mas justificada por ser contra rebelião notória".[332]

Anunciou também que todos os kimbares que se recolhessem a seus antigos donos seriam perdoados, dando ordem, assim, para que o fizessem. Ofereceu recompensa a quem entregasse Nzinga, ficando alforriado, se cativo, e recebendo mercê. Fernão de Sousa tentou organizar a guerra preta, liberando as mulheres e a quicumba, deixando apenas os homens de arco e quilambas, proibindo a deserção, sob pena de morte.

A perseguição a Nzinga é bem explicitada: "Procurarseha por todas as vias aver as maõs Dona Anna Ginga viva".[333] O governador expressou receio diante da possibilidade de Nzinga se unir aos Jagas que estavam na Tunda e mandou impedir esta passagem. Por fim, transferiu a responsabilidade de combater Nzinga a Are a Kiluanje, que deveria dar continuidade à perseguição, caso ela fugisse.

A escolha de Are a Kiluanje para assumir o trono do Ndongo não foi fortuita. Ele era "da estirpe Real dos Reys antigos de Angola e Dongo",[334] descendente de uma importante linhagem que no passado deteve a insígnia Ngola. Talvez por isso Fernão de Sousa o tenha chamado de legítimo. Para Are a Kiluanje, a aliança com os portugueses representava uma oportunidade de recuperar o trono do Ndongo de uma linhagem rival, a de Nzinga Ngola Kilombo Kia Kasenda (c.1575-1592), tido nas tradições orais como um usurpador, da qual descendia tanto Ngola Mbandi como Nzinga Mbandi. Segundo os estudos sobre genealogia do título Ngola traçado por Miller, o título da linhagem Are a Kiluanje era "uma posição Ngola sênior numa linha colateral, uma posição 'irmão' do Ngola a Kiluanje".[335]

---

[331] Regimento de Fernão de Sousa a Bento Banha Cardoso. In: *Ibidem*, Doc. 26, p. 204.

[332] *Ibidem*, p. 204.

[333] *Ibidem*, p. 204.

[334] CADORNEGA, 1972, v. I, p. 140.

[335] MILLER, 1995, p. 84.

Are a Kiluanje aparecia como um excelente candidato nos planos de Fernão de Sousa para fazer guerra a Nzinga e trazer o Ndongo sob o controle português. O sucesso desse plano permitiria estabelecer um governo em que os portugueses poderiam explorar o comércio, obter receitas, difundir o cristianismo e ganhar mais apoio militar.[336]

Apesar de a genealogia conferir possível legitimidade a Are a Kiluanje, os detentores dessa posição nunca exerceram influências políticas e os Mbundu nunca os reconheceram como herdeiros do título Ngola.[337] Muitos sobas não reconheceram o poder dado a Are a Kiluanje, visto como incapaz de garantir a ordem e de fazer chover (proeminência do Ngola), passando a apoiar Nzinga na luta contra Portugal.

O plano de instalar um rei favorável aos portuguesesjá havia sido arquitetado no governo de Mendes de Vasconcelos, que quis instituir Samba Antumba como rei, sem sucesso. Colocar um aliado no poder que pudesse ter alguma legitimidade na tradição parecia um plano melhor do que acabar definitivamente com o título Ngola através do fortalecimento dos sobados.

Nzinga tentou, através da via diplomática, impedir o apoio a Are a Kiluanje, que era formalmente um súdito seu.[338] Enviou comitivas a Ambaca e a Luanda a fim de anular o acordo de vassalagem de Are a Kiluanje e propôs seu exílio. Ela prometeu obediência ao rei de Espanha, se dizendo cristã, e reafirmou seu desejo de paz e sua disposição para negociações.

Ao mesmo tempo, Nzinga se fortificou na ilha de Kindonga e intensificou a propaganda anti-lusitana, agregando em torno de si muitos sobas da região do Kwanza, como os do Musseque e da Quissama, que já estavam levantados contra os portugueses. Are a Kiluanje, "mostrando grandes medos de Dona Ana",[339] pediu soldados para acompanhá-lo, mas como o governador ainda esperava a ordem do rei para fazer guerra a Nzinga, prometeu-lhe que o defenderia caso esta o atacasse.

---

[336] Regimento a Bento Banha Cardoso, janeiro de 1626. In: HEINTZE, 1985, Doc. 26, p. 204-205. *História das relações entre a Angola portuguesa e Ndongo*, 2ª parte, 1625. *Ibidem*, Doc. 24, p. 199-200.

[337] MILLER, 1995, p. 84

[338] Are a Kiluanje havia sido avassalado por Luiz Mendes de Vasconcelos, mas o ato foi considerado injusto por João Correia de Sousa que o devolveu aos domínios de Ngola Mbandi. Cf: *O extenso relatório do governador a seus filhos*. In: HEINTZE, 1985, Doc. 30, p. 230.

[339] *Extenso relatório do governador a seus filhos*, p. 230

No princípio de 1626, Nzinga atacou Are a Kiluanje quando saía da fortaleza de Ambaca. Na versão que Fernão de Sousa deu a seus filhos em 1630,[340] Nzinga teria arquitetado o ataque e inventou uma justificativa para isso: enviara previamente emissários à feira de Bumba Aquizanzo para noticiar ao governo português que Are a Kiluanje havia lhe roubado 48 peças que ela mandara ao mercado e por isso havia de lhe fazer guerra. Para socorrer Are a Kiluanje, Estevão de Seixas Tigre, o capitão de Ambaca, mandou 35 soldados portugueses mais arqueiros e quilambas, que não conseguiram deter o ataque:

> *matarão por dezordem três portugueses e cativarão seis que forão levados as ilhas donde Dona Ana estava com que se declarou e convocou todos os sovas que se levantassem e os do Moseque conjurados com os da Quiçama assentarão dar nos presídios [...]*[341]

A morte e a prisão dos portugueses deram a justificativa que faltava para legitimar o ataque contra Nzinga e transformá-lo em uma guerra defensiva, aprovada pela junta em Luanda, "antes que sucedesse um levantamento universal".[342] O governador mandou Sebastião Dias Tição fortificar Ambaca com ordem de recolher os soldados cativos. "Como ela tinha guerra em campo e se ia fazendo poderosa de gente", Bento Banha Cardoso partiu em 7 de fevereiro de 1626 para travar-lhe o combate, acompanhado do sargento-mor Antonio Bruto, de alguma gente a cavalo e dos padres Antonio Machado e Francisco Pacconio, que tentariam reduzi-la pela pregação; foram pelo Kwanza até Massangano e seguiram até as terras do soba Kiluanje Ca Caçonda.

Nzinga continuou enviando emissários para, através da diplomacia, pedir o exílio de Are a Kiluanje e evitar a guerra contra ela. Diversos *mucunzes* (embaixadores) foram levar recados e uma carta de "Ana, rainha de Dongo"[343], na qual ela jurava obediência ao rei de Espanha, como cristã que era. Nzinga dissimulava todas as acusações que a ela se faziam e ironicamente, terminou a carta pedindo ao governador presentes, como redes, colchas, toalhas de

---

[340] *Extenso relatório do governador a seus filhos*, p. 240-241.

[341] Carta de Fernão de Sousa ao Governo, 9 de Julho de 1626. In: HEINTZE, 1988, Doc. 78, p. 167.

[342] *Extenso relatório do governador a seus filhos*, p. 241

[343] Assim vai assinada a carta que Nzinga mandou às terras de Kiluanje Ca Caçonda, em 3/3/1626. Transcrita no *Extenso relatório do governador a seus filhos*, p. 245.

mesa de renda e um chapéu de sol grande de veludo azul. Cardoso respondeu-lhe, em carta de 15/3/1626, pedindo a restituição dos Kimbares. Como Nzinga não o atendeu, Cardoso foi ordenado a atacá-la nas ilhas do Kwanza em 1626, dando início à primeira série das grandes campanhas militares que tentaram submeter Nzinga.[344]

Bento Banha Cardoso foi informado de que todos os partidários de Nzinga se encontravam nas ilhas do Kwanza e eram demasiado fracos para fazerem frente contra os exércitos portugueses. Mas o sentimento anti-português se espalhava entre os sobas, principalmente entre aqueles dominados recentemente no governo de Luiz Mendes de Vasconcelos. Estavam levantados os sobas do Lukala, do Kwanza, do Musseque, e da Quissama. Apenas os sobas do Lumbo e Ilamba e os do entorno de Ambaca permaneceram fiéis aos portugueses. Na análise de Heintze, no tempo da primeira ofensiva de Fernão de Sousa, poucos sobas eram publicamente favoráveis a Nzinga ou apoiaram seu ataque a Are a Kiluanje. Seus partidários encontravam-se fortificados na ilha de Kindonga, ao passo que, em terra firme, ninguém se opunha abertamente aos portugueses. Heintze afirma que, nesse momento, a resistência aos portugueses não significava necessariamente o apoio a Nzinga:

> *o objetivo desses sobas era provavelmente uma autonomia e não outra dependência. A resistência nestas zonas era de natureza essencialmente passiva e manifestava-se em casos extremos, pela recusa de apoio militar.*[345]

A partir dos primeiros ataques, Nzinga começou a se transformar num símbolo da resistência anti-portuguesa, para muito além das fronteiras do Ndongo, verificado pela solidariedade dos sobas Ambuíla e Kiluanje Cacango, ambos vassalos rebeldes de Portugal que se recusavam a pagar os tributos. A ruptura de relações dos portugueses com Ambuíla levou ao fim da feira em seu território, afetando seriamente o comércio de escravos.

Foram várias as batalhas que Nzinga travou contra a obstinada perseguição de Fernão de Sousa, que a tinha como "capital inimiga". Utilizamos aqui a História Geral das Guerras Angolanas, do capitão Cadornega como fonte histórica privilegiada para os episódios militares.

[344] Livros de Fernão de Souza, tomo I, fl. 230-231. In: Nota do anotador de Cadornega, 1972, v. I, p. 153.

[345] HEINTZE, 2007, p. 349.

Apesar de ter chegado a Angola somente em 1640, Cadornega se propôs a dar conta dos avanços da conquista lusa, registrar os juízos e sentimentos que os portugueses tinham daquela rainha, sobretudo porque seu sogro participou dessas batalhas como conquistador e, posteriormente, lhe narrou os episódios.346 O "Extenso relatório do governador a seus filhos" [347] também é uma importante fonte para essas guerras, já que Fernão de Sousa fez uma retrospectiva pormenorizada dos principais fatos, citando as cartas enviadas pelo capitão-mor Banha Cardoso, que lhe relatava tudo o que ocorria nas ilhas.

Nzinga havia se fortificado na ínsula de Kindonga desde que seu irmão ali falecera, transformando a ilha numa potente fortaleza militar, onde estocou grande quantidade de mantimentos e armas. Nzinga e seus combatentes conheciam muito bem a geografia do local e usaram os braços do rio Kwanza para se proteger, movimentando-se de uma ilha a outra para enganar os opositores.

Em maio de 1626, as tropas de Bento Banha Cardoso atacaram a ilha do *tendala*, fazendo grande captura de gente, porém a maioria dos negros fugiu frustrando as expectativas dos portugueses.

Ataques surpresas às tropas portuguesas faziam parte do rol de estratégias de Nzinga. Em junho de 1626, Bento Banha Cardoso alojou seu exército na outra banda do Kwanza, esperando invadir Kindonga. Nzinga, ao perceber a vizinhança indesejada e aproveitando que o sargento-mor saíra com alguns soldados para buscar mantimentos, mandou os seus melhores capitães atravessarem aqueles braços de rio em canoas, balsas e jangadas, à noite, e ordenou que queimassem os alojamentos portugueses e desamarrassem as lanchas que iriam atacá-la.

Quando os portugueses finalmente conseguiram entrar na ilha de Kindonga, degolando e aprisionando muita gente, a rainha não foi capturada. Ela se movera rapidamente pelas ilhas do Kwanza, enganando os exércitos lusitanos e fugindo da implacável perseguição portuguesa. A batalha na ilha de Mapolo ocorreu no dia 12 de julho de 1626 e mostra a astúcia de Nzinga para se livrar do cerco: [348]

---

[346] CADORNEGA, 1972, v. I, p. 136.

[347] *Extenso relatório do governador a seus filhos*, p. 252-253.

[348] CADORNEGA, 1972, v. I, p. 137; HEINTZE, 1985, Doc. 30, p. 254; HEINTZE, 1988, Doc. 78. p. 167.

veyo só a ficar por render a Ilha em que estava a Rainha Ginga Dona Anna de Souza com sua Corte e do melhor que possuhia; vendose Ella abarbada mandou seus Embaixadores ao Capitão mor, pedindo-lhe a não apertasse tanto, que bastava o damno e guerra que lhe tinha feito nas mais ilhas, que ***Ella queria serfilha de Maniputo e sua Vassalla*** *que dentro em tres dias viria em pessoa com sua Corte ao Arrayal [...]*[349] *[grifo nosso]*

Maniputo era a forma como os Mbundus chamavam o rei de Portugal, assim a rainha negociava sua vassalagem em troca de sua liberdade. Mas quando os portugueses entraram na ilha, após os três dias requeridos, perceberam que estava deserta e que haviam sido enganados. Nzinga fugira com seus guerreiros e o pedido de trégua foi apenas uma artimanha, "um estratagema"[350] para evitar seu rendimento real.

Cavazzi, provavelmente a partir dos relatos de Nzinga na década de 1660, registrou a consulta que ela fizera ao *xinguila* de Ngola Mbandi nesta batalha. Xinguila era a evocação de um espírito que se manifestava e que Nzinga usava como um conselho político deliberativo, através do qual governava. O irmão a orientou: "render-se aos portugueses significaria a perda da liberdade. Não era indigno dela fugir naquela conjuntura, para combater e vencer o inimigo em condições mais favoráveis." [351]

Cadornega afirmou que Nzinga fugiu para a província de Hango, "iludindo os inimigos".[352] Fernão de Sousa relatou que Nzinga colocara fogo na ilha para que não encontrassem mantimentos e fugiu para Tunda (Libolo). Os exércitos não puderam segui-la, pois estavam enfermos e não sabiam seu paradeiro.[353] Bento Banha Cardoso intimou todos os sobas, por meio de propostas de amizade e ameaças de guerra, a entregarem Nzinga caso ela entrasse em seus territórios e partiu para Samba Aquizenzele, na fronteira do Ndongo, com 80 soldados para prendê-la. A fome e uma epidemia de varíola dizimaram grande parte da guerra preta portuguesa e matou Are a Kiluanje, levando a coroação de seu irmão Ngola Are em outubro de 1626.

---

[349] CADORNEGA, 1972, v. I, p. 137.

[350] *Ibidem*, p. 139.

[351] CAVAZZI, 1965, v. II, p. 78.

[352] CADORNEGA, 1972, v. I, p. 140.

[353] Carta de Fernão de Sousa ao governo. In: HEINTZE, 1988, Doc.78.

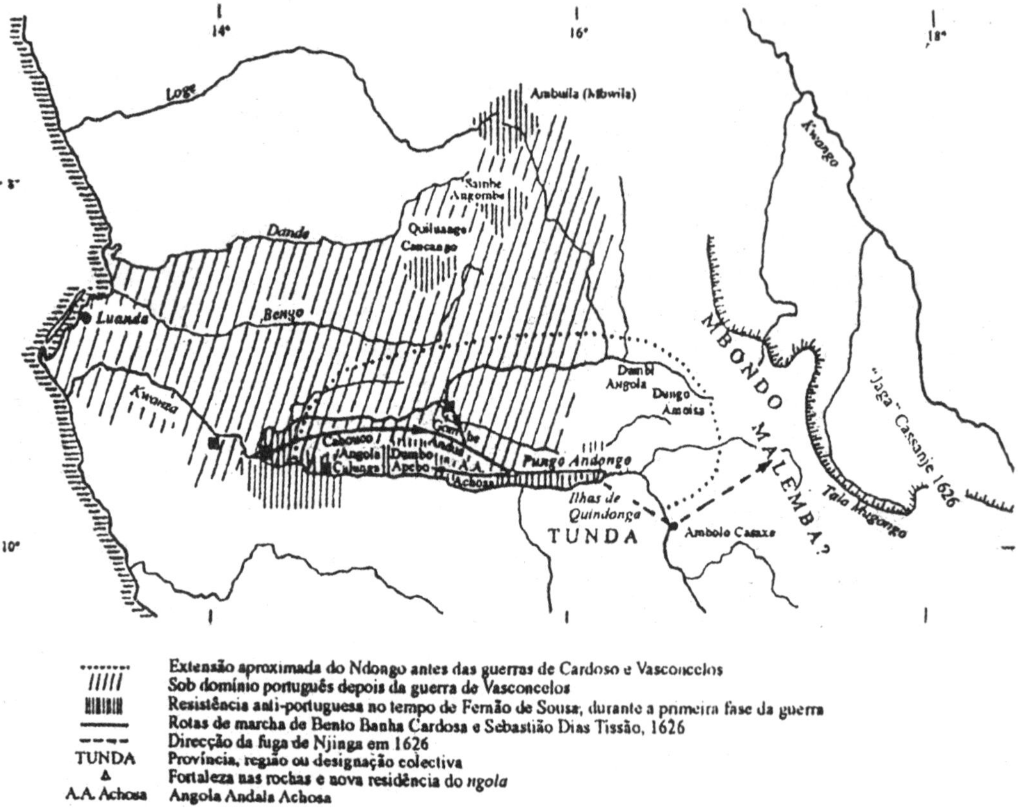

Fugas de Nzinga em 1626: de Kindonga para Tunda e desta para Malemba. In: Heintze, 2007. (editado)

3.5 Nzinga Tembanza

Nzinga Mbandi jamais aceitou perder o trono do Ndongo e buscou se fortalecer militarmente para combater os portugueses e garantir, pelas armas, seus direitos e a soberania de seu povo. Para fazer frente ao poder lusitano, Nzinga mobilizou muitos sobas nas adjacências do rio Kwanza, alguns sobas Ndembos e os "belicosos" sobas da Quissama. Cadornega diz que Nzinga liderou a formação de uma grande "confederação", cujo principal objetivo era eliminar a presença lusitana em Angola.[354] Dentre os aliados que Nzinga obteve em sua luta contra a invasão portuguesa, um grupo se destaca: os guerreiros Jagas-Mbangala.

Não se sabe ao certo o momento em que Nzinga efetivou sua união com os Jagas. As fontes são contraditórias nesse ponto. Cavazzi relata que, para ter acesso a seu sobrinho herdeiro, fingiu amor ao Jaga Caza e com ele se casou segundo os ritos daquele povo, "para poder dispor de guerreiros mais aptos a tão grande empreendimento, abraçou a seita dos Jagas e tornou-se chefe da mesma."[355] Assim, para este autor, a união com os Jagas aparece em momento anterior ao golpe de Fernão de Sousa, logo após a morte de Ngola Mbandi.

Cadornega escreveu que quando a rainha estava em Kindonga já contava com o apoio dos Jagas:

> *Deste sitio e alojamento marchou o Capitao mor em demanda das Ilhas de Quindonga onde a Rainha Ginga estava fortificada, assistida de muitos Jagas, como era Caza e Caiete, que aquella astucioza Rainha com seus ardis e industria se havia assenhoreado delles e de seus Quilombos.*[356]

No relatório que Fernão de Sousa enviou a seus filhos, lê-se que em maio de 1626, Nzinga estava aquartelada nas ilhas do Kwanza, mas em terra firme não tinha kilombo e não era acompanhada pelos Jagas. Diz que o Jaga Caza estava na Quina (em Ganguela) e Cassanje, nos Malembas.[357] Somente após a sua fuga das ilhas, pelas terras de Ambolo Casague, onde seu exército foi acometido por varíolas, que Nzinga, fragilizada, pediu ao Jaga Caza que

---

[354] CADORNEGA, 1972, v. I, p. 82 e ss.

[355] CAVAZZI, 1965, v. II, p. 71-72.

[356] CADORNEGA, 1972, v. I, p. 130.

[357] *Extenso relatório do governador a seus filhos*. In: HEINTZE,1985, Doc. 30, p. 251-252.

a recolhesse. Na narrativa de Fernão de Sousa, o Jaga teria hesitado em protegê-la alegando que ela matara o sobrinho- seu protegido- e que já havia rei eleito em Ndongo, a quem deveria obedecer, mas depois mandou chamá-la e a acolheu.

Glasgow afirmou, sem se sustentar, que Nzinga era "em parte Jaga e em parte Mbundu – Jaga por parte de seu tataravô e Mbundu por parte de sua mãe." [358] O autor vinculou a dinastia Nzinga Ngola a Kiluanje aos Jagas, há algumas gerações, e afirmou que Nzinga nascera Jaga e fora educada para assumir a liderança de ambos os povos desde pequena.

Heintze, em consonância com as fontes de Fernão de Souza, afirmou que somente a partir da fuga de Kindonga é que Nzinga conseguiu refúgio junto ao Jaga Caza Cangola e ganhou o mais importante título feminino do kilombo, o de *Tembanza,* que quer dizer senhora ou dona da casa. Nzinga assumiu o papel de sacerdotisa do unguento *Maji a Samba*, capaz de tornar os guerreiros invencíveis e passou a ser rigorosa no cumprimento das leis *Kijilas,* que proibiam, dentre outras coisas, a procriação no interior do kilombo.[359]

Sabemos que Nzinga assumiu a liderança de um ou mais bandos Jagas e passou a comandá-los política e militarmente na luta contra os portugueses. A narrativa de Cadornega descreve a grandeza do contingente bélico de Nzinga unida aos Jagas: "como a Rainha Ginga estava dali distancia de legoas, com Quilombo tumgado ou aquartelado que tomava legoas o que occupava por sua grandeza e multidão de gente e Quilombos de Jagas".[360]

Miller analisa que Nzinga se uniu aos Mbangala devido à traição do acordo de paz por parte dos portugueses e a nomeação de um rei de uma linhagem opositora a forçou a procurar em outro lugar um significado para sua sobrevivência política. O autor defende que Nzinga teria origem humilde e nenhum *status* de linhagem que pudesse lhe permitir a ascensão ao título Ngola e por isso buscou diferentes apoios fora do estado Mbundu. A aliança com bandos de guerreiros Mbangala coube muito bem nos anseios de Nzinga. Muitos desses bandos guerreiros haviam entrado pouco antes nas terras Mbundu, vindos dos altos platôs ao sul do Kwanza, e eram hostis tanto a Mbundus como a portugueses nos anos de 1620. Segundo

[358] GLASGOW, 1982, p. 41.

[359] HEINTZE, 2007, p. 344.

[360] CADORNEGA, 1972. v. I, p. 149.

Miller, o apoio dos Mbangala ao sul do Kwanza ofereceu vantagens para Nzinga enfrentar sua falta de parentesco real, através da ação militar pela proficiência de seus generais, e ideológico, já que eles haviam abolido todas as linhagens e "eram provavelmente preparados para tolerar o status anômalo de Nzinga".[361] No olhar de Miller, Nzinga tentou aumentar seu poder pessoal pela manipulação da boa vontade dos Mbangala para garantir seu poder político e a posição de *Tembanza* no bando liderado por Caza, um dos mais poderosos líderes Mbangala ao sul do Kwanza. Essa foi uma cerimônia celebrada metaforicamente com o termo "casamento" pelos Mbundu e aceito em sentido literal pelos portugueses. Ela teria, então, convencido Caza a sustentá-la como herdeira legítima de Ngola Mbandi e introduziu seus próprios seguidores nas táticas militares e feitiços mágicos dos Mbangala. Miller diz que Nzinga manipulou toda a legitimidade política do título *Tembanza* pra erguer exércitos para atacar seus mentores cristãos repudiados. A associação com os Mbangala garantiu vantagens estratégicas a Nzinga, como a formação de um firme comando do lado sul do Kwanza que lhe permitiu um refúgio próximo onde os exércitos portugueses não poderiam penetrar. A ilha de Kindonga no Médio Kwanza, próximo ao território de Caza no Libolo, tornou-se seu retiro favorito nos tempos de guerra, e ela lançou várias expedições dali para quebrar o tráfico de escravos dos portugueses.

Nzinga e o Jaga Caza percorreram grande parte do Ndongo fugindo da perseguição do capitão-mor Bento Banha Cardoso em uma intensa campanha anti-lusitana e conseguiram agregar muita gente em seu kilombo. Em 1628, retornaram à ilha de Kindonga, onde se fortificaram:

> *Dona Anna de Sousa Gingua Ambande tornou pera as ilhas chamada dos sovas da Coanza acompanhada do Jaga Caza dizendo hera senhora e ElRei Angolla Ayre escravo seu, e queria avassalarse a Vossa Magestade, e pagar tributo do Reyno, e que elle o pagasse das terras que lhe ficarão de seu pay.*[362]

Ao lado de Caza, Nzinga guerreava como Jaga e atuava diplomaticamente como cristã. Ao mesmo tempo que se fortalecia militarmente para evitar os ataques, queria convencer os portugueses a cancelarem o apoio a Ngola

[361] MILLER, 1975, p. 209.

[362] Carta de Fernão de Sousa ao Governo, 10 de Julho de 1628. In: HEINTZE, 1988, Doc. 105, p. 197.

Are, dizendo-se "filha do governador". Bento Banha Cardoso foi ordenado a "reprimir" Nzinga acompanhado pela gente de Ngola Are.[363]

Numa tentativa diplomática de anular o tratado de vassalagem de Ngola Are, Nzinga e o Jaga Caza mandaram para a fortaleza de Ambaca 400 peças de escravos e 105 vacas como presente ao governador Fernão de Sousa, acompanhados pelo *mani Lumbo*, um importante funcionário do kilombo que tratava das relações externas. O emissário declarou que Nzinga Mbandi se dizia "filha" do governador e que gostaria de fazer feiras. Pedia para suspender a guerra contra ela, "porque queria se quietar por estar cansada de andar pelos matos" e requeria autorização para se estabelecer na "ilha da Imbilas".[364] Alvaro Roiz, capitão de Ambaca, não acreditou nas intenções do *mani Lumbo* e mandou prendê-lo. Ao ser questionado sobre o paradeiro de Nzinga e quais sobas a acompanhavam, o emissário respondeu que ela estava em Bange, uma terra firme junto ao Kwanza, acompanhada apenas pelos sobas Macange e Sungo Amoyssa.

Ao saber da prisão do *mani Lumbo,* Nzinga mandou mais dois embaixadores a Ambaca, que deram seu recado: ela queria se "meter debaixo do emparo do capitão e morrer a seus pés."[365] Seria fingimento de Nzinga? Os portugueses foram informados de que, ao mesmo tempo em que mandou os emissários a Ambaca, Nzinga atacou o soba Candelle dos Quezos, "onde estavam muitos pumbeiros e quimbares dos portugueses a que tomou fazendas e peças" e depois foi para o Mbondo, onde atacou Andala Quesuba[366], um importante ponto de comércio escravista. Diante desses ataques, os portugueses concluíram que o *mani Lumbo* fora enviado como espião, e enganara o capitão Bento Banha Cardoso ao mandá-lo a Bange. Entenderam que as *milongas* (recados) enviadas pelos embaixadores serviram para Nzinga ganhar tempo e melhor articular sua fuga, ao mesmo tempo que desarticulava o comércio de escravos no Quezo e junto a Andala Quesuba. Decretou-se, então, a morte pública do *mani Lumbo:*

---

[363] Carta de Fernão de Sousa ao Rei, não enviada, fins de julho ou princípios de agosto de 1628. *Ibidem,* Doc. 107, p. 200.

[364] Imbila *(mbila)* significa sepultura, designando a Ilha de Kindonga, onde morreu seu irmão Ngola Mbandi e estavam enterrados os antigos Ngolas. In: *Extenso relatório do governador a seus filhos*, p.297

[365] *Extenso relatório do governador a seus filhos*, p. 300.

[366] *Ibidem*, p. 299-301.

Mandeyo prender por espia, e degollar na fortalesa com que os sovas se reportarão, e ElRey (Ngola Are) tomou confiança, e cobrou animo porque lhe parecia que aceitando eu as peças de escravos que ella e o jaga me mandavão o não sustentaria no reyno, nem cumpriria a escretura que me avia feito.[367]

O Jaga Caza, ao saber da prisão do *mani Lumbo,* abandonou Nzinga, que foi para ilha Cataxecacollo. A morte do emissário provocou a separação definitiva entre Nzinga e o Jaga Caza, que acreditava na via diplomática para evitar os litígios. A atitude dos representantes do governo demonstrou que os portugueses não acreditavam mais que Nzinga pudesse se avassalar livremente e nem em seu discurso cristão ou em suas promessas de obediência. A morte do *mani Lumbo* também fortaleceu a confiança de Ngola Are no trato com os portugueses.

Após a separação do Jaga Caza, Nzinga continuou exercendo papel de liderança nos bandos Jagas. Em Cadornega, lê-se que outros bandos de Jagas lutavam sob o comando de Nzinga, "sob suas bandeiras", como era o caso do kilombo do Jaga Caiete.[368] Mas não podemos afirmar que todos os que eram chamados Jagas lutaram a favor de Nzinga Mbandi. Nessa época, alguns grupos de Jagas lutavam a favor dos portugueses, como o Jaga Calanda, mas as alianças eram sempre instáveis e a traição iminente. Os vários bandos Jagas trocam sucessivamente de lado, ora a favor dos portugueses, ora contra eles, e sua participação nas guerras era geralmente fator decisivo.

Nzinga assumiu o controle de alguns bandos Jagas, orientando-os para a guerra conforme seus interesses, e incrível poder bélico foi crucial para suas vitórias. Mas nem todos os que eram assim chamados lhe foram leais. Cadornega narrou uma passagem em que Jagas aprisionados pelos portugueses traíram Nzinga e delataram o seu paradeiro "por ella não ser Sua Senhora natural, por serem de outra casta de gente como dito he com outro Senhor ou Senhores á parte, ainda que a accompanhavão já como se forão seus vassalos."[369]

Foi por meio da ajuda desses Jagas traidores e da efetiva ação militar do *tendala* Antonio Dias Muzungo que os portugueses chegaram ao kilombo de Nzinga e o desbarataram a 25 de maio de 1629. Para evitar ser capturada,

[367] Carta de Fernão de Sousa ao governo, 10/06/1628. In: HEINTZE, 1988, Doc. 105, p. 198.

[368] CADORNEGA, 1972, v I, p. 131.

[369] *Ibidem*, p. 149.

Nzinga estrategicamente foi largando suas bagagens e os prisioneiros para trás durante sua fuga, para que os portugueses perdessem tempo os recolhendo. Para conseguir ainda maior vantagem e ganhar tempo, acabou deixando também suas duas irmãs, Mocambo e Kifungi, batizadas como Dona Bárbara (antes Maria) e Dona Grácia, respectivamente, que foram presas pelas tropas portuguesas e levadas para Luanda. Nzinga escapou de forma fantástica pela Quina Quinene (Quina Grande dos Ganguelas, localizada no Vale do Lui-Kwango), descendo um despenhadeiro enorme pendurada em cipós:

> *[...] e intendendo o Capitão mor que a tinha naquelle sitio encalhada e cercada por todas as partes de penhas, e da nossa guerra, quando se chegou a penetrar o dito sitio achou-se havia despencado ella e toda a gente bolante, e o mais que a pôde seguir por aquellas altíssimas brenhas, por cordas amarradas nas arvores que no mato se achão a que chamão Engungo que vem a ser como sipó do Brazil, e he materia muito forte; por ellas se forão pegando e descendo até o profundo daquellas brenhas que quando a nossa gente chegou a descubrilos parecia aquella gente lá em baixo como formigueiro de formigas, que tão alta era esta eminiencia e profunda aquella concavidade chamada Quina grande ou na sua lingoa Quineni.*[370]

Depois dessa admirável fuga, declarada como sua segunda expulsão do Ndongo, Nzinga foi para o Songo e buscou proteção junto ao Jaga Cassanje, seu antigo rival e grande inimigo dos portugueses:

> *Passado isto confederou-se Jinga com o Jaga Cassanji, inimigo nosso e muito poderoso, que trazia 80 mil arcos de guerra em campo e, depois de estar com ele, este a mandou com guerra sua meter nas ilhas, com que se levantaram novos movimentos e fez repreza nos nossos.*[371]

Na análise de Heywood e Thornton, Nzinga teria aceitado a "humilhante posição de mulher de Kasanje" [372] e tornou-se uma Mbangala engajada em seguir as leis deste bando. Entendemos que a busca de apoio junto a Cassanje permitiu a Nzinga manter seu poder junto às comunidades Jagas–Mbangala e assegurar o prestígio que o título *Tembanza* lhe oferecia.

---

[370] *Ibidem*, p. 150.

[371] *Ibidem*, p. 153.

[372] HEYWOOD; THORNTHON, 2007, p. 133.

Fernão de Sousa registrou as condições em que Cassanje aceitou a dar-lhe abrigo:

> *Se ella avia de yr pera ele avia de ser sem lunga que he a insígnia da guerra, e he hum gongue grande, e que ele avia de governar e não havia de aver dous senhores no seu quilombo, nem cuidasse que se avia de aver com ele como fizera com o jaga Caza e que avia de ficar sua molher.*[373]

Apesar de não ser uma fonte segura (como Fernão de Sousa teria ficado sabendo desta conversa?), a exigência revela a distinção que havia entre os bandos Jagas, em que cada um seguia as ordens de um único chefe. Cassanje era um dos mais poderosos e temidos Jagas do século XVII e não queria que a política seguida por Caza repercurtisse em seu kilombo. A abdicação da insígnia *Lunga* significa a renúncia, por parte de Nzinga, à autoridade central do kilombo, que ela gozava ao lado de Caza.

Miller chama a atenção para o caráter transitório da aliança de Nzinga com os Mbangala do sul, assim como foram todas as suas outras associações. Defende que Nzinga era ilegítima também para os Mbangala e o abandono por parte de Caza deveu-se à sua "ausência de ancestralidade", assim, Nzinga tinha dificuldades em manter uma base política firme, até mesmo como *Tembanza.*

Em nossa análise, ao se tornar uma Jaga, Nzinga passou a contar com grande número de guerreiros bem treinados e altamente organizados, como prescrevia a hierarquia do kilombo, e, desse modo, aumentou significativamente seu poder bélico e garantiu sua segurança para se movimentar. A função ritual que assumiu no kilombo através do título *Tembanza,* fez reviver a lenda de Temba Ndumba e seus guerreiros imortais, agrupando vários bandos chamados de Jagas a uma ideologia comum. A figura de Temba Ndumba possivelmente não era venerada por todos os bandos Jagas até então, e devia fazer parte da mitologia de origem apenas do grupo descendente de Zimbo e Kulembe, o marido assassino de Temba Ndumba.

Acreditamos que lutar ao lado de Nzinga imprimiu consciência política aos bandos Jagas. Esses povos guerreiros viviam vagando sem se prenderem a linhagens, roubando comidas e pessoas. Ao colocarem seus kilombos –

[373] Biblioteca de Ajuda. Cód. 51-IX-20, f. 265. In: HEINTZE, 2007, p. 367.

"máquinas de guerra"[374] – à disposição de Nzinga, passam a compor a frente de resistência contra a ameaça estrangeira, encontrando uma razão de ser e guerrear muito maior do que o aprisionamento dos Mbundu visando o enriquecimento pessoal. Aliás, a nosso ver, tal enriquecimento dos chefes Jagas não existiu de fato: os europeus trocavam os escravos por bebidas alcoólicas e armas de fogo, que serviam apenas para sustentar a própria indústria da guerra e não traziam benefícios em termos de aquisição de bens ou prestígio.

Mas o que representou uma mulher assumir a liderança dos Jagas? O título de *Tembanza* já era importante na organização dos kilombos, mas desempenhava uma função ritual: a de preparação do unguento *Maji a Samba*. Nzinga Mbandi certamente extravasou essa função e desempenhou importantes papéis de comando e direção da guerra, apresentando-se inclusive como guerreira armada em campo, não desempenhou apenas papel simbólico. Entendemos o kilombo Jaga como uma organização social eminentemente masculina, em que o princípio feminino era anulado, principalmente através da negação da maternidade, já que segundo as leis *Kijila* as mulheres eram obrigadas a parir seus filhos fora dos limites do kilombo, nas matas, sendo proibidas de retornar com as crianças para o seu interior. Essa proibição reforçava a negação das linhagens, própria da identidade do kilombo, já que ninguém sabia quem eram seus pais e reconheciam apenas a autoridade do chefe do kilombo. O ritual de feitio do *Maji a Samba* reforça essa negação, visto que fora realizado pela primeira vez por uma mãe que decidiu matar seu filho, ou seja, uma decisão pela anulação da maternidade, pela ruptura dos laços familiares ou de linhagem.

Atentando-se para o papel social das mulheres no kilombo, percebemos que inicialmente elas iam para a guerra, mas desempenhavam apenas as tarefas domésticas, auxiliando no preparo de alimentos, servindo aos homens. Nzinga Mbandi, ao assumir o comando dos Jagas, mostrou que as mulheres eram capazes de pegar em armas e ir para o campo de batalha, promovendo assim um novo lugar social para elas naquela sociedade.

Nzinga Mbandi atuou, durante décadas, como fiel cumpridora das leis Jagas, que seriam válidas para todos os bandos, mesmo aqueles que lutavam a favor dos portugueses. Um episódio em especial revela como Nzinga se

[374] A ideia do "Kilombo como máquina de guerra" é apresentada por MILLER, 1995, cap. VI.

preocupava em seguir os preceitos Jagas: na batalha dos Empures (por volta de 1640, no governo de Pedro César de Menezes), Nzinga massacrou as tropas inimigas e capturou centenas de combatentes, que foram prontamente decapitados. Apenas o padre Jerônimo de Siqueira, dois brancos, quatro soldados pardos, o Jaga Cabucu, que servia aos portugueses, e a sua mulher foram poupados:

> *ao Jaga Cabucu com sua mulher, ou concubina chamada Coanza, também concedeu a vida por serem Senhores de Quilombo, e haver pacto entre os Jagas darem aos fidalgos Senhores de Quilombo boa passagem e quartel, tendo entre elles sobre isso tomado juramento a seu modo, e como ella uzava todos os ritos e Ceremonias Jagas e disso muito se prezava, observava grandemente os seus costumes.*[375]

Nzinga assumiu não apenas a posição feminina mais importante na hierarquia Jaga, mas o comando militar efetivo desses guerreiros. Sua personalidade agrupou a liderança política e ritual de alguns bandos Jagas, extrapolando os limites de um só kilombo. Nzinga conseguiu reunir milhares de guerreiros altamente treinados e disciplinados sob seu comando, não apenas Jagas de um ou outro kilombo, mas pessoas de diversas origens e linhagens que buscavam escapar do jugo da escravidão e a enxergaram como condutora a tal liberdade.

3.6. Legitimidade e poder no Ndongo

Enquanto Nzinga se fortalecia com os kilombos Jagas, o governo de Fernão de Sousa buscava uma forma de manter no poder um rei aliado. Are a Kiluanje morreu acometido por varíolas e seu irmão, Ngola Are, foi "eleito" em 12 de outubro de 1626.

A morte de Are a Kiluanje por varíola é um fato que até hoje não chamou a atenção dos historiadores ocidentais, mas podemos entender esta doença na lógica do universo Mbundu do século XVII. Cavazzi, na sua longa descrição das crenças dos povos da África Central,[376] listou uma série de sacerdotes especializados em curar e também provocar males, dentre eles,

[375] CADORNEGA, 1972, v I, p. 352-353.

[376] CAVAZZI, 1965, v. I, p. 80-133.

havia um que manipulava a varíola e tinha o poder de adoecer, curar ou matar alguém. Esse tipo de manipulação da varíola é conhecido em outros lugares da África, onde sacerdotes ou entidades são relacionados com a moléstia, como Sakpata, o Deus da varíola no Daomé, e Obaluê, Omulu ou Soponna, orixás do panteão yorubá. A varíola era uma doença considerada como um castigo das divindades sobre os humanos e uma pessoa jamais morreria naturalmente por causa dela:

> *assim como as sete pragas do Egito eram um castigo de Jeová, o povo de Danxome entendeu que a divindade ancestral Sakpata, castigava com as epidemias de varíola o despotismo do rei que não representava mais os interesses das velhas linhagens locais, e os desvios provocados nas tradições pela dominação estrangeira.*[377]

Na visão de mundo compartilhada pelo povo Mbundu, a morte de Are a Kiluanje por varíola poderia ser entendida como um feitiço mandado por um inimigo, e provavelmente os rumores culpariam a sua principal inimiga: Nzinga Mbandi. Are a Kiluanje morreu durante as campanhas de Bento Banha Cardoso em 1626, em que cerca de 4 mil soldados que lutavam ao lado dos portugueses - brancos e negros - foram contaminados por varíola. Este episódio pode ter fortalecido a crença de que Nzinga era uma grande feiticeira, temida por todos, capaz de manipular as mais terríveis doenças. Tal crença teria sido reforçada pelo fato ela também ter contraído a doença e ter se recuperado, o que era coisa bastante incomum.[378]

A coroação de Ngola Are como rei do Ndongo aparece na documentação de Fernão de Sousa como "eleição". Mas quem elegeu Ngola Are como rei do Ndongo? Desde a morte de Ngola Mbandi, Fernão de Sousa defendia a convocação de sobas e *makotas* que tradicionalmente elegiam o rei para que o processo tivesse legitimidade entre a população do Ndongo. Desejava que fosse eleito "rei legítimo e natural sucessor" do reino, mas sob a condição de ser vassalo, fazer feiras e pagar 100 peças anuais de tributo.[379] Apesar do desejo de parecer um processo legítimo, poucos sobas participaram da dita eleição, que foi comandada por Bento Banha Cardoso e padres jesuítas que conheciam o kimbundu. Em 12 de outubro de 1626, Ngola Are foi eleito

---

[377] LÉPINE, 2000. Sakpata também é conhecido como Xapanã.

[378] *Extenso relatório do governador a seus filhos*, p. 253-256.

[379] *Ibidem*, p. 253.

rei do Ndongo nas terras do soba Kiluanje Ca Caçonda.[380] A nova capital do reino do Ndongo passou a ser as Pedras de Maupungo (*Matadi ma upungu*, pedras altas), uma fortificação natural de penedos, localizada na província do Are, onde residia Ngola Are. A localidade ficou conhecida posteriormente como Pungo-a-Ndongo, para onde foi enviado o padre Francisco Pacconio, a quem caberia orientar o novo rei sobre como proceder nas "coisas dos brancos" e iniciar os trabalhos de evangelização do reino. O governador mandou também a Pungo-a-Ndongo o capitão Bento Rebelo Vilasboas para advertir Ngola Are de suas obrigações, enquanto o capitão-mor Bento Banha Cardoso ficava em Ambaca. Em 31/5/1627, Ngola Are mandou seu filho a Luanda para se batizar, recebendo o nome Francisco. O rei foi batizado em 29/6/1627, mas recebeu o nome Filipe,[381] em homenagem ao rei da União Ibérica, a quem jurou obediência.

A decisão de coroar Ngola Are como rei do Ndongo trouxe descontentamentos a muitos sobas, que se recusaram a obedecê-lo. A insubordinação se alastrou prejudicando a disponibilidade de soldados para a guerra preta e o pagamento dos tributos. Quando os portugueses quiseram assegurar a lealdade dos sobas da região dos Quezo, nenhum deles obedeceu à ordem do capitão mor Azevedo para se apresentar ao acampamento do exército, no entanto mandaram informar ao comandante português que estariam dispostos a obedecer a seus comandos, desde que isso não implicasse submissão a Ngola Are.[382]Os portugueses interpretaram isso como um apoio a Nzinga, dando ordem de guerra legítima contra os sobas do Quezo. A província de Quituxila também negou obediência ao *tandala* (o mais alto funcionário) de Ngola Are,[383] colocando em evidência sua falta de autoridade.

Acompanhada pelos exércitos Jagas, Nzinga voltou a se fortificar nas ilhas do Kwanza em 1628, invadiu a província do Are desarticulando as feiras em Pungo-a-Ndongo e impediu o avanço da conquista portuguesa. Ngola Are se mostrava incapaz de conter a determinação de Nzinga em recuperar o reino do Ndongo e se "intimidou tanto que queria largar o reino" ou ir para

[380] *Ibidem*, p. 253. Ver também CADORNEGA, 1972, v. I, p. 154 [notas do anotador].

[381] *Extenso relatório do governador a seus filhos*, p. 287.

[382] Carta de Fernão de Sousa ao governo, 25/08/1629. In: HEINTZE, 1988, Doc. 138, p. 231.

[383] BAL, cód.51-IX-20.fl. 256. In: HEINTZE, 2007, p. 365.

Luanda.384 O governo português financiava Ngola Are na luta contra Nzinga para mantê-la ocupada, enquanto tentava desenvolver o tráfico negreiro em Andala Quesuba e em outras partes. Mas Nzinga conseguiu estabelecer suas tropas de forma a impedir a comunicação entre Ngola Are e o governo português em Luanda, e frequentemente comandava ataques às incipientes feiras e caravanas ou atacava os presídios portugueses. O governo português tentou estabelecer novos tratados de paz com Nzinga, com a promessa de devolver os territórios injustamente tomados e de ajudá-la contra seus inimigos, sob a condição de ela reconhecer esses favores com um tributo anual. Cavazzi registrou o episódio segundo o que a própria Nzinga lhe narrou anos depois:

> *Alterou-se extremamente a feroz rainha com estas propostas, julgando que era grave afronta pretender homenagem duma soberana independente e absoluta. Respondeu, por conseguinte, que tais pretensões deviam ser feitas a um vencido desanimado e não a quem tinha por si todos os direitos e a coragem para sustentá-los.*[385]

A fraqueza de Ngola Are perante Nzinga era latente e Fernão de Sousa não deixou de registrar o medo que ele sentia do poder extraordinário de sua rival. Nzinga, aliada aos Mbangala, ganhou fama de imortal, pois sabia preparar feitiços que a tornava invencível: "se desconfiou ElRey e concebeo com grande medo, e receyo da Gingua pelo ameaçar [*sic*] com feitissos, que este gentil teme mais que armas, e não teve animo pera a cometer, nem resolução pera andar a correr a terra com a sua guerra [...]."[386]

A visita do tendala e dos principais *makotas* de Ngola Are aos representantes portugueses deixa evidente a sua falta de legitimidade entre os sobas do Ndongo. Seus emissários foram mandados a Pungo-a-Ndongo, em 28 de fevereiro de 1629, para se queixarem de três coisas: a primeira dizia respeito ao fato de que muita gente do Ndongo fugia para Matamba para ficarem livres da obrigação de servir na guerra portuguesa, mas foi aprisionada em Matamba, "como se fossem inimigos [...] assy por concluzão se queixa que com nome de querer cativar e destroyr a Ginga e sua gente tem

---

[384] Carta de Fernão de Sousa ao governo, 25/08/1629. In: HEINTZE, 1988, Doc. 138, p. 230.

[385] CAVAZZI, 1965, v. II, p. 77.

[386] Carta de Fernão de Sousa ao governo. 10/06/1628. In: HEINTZE, 1988. Doc. 105, p. 198.

destroydo os que ficavao em Dongo"[387]; a segunda coisa de que queixaram foi "que grandes e piquenos não lhe tem nenhum respeito, mas o injurião com ynjurias mui graves." Finalmente reclamaram que após o ataque a um kilombo, Ngola Are partiu e quando estava a uma légua do local, suas tropas o fizeram retornar ao kilombo arruinado "dizendo que não querião mais hir pela Ginga a fazerlhe guerra", ou seja, havia sido abandonado pelos seus guerreiros, que passaram a se recusar a combater Nzinga. A carta termina assim: "rogamos a Vossa Senhoria pelo amor de Deus a ter compaixão de nosso Rei, e nos outros que não temos outro pai e mãe.", revelando a extrema dependência que Ngola Are tinha do governo português, já que não encontrava legitimidade entre os seus nem forças suficientes para vencer Nzinga.

A informação preocupou Fernão de Sousa, que averiguou as queixas com "boas lingoas" (intérpretes) e as remeteu ao capitão-mor Paio de Araújo de Azevedo. Narrou o episódio em que seis sobas foram prestar obediência ao capitão mor, que os recebeu e mandou que retornassem a suas terras. Quando estavam na Quituchela sofreram um ataque em que lhes roubaram a quicumba e toda a gente de suas *morindas* (gente livre). Como eles eram leais a Ngola Are e foram atacados em território do Ndongo, que estava sob a proteção portuguesa, este episódio mostrou a fraqueza do soberano em garantir a ordem em sua jurisdição. O intérprete narrou que os soldados rebelados de Ngola Are, após negarem-se a fazer guerra contra Nzinga, chamaram-no de cão, e que o haviam de enforcar. A que o governador comentou:

> *não o creyo, porque ainda que he negro tem nome de rei, e está confirmado por Sua Magestade, e devesselhe cortezia e respeito, o que confio de Vossa Merce (Paio de Araújo) fará em tudo pera com seu exemplo se não atreverem outros a desonralo.*[388]

Em 15 de maio de 1629, Paio de Araújo de Azevedo conseguiu invadir o kilombo de Nzinga e suas irmãs foram aprisionadas e levadas a Luanda, onde ficaram na casa de D. Ana da Silva, mulher do capitão-mor. Fernão de Sousa

---

[387] *Queixa dos tendalas e macotas de Ndongo*, 28/02/1629. In: HEINTZE, 1988, Doc. 196, p. 286.

[388] Carta de Fernão de Sousa a Paio de Araújo de Azevedo, 20 de março de 1629. In: HEINTZE, 1988, Doc. 197, p. 287.

declarou o amor e respeito que o povo do Ndongo sentia por essas irmãs, que as considerava como "deydades".[389]

Dona Grácia Kifungi, a irmã mais nova de Nzinga, afirmava que Ngola Are não poderia ser rei do Ndongo, pois era filho de uma escrava sua. A origem inglória de Ngola Are parece ter convencido Fernão de Sousa, que escreveu um importante documento apontando as razões que havia para Ngola Are não ser rei:

> *Que não é legitimo sucessor do Reino, porque he filho de escrava nascido em casa d'ElRey Angola Ambande, e que he peça de sua filha Dona Gracia Quifunge e que por nascer em casa se lhe não posera marca, pelo que nenhum sova dos da casa d'ElRei lhe quer obedecer, nem o hade fazer.*[390]

A acusação de ser filho de uma escrava não foi negada por Ngola Are, ao contrário, ele confessou ser "peça" e mandou presentes às irmãs, mas elas não quiseram aceitar, alegando que em nenhum tempo ele poderia ser obedecido sendo elas vivas, porque a elas "diretamente pertence o reino."[391]

Fernão de Sousa terminou esse documento sugerindo que se procurasse Nzinga para uma "composição", pois Ngola Are já não se podia mais sustentar no reino. Dona Maria Cambo afirmava: "que elle sera are mas angolla não sera nunca, e que dona Ana a não avião de matar, antes a deixarião passar livremente e lhe darião o necessário porque he angolla que ninguém ouza pegar."[392]

Eram vários os pareceres sobre quem deveria ocupar o trono do Ndongo: o bispo D. Francisco de Soveral acreditava que seria melhor entregar o reino a uma das irmãs, pois ele as considerava as legítimas sucessoras, apesar de considerar justa a guerra contra Nzinga; os jesuítas defendiam que Ngola Are deveria permanecer no poder, pois pagara as 100 peças referentes ao ano anterior; Nzinga declarava que não queria ser rainha, que o fosse uma de suas irmãs e ela ficaria em paz e pagaria as 100 peças anuais prometidas por Are; Fernão de Sousa defendia que Mocambo deveria assumir o trono após casar-se com um parente próximo do falecido Ngola Mbandi que fosse favorável

---

[389] Carta de Fernão de Sousa ao governo, 25/08/1629. In: HEINTZE, 1988, Doc. 138, p. 231.

[390] *A ilegitimidade do novo rei do Ndongo, Angola Aire* (s.d, entre 20 de julho e 14 de setembro de 1629). In: HEINTZE, 1985, Doc. 28, p. 209.

[391] *Ibidem,* p. 210.

[392] *Ibidem,* p. 210.

aos portugueses, porque era muito amada e os sobas a obedeceriam e "deste modo se concertará o reino."[393] Contudo, Fernão de Sousa não se atrevia a resolver o caso sem que houvesse ordem expressa do rei. O governador mostrava-se desesperado com a situação caótica da conquista pois todos os sobas estavam rebelados e desobedientes, e muitos fugiam para outras terras por não haver autoridade à qual confiar.

A desobediência dos sobas para com Ngola Are foi registrada em diversos documentos de Fernão de Sousa. Os sobas do Ndongo falaram, por diversas vezes, que preferiam perder a vida ou até assistir à dissolução definitiva do reino a serem vassalos de Ngola Are.[394]

A grande seca que acometeu o Ndongo em 1629-1630 aumentou a descrença do povo em Ngola Are, que se mostrou incapaz de provocar as chuvas, uma habilidade que o Ngola deveria ter. A situação do povo Mbundu se agravou com a fome e a disseminação da varíola, que prejudicou o pagamento dos tributos aos portugueses. Fernão de Sousa defendia que uma rígida política tributária - que punia a inadimplência com a guerra - levaria os sobas a se levantarem contra a colonização portuguesa. Desde 1626, reconhecia que a guerra movida por Nzinga impedia o pagamento dos baculamentos e recomendava "suavidade" nas cobranças, pois se "apertassem" os sobas os obrigariama passar para o lado dela. No quadro de miséria generalizada, Fernão de Sousa pedia ao rei que se "flexibilizasse" a cobrança de tributos, aceitando o que cada soba poderia dar no momento.[395]

A tentativa de instituir um rei favorável aos portugueses mostrou-se falha, uma vez que o povo do Ndongo não o considerava legítimo. O fim do Ndongo como estado independente se iniciou com as guerras de Luiz Mendes de Vasconcelos e foi concluído com a eleição de Ngola Are, em que o reino passou por um processo de descentralização e segmentação.

---

[393] Carta de Fernão de Sousa ao governo. 25/08/1629. In: HEINTZE, 1988, p. 231. Cf. também Carta de Fernão de Sousa ao governo, 8/01/1630. In: *Ibidem*, p. 244.

[394] *A ilegitimidade do novo rei do Ndongo, Angola Aire* (s.d, entre 20 de julho e 14 de setembro de 1629). In: HEINTZE, 1985, p. 209-210. Cf. também *História das relações entre a Angola portuguesa e o Ndongo*, 1624-1631, de 6/08/1631. In: *Ibidem*, 1985, Doc. 25, p. 203. Carta de Fernão de Sousa ao governo, 8/01/1630. In: *Ibidem*, 1988, p. 244.

[395] Carta de Fernão de Sousa sobre os tributos de vassalagem dos sobas, 8 de julho de 1626. In: *Ibidem*, 1985, Doc. 31, p. 365. Carta de Fernão de Sousa ao governo, 8/01/1630. In: *Ibidem*, 1988, p. 244.

Heintze comenta que, nessa época, a designação de reino "não passava de um eufemismo lisonjeador".[396] Grande parte dos sobas, especialmente os do oeste e das imediações de Ambaca no norte foi desvinculada do Ndongo e diretamente subordinada à Coroa portuguesa.

A escolha de Ngola Are trouxe um vazio político e ritual no Ndongo, já que grande parte da população não acreditava que o novo rei poderia cumprir as prerrogativas do título que lhe fora atribuído, como presidir a primeira sementeira, consultar os ancestrais e fazer chover. Essa crise levou a centenas, ou até milhares, de pessoas migrarem do Ndongo, buscando as regiões vizinhas, como Matamba, Tunda e Mbondo, alterando substancialmente a composição étnica da população. Heintze considera que grande parte da população do Ndongo era composta por *ijiku,* escravos que estavam distantes das suas linhagens de origem, dessa forma, duvida que o princípio Ngola ainda tivesse força para permitir que uma população não natural do país se identificasse com este reino. A organização e a ideologia dos kilombos Mbangala lhes pareciam mais interessante e Nzinga soube atraí-los para o seu contingente.[397]

Ngola Are só se manteve no poder devido ao auxílio português, mesmo assim sempre com muitas dificuldades e com poder efetivo reduzido, que provavelmente não ultrapassava a sua província original. A dependência da colônia europeia se expressava pela incapacidade de Ngola Are se defender sozinho de seus inimigos, especialmente Nzinga Mbandi, e mesmo internamente ele não conseguia garantir o funcionamento das feiras e a circulação da economia, frustrando assim as expectativas portuguesas que levaram à sua coroação.

A qualificação de "rei fantoche" que frequentemente aparece na historiografia,[398] contudo, deve ser repensada. "Fantoche", nesse caso, indica total manipulação, ausência de vontade, absoluta subjugação aos interesses portugueses, e esconde as intenções políticas que a linhagem Are tinha. Apesar de Ngola Are ser fraco, ele também se beneficiou com o apoio dado pelos portugueses e conseguiu a ascensão política que almejava com o recebimento do título Ngola, ainda que não conseguisse fazê-lo valer de

[396] HEINTZE, 2007, p. 379.

[397] *Ibidem*, p. 382.

[398] Heintze, 2007; GLASGOW, 1982, *passim.*

fato. Fernão de Sousa chegou a acusá-lo de se prevalecer dessa relação e tentar enganar os portugueses:

> *Procurou todo este tempo esfrutar o Reino, recolher nas Pedras, peças, fazendas e mantimentos por sy, pelo seu tendala e mani lumbo com [in]tenção de se hir para o Lembo e lá se afirma mandou peças e as tem, sem tratar de pagar o basculamento a sua Magestade, nem dar cousa de consideração.*[399]

Dessa forma, o uso exagerado e irrefletido do termo "rei fantoche" anula as intenções dos atores sociais que foram escolhidos como reis, visto que, se foram manipulados, também tentaram ganhar com a situação.

Nzinga Mbandi era legítima governante do reino do Ndongo ou teria, através do assassinato de seu sobrinho, usurpado o poder, a que não tinha nenhum direito? Retomamos a discussão historiográfica sobre a legitimidade de Nzinga Mbandi ao trono do Ndongo no intuito de debater e questionar as afirmações de Miller, que defendeu a tese da ilegitimidade de Nzinga.[400]

Na análise de Miller, o reinado de Ngola Mbandi representou uma de muitas facções linhageiras num delicado cenário em que forças contrárias disputavam o poder político central. Com a morte de Ngola Mbandi, o poder poderia normalmente ir para qualquer um dos grupos de linhagens que combinariam manobras políticas com alianças com os sobas para estabelecer seu candidato. Facções perdedoras costumavam aceitar sua derrota como uma temporária retirada, mantendo as esperanças de um dia capturar o título real. Nenhum herdeiro direto do Ngola estava garantido no poder com sua morte, pois a sucessão hereditária não era uma regra fixa. Nesse contexto, Miller levantou três razões que impediriam Nzinga de assumir o título Ngola:

1) Nzinga não era parente legítima do Ngola para concorrer ao trono.
2) Nzinga era filha de escrava
3) As mulheres eram impedidas de ascender ao poder

Miller defendeu que Nzinga não era irmã legítima de Ngola Mbandi, pois os dois não eram filhos de uma mesma mãe, e nas regras Mbundu de sucessão matrilinear, uma meia-irmã de uma coesposa do pai não poderia ser considerada parente. Miller sustentou sua argumentação na origem humilde

---

[399] *A ilegitimidade do novo rei do Ndongo, Angola Aire* (s.d, entre 20 de julho e 14 de setembro de 1629). In: HEINTZE, 1985, Doc. 28, p. 209.

[400] MILLER, 1975, p. 201-216.

de Nzinga, que não teria status para ascender ao poder, e principalmente, não tinha apoio nas linhagens dominantes. Seus cálculos das linhagens Mbundu colocaram Nzinga longe da linha de legitimidade e da provável sucessão de Ngola Mbandi. Para Miller, Nzinga e Ngola Mbandi eram "meios-irmãos", sendo Nzinga filha do oitavo Ngola com uma concubina, uma mulher que pertencia a linhagens escravas que eram dependentes da corte real, ou seja, uma *kijiku.*

Já o historiador português Parreira discorda de Miller, argumentado que o norte-americano não demonstrou por meio de evidências a falta de parentesco real de Nzinga. Parreira admite a possibilidade de eles não serem parentes, mas seguindo a linha de raciocínio do próprio Miller, o termo "irmão" poderia indicar não uma relação de consanguinidade entre pessoas, mas sim equivalência entre os títulos que ocupavam na linhagem, o que alteraria completamente os dados do problema. Sendo Nzinga uma representante de uma linhagem que concorria ao título Ngola, o argumento de Miller sobre a "usurpação do poder" tornar-se uma contradição que deve ser posta em xeque, pondera o autor português.[401]

Cavazzi afirmou que a mãe de Nzinga era uma concubina do Ngola chamada Ganguela- Cacombe.[402] Em nenhum momento o padre italiano disse que ela seria uma escrava ou *kijiku,* mas qual o sentido que ele atribuiu ao termo concubina? O Ngola tinha várias mulheres, sendo a mais importante chamada de *Nvala muene*, e a *Samba nvala,* que ocupava o segundo lugar. Qual era a posição ocupada pela mãe de Nzinga? A noção monogâmica europeia contida no sentido da palavra concubina não cabe na lógica da sociedade Mbundu. E o que significava ser uma *kijiku* do Ngola? Para o Ngola, todos seus súditos eram seus *ijiku*, sendo assim, o termo ganha uma dimensão mais ampla do que a simples tradução por escravo. A afirmação de que a mãe de Nzinga era uma escrava aparece apenas em Cuvelier, que não a sustentou em nenhuma evidência documental.[403] Por que Miller acreditou em Cuvelier sem questionar a veracidade dessa afirmação e a repetiu com tanta ênfase?

Não acreditamos nessa filiação, pois se Nzinga fosse realmente filha de uma escrava, isso teria vindo à tona durante a discussão sobre a legitimidade de Ngola Are em 1629, quando este foi publicamente recharçado por ser

---

[401] PARREIRA, 1997, p. 181.

[402] CAVAZZI, 1965, v. II, p. 64.

[403] CUVELIER, 1957, p. 42.

filho de uma escrava de nome D. Grácia Kifungi. Como vimos, o próprio governador Fernão de Sousa acreditava nessa origem inglória de Ngola Are e, em decorrência disso, passou a defender a coroação de uma das irmãs de Nzinga. Certamente, se Nzinga também tivesse essa mácula em sua genealogia, seus rivais teriam levantado essa acusação na época, mas ao contrário, a maioria dos sobas a reconhecia com "angolla que ninguém ouza pegar".[404]

Miller ainda afirmou que Nzinga tinha apenas uma filiação remota com alguma linhagem real e não poderia esperar apoio imediato para assumir o governo. Seus principais apoiadores estavam entre o povo e não entre as linhagens estabelecidas no reino. Quais foram as fontes que Miller utilizou para afirmar essa falta de apoio? As fontes escritas disponíveis não revelam muitas informações sobre as relações de poder internas ao reino do Ndongo no século XVII, mostram apenas a posição política que era conveniente aos portugueses.

Miller é enfático ao afirmar que os Mbundu nutriam fortes sentimentos contra mulheres assumindo qualquer título político e era explicitamente proibido a qualquer uma assumir a posição *Ngola a Kiluanje*. Veremos a seguir como o poder feminino era enraizado nas tradições políticas da África Central, principalmente em Matamba.

Para Miller, Nzinga cometeu uma usurpação do trono, possibilitada mediante a violência com que agiu sobre seu sobrinho. Sua ascensão ao poder teria se baseado mais em suas ambições pessoais e nas estratégias dos interesses portugueses do que na aclamação de seus súditos. Segundo Miller, como Nzinga não tinha apoio das linhagens, iniciou uma campanha sanguinária para eliminar seus oponentes domésticos, provavelmente candidatos ao trono de coalisões linhageiras e incluindo o homem esperado para suceder o rei morto, o sobrinho. Na visão do historiador norte-americano, toda a trajetória política de Nzinga foi uma busca por aliados externos, já que ela não tinha apoio interno no Ndongo que lhe assegurasse poder: o batismo de 1622 teria sido uma tentativa de conseguir o apoio dos portugueses; posteriormente, contou com o apoio dos escravos fugidos das mais variadas origens; depois se aliou aos Mbangala para conseguir apoio de um grupo que não se organizava pelas linhagens; e por fim buscou se estabelecer em Matamba, onde já existia o precedente do poder feminino.

[404] *A ilegitimidade do novo rei do Ndongo, Angola Aire* (s.d, entre 20 de julho e 14 de setembro de 1629). In: HEINTZE, 1985, Doc. 28, p. 210.

Na tentativa de responder a essas questões, historiadores buscaram entender o conjunto de regras que regia a sociedade Mbundu no século XVII, esperando encontrar algo parecido com uma constituição que estabelecesse as regras de sucessão ao trono.[405] Miller e Parreira assumiram que o Ndongo possuía uma constituição razoável que especificava quem poderia e não poderia assumir o trono. O primeiro concluiu que Nzinga não poderia, Parreira argumentou que sim.

Para Thornton, a constituição do Ndongo poderia ser encontrada nas tradições orais preservadas que evocavam precedentes históricos, mas ele não entende tal constituição como um texto explícito. Esse *corpus* documental teria permitido legistas do século XVII e acadêmicos modernos descobrirem os princípios relevantes das tradições e seriam esses precedentes históricos que teriam estabelecido o direito de Nzinga governar, ou não. Mas Thornton critica a aceitação dessa constituição como um conjunto de regras fixas e imutáveis. Para ele, uma constituição é imutável apenas quando a maioria dos atores políticos aceita a validade histórica ou genealógica dos precedentes e concordam em manter a pessoa ou grupo no poder. Já em situações em que as condições políticas estão mudando, a rigidez da lei constitucional rapidamente se quebra. A lei poderia ter sido estabelecida pela emergência de um rei poderoso ou por políticos estabelecidos, que obrigaria os precedentes históricos a apoiá-los como legítimos. Thornton defende que no tempo da sucessão de Ngola Mbandi não havia no Ndongo "esta confortável situação de precedentes constitucionais claramente definidos", e vários grupos sociais rivais lutavam para criar uma constituição que os favorecesse.[406]

Thornton chama a atenção para a possibilidade dos grupos rivais no Ndongo citarem precedentes históricos ou mitos para suportar suas posições, criando um grande e heterogêneo grupo de precedentes diferentes e versões contraditórias da história do país. Os precedentes e as narrativas históricas que davam apoio aos governantes eram ambíguos e altamente manipulados, em função das demandas daqueles que lutavam pelo poder. Cabe lembrar aqui os ensinamentos de Jan Vansina, que defende que uma tradição oral é sempre o discurso de uma determinada linhagem ou clã que busca justificar

[405] Miller, Parreira e Thornton foram à busca de uma "constituição" que regia o Ndongo no século XVII.

[406] THORNTON, 1991.

e reivindicar, através da narrativa, "os privilégios e reivindicações dos direitos desaparecidos".[407]

Thornton defende a ideia de que a resolução real dos problemas constitucionais era definida mais por quem poderia vencer as lutas no campo material, através da organização de apoiadores ou exércitos, podendo, assim, impor a seus rivais a veracidade histórica dos precedentes legais que o legitimavam. Procura entender, desse modo, a sucessão de Ngola Mbandi dentro da lógica eleitoral vigente no Ndongo, a partir dos documentos da segunda metade do século XVI.[408] Quando os primeiros portugueses chegaram ao Ndongo, em 1560, encontraram um estado relativamente descentralizado, em que o Ngola reinava em conjunto com vários *makotas*-representantes dos territórios, que constituíam um bloqueio ao seu poder absoluto. Mas através da ação dos *ijiku,* os escravos da corte, o Ngola pôde centralizar sua autoridade no fim do século XVI. Os *ijiku* atuavam como supervisores judiciais e militares sobre os territórios dos sobas, recolhendo os tributos em prol do Ngola. Na visão de Thornton, os *ijiku* atuariam como intermediários políticos que permitiram ao Ngola ter os sobas como "clientes". Através da atuação dos *ijiku* junto aos sobados, garantiu-se o direito à sucessão hereditária do Ngola, reduzindo a importância da eleição dos *makotas.* O autor defende que foi justamente esta poderosa classe de escravos da corte que apoiou Nzinga em sua busca pelo poder, e em sua luta pelo controle dos escravos militares, os *kimbares.* Afirma que Are a Kiluanje era essencialmente um *dikota* (singular de *makota*) que poderia atuar para reverter a tendência de centralização sobre os escravos reais que beneficiava Nzinga. Teria sido essa a razão fundamental para a luta de Are a Kiluanje e dos portugueses contra Nzinga.

Thornton conclui que Nzinga conseguiu formar um estado que tolerava sua autoridade e construir uma forte base de apoiadores leais que a ajudaram a se sustentar no poder tanto quanto permitira a relevância dos precedentes citados por ela. Nzinga assegurou o poder e o baseou em precedentes históricos, e uma vez que ela e suas sucessoras haviam vencido

---

[407] VANSINA, 1967; 1971.

[408] Thornton cita os seguintes documentos: Carta de Antonio Mendes, 9/05/1563. In: BRÁSIO, 1952, v. II, p. 508-510; *Apontamentos sobre Paulo Dias de Novais* (1560-1561). In: BRÁSIO, 1952, v. II, p. 467-468; Carta de Francisco de Gouveia ao Jesuíta Geral, 01/11/1564. In: BRÁSIO, 1952, v. XV, p. 230-231.

aqueles que questionavam sua reivindicação, ela mesma se tornou um precedente histórico.[409]

Não concordamos com as conclusões de Miller, para quem Nzinga era uma usurpadora sem direito a reivindicar o trono do Ndongo. Acreditamos que Nzinga era soberana legitimamente nomeada por Ngola Mbandi antes de sua morte, como as cartas do início do governo de Fernão de Sousa atestam.[410] O assassinato de seu sobrinho foi uma forma de obter as insígnias de poder, uma vez que ela já tinha assumido o trono como regente do menor. Talvez tenha sido a forma encontrada para resguardar seu reino de um plano português de coroar o menor para tê-lo como executor dos desejos lusitanos. Fernão de Sousa revelou esse plano ao criticar o Bispo Simão de Mascarenhas, seu antecessor, por não ter pedido o herdeiro ao Jaga Caza para "metelo no Reyno em nome de Vossa Magestade com que ficava tudo seguro".[411]

A tese da ilegitimidade de Nzinga foi criada pelos governadores portugueses, principalmente por Fernão de Sousa e suas cartas revelam nitidamente essa maquinação. No início de seu governo, Fernão de Sousa aceitou os termos do tratado de paz e via Nzinga como legítima, somente depois da luta pelos escravos fugidos que ele começou a deslegitimá-la. Em 1631, em retrospectiva, ele criou a imagem de que Nzinga tinha uma antiga aversão aos portugueses e ao cristianismo e não poderia jamais negociar.[412]

Em 1632, a Ordem da Mesa do Paço pediu a Fernão de Sousa que justificasse as razões que teve para fazer guerra a Nzinga e privá-la do reino.[413] Em 1641, o Conselho Ultramarino chegou à conclusão de que Nzinga tinha o direito à dignidade do título Ngola e de que este deveria ser reinvestido. Censurou o "procedimento de Fernão de Sousa em ter tirado a

[409] THORNTON, 1991, p. 40.

[410] Carta de Fernão de Sousa ao governo, 15/8/1624. In: HEINTZE, 1988, Docs. 36, p. 85. *História das relações entre a Angola portuguesa e o Ndongo*, 1617 a 1624. 1ª parte. In: *Ibidem*, 1985, Doc. 23, p. 196.

[411] *História das relações entre a Angola portuguesa e o Ndongo*, 1617 a setembro de 1625. 2ª parte. In: *Ibidem*, 1985, Doc.24, p. 199.

[412] *História das relações entre a Angola portuguesa e o Ndongo*, 1624-1631. 3ª parte. In: *Ibidem*, 1985, Doc. 24, p. 20I-202.

[413] Ordem da Mesa do Paço a Fernão de Sousa. In: *Ibidem*, 1988, Doc. 236, p. 337.

realeza a Jinga" e afirmou que só a ela "assistia o direito e a justiça, e [que] tudo isto [tinha sido] calcado".[414]

Defendemos a legitimidade de Nzinga Mbandi para governar o Ndongo, conferida não só pelos precedentes históricos, mas também pelo apoio inconteste de grande parte da população que se recusava a obedecer Ngola Are e deixava suas terras para ir atrás de Nzinga, considerada a verdadeira Ngola. Muita gente, de diferentes origens étnicas, considerava Nzinga sua líder, lutava por ela e vivia segundo suas ordens.

---

[414] *Consulta do Conselho Ultramarino*, 19/10/1641. In: CARDONEGA, 1972, v. I, p. 216 [nota do editor].

Capítulo 4:

Matamba: novas terras, novos aliados

4.1 O reino de Matamba

O reino de Matamba localizava-se a leste do rio Kwango, na margem direita do rio Lukala. Atualmente a região ocupa a chamada Baixa de Cassange na região de Malanje.

Matamba foi nominalmente tributária do Congo até pelo menos 1530, quando o rei do Congo Afonso I o incluía em suas possessões.[415] As tradições orais registradas por Cavazzi narram que, por volta de 1560, um rei de Matamba se rebelou contra o Congo e ampliou seu domínio sobre outras terras e vassalos e estabeleceu sua capital em Mocaria Camatamba.[416] Sebastião Souto, um padre residente na corte do Congo, escreveu em 1561 que Matamba era um território independente.[417] Ao longo do século XVI, Matamba foi se libertando das obrigações de homenagem ao rei do Congo e construindo outras estruturas de poder centralizadas em torno de um soberano independente a partir de novas insígnias, assim como ocorreu no vizinho Ndongo.

A insígnia *Ngola* surgiu entre os Samba, povos originários da região de Matamba.[418] As tradições Mbundu do século XVII associavam os Samba a uma sofisticada tecnologia do ferro, e isso explica porque o *Ngola* se difundiu

---

415 Carta de D. Afonso para D. João III, 28/01/1530. In: BRÁSIO, 1952, v. I, p. 540. Carta del-Rei do Conog a Paulo III, 21/02/1535. In : BRÁSIO, 1952, v. II, p. 38-40.

416 Manuscrito Araldi de Cavazzi: Missione evangelic al regno di Congo, v. A, livro I, p. 5-6, livro II, p. 42-43, *apud* HEYWOOD; THORNTON, 2007, p. 55.

417 *Apontamentos de Sebastião de Souto*, c. 1561. In: BRÁSIO, 1952, v. II, p. 479-80.

418 MILLER, 1995, p.65. Com base em Lopes de Lima: *Ensaios sobre a statistica das possessões portuguesas na África Occidental e Oriental.* Lisboa, 1846, v. III - Angola e Benguela, p. 131-132.

rapidamente entre suas linhagens, sempre representado por objetos fabricados em ferro.[419]

Miller explicou as variações fonéticas que levaram o nome "samba" se transformar em "Matamba": o *'ts'* em kikongo virou 's' em kimbundu, acrescido do prefixo bantu *'ma'*, comum para designar grupos étnicos.[420]

O primeiro título político *Ngola* de que há memória entre os Mbundu foi *kiluanje kya samba* do qual eram detentoras as linhagens que viviam na região de Matamba. *Kiluanje* significa conquistador e mostra que "os Mbundu encaram este título como a ponta de lança do avanço das instituições políticas Samba no território dos Mbundu".[421] Dessa forma, o princípio político *Ngola* foi levado pelo povo Samba para a região dos Mbundu, onde teve grande aceitação devido ao domínio das técnicas metalúrgicas a ele associadas.

A origem do princípio político *Ngola* confirma a proximidade entre os reinos do Ndongo e de Matamba, o que será retomado a seguir na análise das disputas que envolveram Nzinga Mbandi ao longo do século XVII. Matamba aparece também com o nome de Ndongo Oriental,[422] reforçando a ideia de que os dois reinos tiveram uma gênese em comum e aproxima suas histórias em tempos primordiais.

Várias fontes apontam que Matamba era governada por uma "grande rainha", cujo nome foi registrado como *Cambolo.* Por volta de 1560, essa rainha recebeu missionários enviados pelo *mani* Congo Diogo I, mas nada indica que tenha se convertido ao cristianismo nessa época. A rainha gozava de uma exagerada reputação por ter substanciais minas de prata e outros minerais e construíra sua capital, estrategicamente organizada perto das minas de ferro do Vale do rio Nzongeji.

No final do século XVI e início do XVII, a população de Matamba lutou tenazmente para proteger suas áreas do avanço português. Em 1590, o governador Luis Serrão reuniu 15 mil homens na guerra preta para conter os exércitos de Matamba, que auxiliados pelo Congo, Ndongo e Guindas, vinham com cerca de um milhão de homens "com determinação de darem batalha

---

[419] CAVAZZI (1965, V. I, p. 253) registrou o mito do rei ferreiro em Angola. Para análise dos reis ferreiros na África Central, ver: SILVA, 2012.

[420] MILLER, 1995, p. 66-68.

[421] MILLER, 1995, p.74.

[422] CAVAZZI, 1965, v. I, *passim.*

ao governador e vossos vassalos."[423] O exército de Matamba, ou parte dele, também foi enviado para ajudar o Ngola (pai de Nzinga) na Batalha do Lukala nessa mesma época, quando juntos derrotaram as tropas portuguesas. Vê-se que Ndongo e Matamba, além da origem próxima dos dois reinos, eram aliados e atuaram juntos, em diversos momentos, para conter o avanço luso.

Os portugueses invadiram Matamba no governo de Luiz Mendes de Vasconcelos (1617-1621) sob o comando de seu filho e tenente-geral João Mendes. Cadornega escreveu que este fez entrada no reino de Matamba a partir das terras de Andala Amdangi, que esperava os portugueses em campanha com poderosos esquadrões. Os lusos venceram, "entrado e destruindo a Banza e Povoação de Mulundo Acambolo Rainha daquelle Reino (de Matamba)."[424] Saíram em busca da dita rainha, quando foram acometidos por sua gente, pois ela havia mandado vários *muzengos* (esquadrões) para guerrear contra as tropas portuguesas, com ordem de aprisionarem todos. Os portugueses só conseguiram sair vivos dessa batalha "mui renhida e sangrenta", onde passaram "grandes apertos", graças à ação da cavalaria. [425]

A invasão de Matamba foi muito violenta, os portugueses queimaram e destruíram povoações e lugares sagrados, como a moradia dos antigos reis. Mataram poderosos, como Quilamba Amgondo, assim como centenas de moradores. Cadornega narrou as várias investidas feitas sob o comando de João Mendes de Vasconcelos, registrando o caráter destrutivo dessas "conquistas". Foram tantas as terras invadidas pelo filho do governador que, ambicioso pelas "peças" aprisionadas, recebeu dos habitantes o apelido Catunda, "filho do sol". Depois de quatro anos de duras guerras nos reinos do Ndongo e de Matamba, Luiz Mendes mandou o filho recolher as tropas "pois tinham o poder muito diminuto com o rigor da guerra e aspereza do sertão".[426]

4.2. Nzinga conquista Matamba

Nesse contexto de dominação portuguesa, Nzinga Mbandi, alijada do reino do Ndongo, conquistou Matamba. Esta conquista foi essencial para ela

---

[423] BRITO, 1931.

[424] CADORNEGA, 1972, v. I, p. 94.

[425] *Ibidem*, p. 95.

[426] *Ibidem*, p. 96.

se confirmar como liderança supra-regional e fazer frente contra as invasões portuguesas.

Não se sabe a data exata desse evento. Parreira deduziu que teria ocorrido em fins de 1626 ou em princípio de 1627.[427] De acordo com as cartas de Fernão de Sousa, a conquista de Matamba por Nzinga Mbandi teria ocorrido no início da década de 1630, o que coincide com a narrativa cronologicamente incerta de Cavazzi. Após a fabulosa fuga pela Quina Quinene, pela qual desceu dependurada em cipós, Nzinga se uniu ao Jaga Cassanje, e juntos marcharam às terras dos Anzicos (Tio),[428] de onde puderam entrar no reino:

> *Penetrou ela até Macaria-ca-Matamba, onde morava Muhongo-Matamba, que depois da morte de Matamba-Cambolo, seu pai, fora eleita rainha. A cidade foi tomada e a infeliz senhora, com a sua única filha, caiu nas mãos de Jinga, que, mediante ferros em brasa, marcou vergonhosamente a ambas como escravas. Porém, pouco tempo depois, como que arrependida deste bárbaro tratamento, compensou a afronta, destinando a mãe ao governo duma parte do reino, com o título de sua irmã.*[429]

Não se sabe até que ponto essa crueldade foi real ou apenas parte do discurso etnocêntrico de Cavazzi, que descreveu as atitudes de Nzinga – enquanto unida aos Jagas – como bárbaras e selvagens. Penso que a antiga rainha de Matamba enxergou em Nzinga a possibilidade de manter o seu reino independente e expulsar os portugueses, que o haviam dominado de forma cruel e violenta nas décadas anteriores. No contexto das invasões lusitanas, Nzinga aparecia como a melhor alternativa para proteger a população e salvaguardar o reino. Muhongo a Cambolo e sua família permaneceram com poder local, enquanto Nzinga assumiu o poder central do reino.

As leis dos Jagas – as *ijila* (ou *yjila,* plural de *kijila*) – parecem ter sido cumpridas e bem observadas por Nzinga até sua "reconversão" ao cristianismo em 1656.[430] Mas em que medida as instituições políticas

---

[427] PARREIRA, 1997, p. 193.

[428] *Extenso relatório do governador a seus filhos*. In: HEINTZE, 1985, p. 346.

[429] CAVAZZI, 1965, p. 79.

[430] Carta da rainha Jinga ao governador Luiz Martins de Sousa Chichorro, 13 de dezembro de 1655. In: CAVAZZI, 1965, v. II [Documentos anexos nº45. p.330-332]. Nesta carta, Nzinga promete que assim que sua irmã Mocambo for restituída, tratará "logo de deixar parir e criar as mulheres seus filhos, cousa que até agora não consenti por ser estilo de quilombo..."

existentes em Matamba se acomodaram à organização dos quilombos Jagas? Nesse período, Nzinga e os Jagas que lhe acompanhavam se fixaram na região de Matamba, mas não pararam de guerrear pelos arredores, atacando os pumbeiros e feiras e invadindo os sobados aliados aos portugueses como forma de pressão política. O maior alvo dos ataques foi Ngola Are, a quem Nzinga queria enfraquecer e recuperar a coroa do Ndongo. Fernão de Sousa registrou os ataques sistemáticos de Nzinga aos sobados aliados aos portugueses, a fim de impedir a cobranças de baculamentos (tributos), o que fragilizava a administração colonial e forçava a reconfiguração das alianças políticas.[431]

No contexto de guerra generalizada, era grande a movimentação de pessoas que buscavam escapar da escravização ou da morte. Matamba se tornou um importante polo de atração populacional, assim como os territórios de Cassanje, Ndembos, Ndala Quisua e Quissama. O governo em Angola preocupava-se com a enorme quantidade de gente que fugia do Ndongo por não acreditar na legitimidade de Ngola Are, indo buscar proteção da rainha em Matamba, dentre os quais diversos sobas outrora aliados dos portugueses. Fernão de Sousa temia que a região do Ndongo ficasse em breve despovoada e Ngola Are, sem súditos.[432]

Nzinga passou a receber em Matamba pessoas de diferentes origens étnicas. Provavelmente, todos os asilados eram treinados para se tornarem bravos guerreiros e passaram pelos rituais de iniciação dos Jagas, assumindo esta nova identidade ligada à guerra e ao nomadismo. Nota-se que não eram apenas escravos que fugiam em busca de liberdade e de proteção, mas também homens livres e membros da elite do poder.[433]

Heintze analisou as consequências das fugas de escravos em Angola no século XVII, considerado "um século de fugitivos". Para ela, todas as esferas da vida foram afetadas por essas movimentações populacionais que trouxeram conseqüências militares, econômicas, políticas, socioculturais e demográficas. "Desencadeavam-se processos recíprocos que contribuíram para romper normas rígidas, gerar novos valores e fomentar o surgimento

[431] *Extenso relatório do governador a seus filhos*, p. 346.

[432] Carta de Fernao de Souza. In: HEINTZE, 1985, p. 363.

[433] HEINTZE, 2007, p. 532.

de novas elites."[434] Além do primeiro grande fluxo migratório que Nzinga recebeu na década de 1620, quando estava fortificada na ilha de Kindonga, na década de 1630 tornou-se mais uma vez polo receptor de população em Matamba, o que contribuiu para a heterogeneidade étnica de seus seguidores.

A ocupação do reino de Matamba contou com a ajuda militar do Jaga Cassanje, mas após a tomada do território ele se tornou mais uma vez seu inimigo e ocupou a região vizinha que ficou conhecida como "Baixa de Cassanje". Ali formou um novo estado que, até o século XIX, foi um dos maiores mercados de escravos da África Central. Cassanje reivindicava parte do reino de Matamba e por isso o atacava constantemente. Nas embaixadas enviadas pelos governadores portugueses, Cassanje prometia sua lealdade à Coroa se o ajudassem a retirar Nzinga de Matamba.[435]

Ao consolidar seu poder em Matamba, Nzinga passou a guerrear os sobas Ndembos, potentados independentes que estavam ao norte, próximo às fronteiras sul do Congo. Com isso, desejava forçar a livre passagem pelo rio Ndande e assim criar rotas alternativas àquelas utilizadas pelos portugueses, que se tornaram inseguras pelos constantes ataques. As rotas mais atingidas eram as que passavam pelos territórios de Ngola Are.

Segundo Costa e Silva, em pouco tempo Nzinga transformou Matamba em um estado poderoso, graças às mudanças que impôs na rota do tráfico de escravos. As tropas da rainha passaram a aterrorizar as caravanas dos pumbeiros que percorriam esse trajeto, que eram constantemente assaltadas e tinham os escravos capturados. Mas o que Nzinga fazia com esses escravos? Na análise de Costa e Silva, ela se tornou a mais importante vendedora de escravos da região e também a maior detentora de escravaria, já que os melhores homens não eram vendidos, mas sim usados para reforçar seus exércitos. Nzinga transformou Matamba em "um estado militarmente forte, agressivo e quase fora do alcance dos exércitos lusitanos, e continuaria por muitos a ser considerada como o verdadeiro Ngola, o verdadeiro rei do Dongo."[436]

Nzinga contribuiu para o tráfico negreiro? Em um contexto em que a moeda corrente era os escravos, é difícil supor que alguém que almejasse o

---

[434] HEINTZE, 2007. capítulo 12: Asilo ameaçado, p. 507-536.

[435] Embaixada enviada por Pedro César de Menezes, em 1640. In: CADORNEGA, 1972, v. I, p. 79-80; Embaixada enviada por Salvador de Sá, em 1648. In: *Ibidem*, p. 429.

[436] SILVA, 2002, p. 442-443.

poder poderia ser contrário a escravidão, ideia um tanto anacrônica para o século XVII. Esta construção parece ideológica, querendo isentar Nzinga do comércio de escravos para reforçar seu caráter de heroína. Nzinga participou sim do tráfico negreiro, trocando pessoas por, principalmente, armas de fogo e munições, sobretudo no período das invasões holandesas. Mas quem era vendido por Nzinga? Certamente não eram seus súditos, provavelmente prisioneiros de guerra, seus inimigos políticos.

Poder feminino em Matamba

Na análise de Miller, Nzinga teria conquistado Matamba porque naquele reino tradicionalmente as mulheres governavam sem nenhuma interdição. Nzinga teria ido atrás desse precedente externo para se legitimar no poder já que, em sua visão, não era legítima ao trono do Ndongo.[437]

Parreira não concorda com a tese da ilegitimidade defendida por Miller e também com a argumentação de que o sexo tenha sido o fator determinante para a conquista de Matamba. Para ele, essa conquista não foi uma escolha deliberada de Nzinga, ao contrário, a ocupação de Matamba foi porventura a única e derradeira alternativa que lhe restou.[438]

Em nossa opinião, Nzinga foi estrategicamente à Matamba, pois já conhecia a história daquele reino e sabia que sua governante lhe apoiaria. Defendemos que Muhongo a Cambolo concedeu o trono a Nzinga por considerá-la mais apta para lutar contra os portugueses e garantir assim a soberania de Matamba. Nzinga apareceu como alternativa à colonização lusitana: era guerreira, valente, seguida por milhares de Jagas bem treinados e poderia restituir a "paz" ou, pelo menos, expulsar os portugueses da região.

Retomamos a proximidade histórica entre Matamba e Ndongo para questionar: por que o poder feminino seria instituído no primeiro e não tolerado no segundo? Não nos parece que a interdição de mulheres governarem existia de forma tão evidente no Ndongo de modo a deslegitimar Nzinga, como afirmou Miller. Acreditamos que essa proibição foi criada pelas linhagens rivais e sustentada pelos portugueses, que, com sua visão de mundo essencialmente machista, queriam reproduzir o rebaixado lugar

---

437 MILLER, 1975.

438 PARREIRA, 1997, p. 181.

social das mulheres no universo africano. Fernão de Sousa afirmou que as mulheres não poderiam assumir o reino do Ndongo,[439] mas até que ponto isso representa uma realidade ancorada nas tradições daquele reino, ou foi um fator apresentado pelo governador e pelas linhagens que disputavam o poder para se contraporem à legitimidade de Nzinga?

Tampouco concordamos que Nzinga tenha se "tornado homem" para atender o requerimento ideológico que restringia a participação feminina no poder, como propôs Thornton.[440] Provavelmente, por todo o tempo em que esteve sob o comando dos Jagas, Nzinga apresentou um comportamento visto como masculino, no sentido guerreiro, transpondo o papel que as mulheres tradicionalmente tinham no interior do kilombo: dedicavam-se ao auxílio das tropas. As mulheres Jagas sempre acompanhavam os deslocamentos dos kilombos, mas permaneciam no acampamento preparando os alimentos, ou outra tarefa logística, enquanto os homens batalhavam. Nzinga comandou seu exército pessoalmente e era uma excelente lutadora, tinha força física, agilidade e sabia manusear bem as armas.[441] Mas talvez essa visão seja apenas um ponto de vista dos europeus, seus opositores, que entendiam essas atividades como parte do universo masculino. Homens e mulheres ocupavam lugares sociais distintos na Europa e na África. Entendemos que a dita "mudança de gênero" de Nzinga acompanhava as interpretações europeias desses papéis sociais, o que não era necessariamente repetido em Angola. Talvez para os Mbundu, e principalmente para os Jagas, não fosse algo tão extraordinário uma mulher no campo de batalha ou ocupando posições de comando. Nas tradições Jagas, a rainha Temba Ndumba também era uma guerreira destemida e Nzinga, simbolicamente, ocupava essa posição.

Castilhon, em seu romance, refere-se diversas vezes que Nzinga preferia ser chamada de rei e não de rainha.[442] Pensamos no significado que as palavras "rei" e "rainha" tinham no contexto Mbundu do século XVII. Como seus súditos se referiam a Nzinga? Como Ngola? Como Cambolo?

---

[439] Carta de Fernão de Sousa ao governo, 25/08/1629. In: HEINTZE, 1988, p. 231; Carta de Fernão de Sousa ao governo. 8/01/1630. In: *Ibidem*, p. 244.

[440] THORNTON, 1991. Com base no *Manuscrito Araldi de Cavazzi*, v. A, livro II, p. 4I. Ver também CAVAZZI, 1965, v. II, p. 38; GAETA, 1669, p. 218-219.

[441] CAVAZZI, 1965, v. II, p. 183.

[442] CASTILHON, 1993.

Certamente não usavam os vocábulos em português e as representações de gênero e poder tinham diferentes acepções.

Thornton buscou os precedentes constitucionais existentes para a legitimação do poder e concluiu que eram historicamente construídos e manipulados em função dos interesses dominantes.[443] Em Matamba, como vimos, Nzinga conseguiu formar um estado que tolerava sua autoridade e construiu uma forte base de apoiadores leais, tornando-se ela mesma um precedente histórico, contribuindo assim para a legitimação do poder feminino na África Central. A combinação dos reinos do Ndongo e Matamba (título que passou a ser usado após sua morte) que ela governou, teve numerosas rainhas nos séculos seguintes: no período de 104 anos que se seguiu à morte de Nzinga, rainhas governaram por pelo menos 80 anos.[444] Foram elas: sua irmã, D. Bárbara, que governou entre 1663 e 1666, rainha Verônica I (1681-1721), Ana II (1741-1756),Verônica II (1756-1758) Ana III (1758-?).

A nosso ver, essa "masculinização" de Nzinga foi exagerada pelas fontes, principalmente pelos padres capuchinhos que quiseram demonstrar o quão bizarro e demoníaco era o comportamento de Nzinga enquanto viveu como Jaga.

4.3. Holandeses, novos aliados:

Os holandeses rondavam o litoral angolano desde a década de 1620 e a possibilidade de invasão a Luanda já era prevista. As invasões holandesas foram desdobramentos dos conflitos entre Espanha e Países Baixos vigentes desde 1595. Com o fim da União Ibérica (1580-1640) os alvos dos ataques holandeses foram as possessões Filipinas, dentre elas, as colônias portuguesas da América e da África.

O final da trégua de Doze Anos (1609-1621), que havia sido firmada entre as Províncias Unidas e o Reino da Espanha, reacendeu as hostilidades e os holandeses ficaram impedidos de acessar as mercadorias coloniais ibéricas, o que levou à nova fase de conflitos.

Em 1621, foi fundada a West-Indische Compagnie (WIC, Companhia Holandesa das Índias Ocidentais), nos moldes da VOC (Companhia das Índias

443 THORNTON, 1991, p.38

444 THORNTON, 1991, p.40.

Orientais), que havia sido criada em 1602 para atuar nos mercados asiáticos. Além de fazer comércio, a WIC queria também fazer a guerra, porém, sem o escopo e recursos da VOC. Pela falta de credibilidade, atraiu poucos investidores e seu capital acabou sendo completado por fundos públicos.[445]

Na estratégia holandesa, os portos do Atlântico português se apresentavam como alvos conjugados: a produção na América estava atrelada à exportação de mão de obra escrava africana. Os conselheiros da WIC afirmavam que era impossível cultivar no Brasil sem os negros, pois nenhum branco conseguiria suportar os trabalhos. Maurício de Nassau, ao analisar os principais entraves para a produção no Brasil, afirmou:

> *Necessariamente deve haver escravos no Brasil, e por nenhum modo podem ser dispensados: se alguém sentir-se nisso agravado, será um escrúpulo inútil [...] é muito preciso que todos os meios apropriados se empreguem no respectivo tráfico na Costa da África.*[446]

Fernão de Sousa, entre (1624-1631) noticiava com frequência a ameaça dos holandeses no litoral angolano desde a década de 1620.[447] Em 1625, estes tentaram tomar o forte de São Jorge da Mina, na Costa do Ouro, mas o ataque foi evitado por uma coligação de portugueses e akãs. No mesmo ano, bloquearam a costa de Benguela a Luanda e simultaneamente invadiram Salvador, no nordeste brasileiro. Em 1630, os holandeses ocuparam Olinda e Recife e em 1635, a WIC assumiu o controle da zona da mata pernambucana, a principal região produtora de açúcar nas Américas. Em 1637, finalmente conseguiram tomar o forte de São Jorge da Mina, que passou a se chamar Elmina e ficou em posse dos holandeses até 1872. Em 1637-38, a WIC fundou feitorias em Pinda (reino de Sonho ou Soyo), próximo à foz do Congo e do Luango. Vê-se que o ataque a Luanda já era previsto, mas não foi evitado pelas autoridades ibéricas.

Enquanto as coroas estiveram unidas, os assuntos concernentes às políticas lusitanas e às suas colônias no ultramar eram tratados pelo Conselho de Portugal, sediado em Madri. Em 1636, o Conselho de Portugal pediu ao rei Felipe IV que enviasse armas e homens para defender Angola,

---

[445] ALENCASTRO, 2000, p. 209.

[446] Fontes para a história do Brasil holandês - FHBH, v. I, p. 102-108 e 137-232, *apud* ALENCASTRO, 2000, p. 211.

[447] Carta de Fernão de Souza. 1631. In: BRÁSIO, 1952, v. VIII, p. 93.

mas a demora com que a Espanha reagia às hostilidades no ultramar parecia aos portugueses um complô para despojar Lisboa de suas colônias. Durante a vigência da União Ibérica, nada foi feito para evitar os ataques holandeses às colônias portuguesas. Na análise de Alencastro, Nassau decidiu invadir Luanda para também atingir a economia espanhola, dependente dos escravos angolanos para as minas de prata do peru.[448]

A ligação do *mani* Congo com os holandeses preocupava os portugueses. O governador de Angola Pedro César de Menezes tentou convenver o *mani* Congo a expulsar os flamengos de Pinda em 1640, o que ele prometeu fazer, mas foi envenenado antes porque havia muitos interessados em que os holandeses estivessem em Pinda por causa dos muitos presentes que davam.[449] Em fevereiro de 1641, assumiu o poder o Duque de Bamba, irmão do morto e genro do *mani* Sonho (onde estava Pinda e quem dera entrada aos holandeses). O novo *mani* Congo foi entronizado como D. Álvaro II e chamado o "kimpaco", feiticeiro em kikongo, reinou até 1660 e foi grande inimigo dos portugueses, impedindo a passagem destes pelo seu reino. Este *mani* Congo mandou embaixadores a Pernambuco pedindo aos Estados das Províncias Unidas (Holanda) que mandassem armadas contra os portugueses e a cidade de Luanda, prometendo para isso minas e outras conveniências.[450]

Com toda a previsão, nada foi feito para afastar os piratas holandeses e Luanda não foi guarnecida. Os governadores portugueses sempre pediam ao rei em suas cartas homens, armas e munições. Nesses sessenta anos da União Ibérica, muitos chegaram a Angola, mas não protegeram Luanda ou fortaleceram a segurança dos portos, foram engolidos pelas guerras no interior, enviados para as fortalezas que garantiam as feiras. O comércio de escravos e a ambição dos governadores e agentes nele envolvidos, deixaram Luanda vulnerável.

Pedro César de Menezes sabia da iminência da invasão holandesa a Luanda e escreveu várias vezes ao rei para mandar reforços à cidade. Propôs castigar o *mani* Congo pela ação de Jagas aliados e informou que Nzinga estava reunida com grande quantidade de sobas rebelados contra os portugueses.[451]

---

[448] ALENCASTRO, 2000, p. 213-214.

[449] CADORNEGA, 1972, v. I, p. 217-232.

[450] CADORNEGA, 1972, v. I, p. 230.

[451] Nota do anotador José Mathias Delgado, a partir de cartas escritas pelo governador

O Conselho Ultramarino respondeu que não se devia fazer guerra ao rei do Congo, por haver trato entre eles, e que não se devia também hostilizar os holandeses, pois haviam assinado o Tratado de Haia em junho de 1641.[452] Na mesma consulta, o Conselho determinou:

> *Que não se devia fazer guerra à rainha Nzinga e que se devia restituir a ela o seu reino, que o Governador Fernão de Sousa injustamente lhe tinha tirado, sendo ela católica e vassala do nosso rei, e o deu a Angola Airi, seu vassalo, o que deu muito mau resultado. Que o Rei devia escrever ao Rei do Congo e à Rainha Ginga participando-lhes a mercê que Deus nos tinha feito de nos tornarmos independentes da Espanha; que eles tinham obrigação de terem boa correspondência, amizade e fidelidade que deviam ao Rei de Portugal.*[453]

A instrução de restituir o reino do Ndongo a Nzinga foi expressamente apresentada pelo Conselho, pois isso poderia garantir a aliança dela com os portugueses. Ao reconhecer o erro de Fernão de Sousa, o Conselho admitiu o fracasso do golpe político e revelou a importância de Nzinga e seu exército na correlação de forças na África Central. Portugal acabara de conquistar sua independência em relação à Espanha e precisava sustentar o comércio de escravos em Angola, para isso contava com o apoio de Nzinga, uma líder poderosa que possuía grande exército. Não está claro como Nzinga e o rei do Congo ajudaram na independência em relação à Espanha, apoio ao qual o Conselho lhes mandava dar "mercê".

Na iminência do assalto holandês, o governo enviou no primeiro semestre de 1640, uma embaixada a Cassanje e outra a Nzinga, que tinha seu kilombo na Umba, em Matamba. Esses dois chefes estavam em litígio pela posse do reino de Matamba (ou por parte dele) e os portugueses temiam que as "escaramuças" terminassem em mútuo acordo entre eles, "e que as forças reunidas destes dois inimigos podiam tornar-se perigosas para as suas

---

Pedro César de Menezes e pela Câmara de Luanda ao rei nos anos de 1640 e 1641, antes da invasão holandesa. In: CADORNEGA, 1972, v. I, p. 215.

[452] Este foi um Tratado de Aliança Defensiva e Ofensiva que estabeleceu uma trégua de dez anos entre o Reino de Portugal e a República Holandesa e incluía a formação de uma frota conjunta para atacar o Reino da Espanha. Na prática a trégua limitou-se ao continente europeu, sendo ignorada nas demais partes do mundo. BOXER, 2002.

[453] Consulta de 19/10/1641. Livro de Consultas de serviço, fl. 116, *apud* nota de José Mathias Delgado em CADORNEGA, 1972, v. I, p. 216.

conquistas".[454] Temiam que Nzinga e Cassanje se aliassem aos holandeses, uma vez que o *mani* Congo já havia estado do lado do inimigo. Esses eram os três chefes mais poderosos da África Central e os portugueses previam que a amizade com os flamengos poderia resultar na perda definitiva da colonização de Angola.

Cassanje recebeu com muita pompa os embaixadores na província de Ganguela e diante da proposta de amizade, respondeu que faria alianças com eles se a rainha depusesse as armas e quisesse ceder às suas pretensões sobre o reino de Matamba, do qual ele se considerava legítimo herdeiro. Nzinga também acolheu bem a embaixada mas respondeu decidida que:

> *a reputação da sua dignidade exigia que perseverasse não só na guerra, mas também na seita jaga, na qual se baseava sua potência. Lembrava-se muito bem de que já recebera o batismo e a fé dos católicos, mas não era aquele momento de tratar duma mudança, enquanto aqueles que procuravam atrai-la ao catolicismo eram os mesmos que lhe haviam dado motivo para se afastar dele.*

Abandonando o assunto religioso, os embaixadores abordaram a possibilidade das pazes com o rei de Portugal:

> *Aproveitou ela a ocasião de se fingir de arrependida, falando com maior estima sobre a potência e valor dos portugueses e prometendo que desistiria da guerra. Só pedia que, por meio de um rigoroso julgamento ou por meio das armas, fosse decidido acerca das suas pretensões sobre as províncias possuídas pacificamente por seus predecessores. Borges deixou cair sem resposta estas últimas palavras, satisfeito da aliança prometida. Mas ver-se-á em breve quanto ele se deixara enganar.*[455]

Nzinga enganou ao embaixador D. Gaspar Borges, que saiu convencido da amizade da rainha. Notem que ela prometeu desistir da guerra se o Ndongo lhe fosse restituído, o que não aconteceu. Veremos o quanto a expectativa de aliança com Nzinga se frustrou.

Em agosto de 1641, dezoito naus holandesas invadiram Luanda e não encontraram resistência dos portugueses que se refugiaram no interior, tendo como abrigo as fortalezas no rio Kwanza, principalmente a de

---

[454] CAVAZZI, 1965, v. II, p. 79-80, 352.

[455] CAVAZZI, 1965, v. II, p. 80.

Massangano.[456] Foi tanto o desespero dos portugueses por causa da invasão, que o prelado, oficiais da câmara e moradores de Luanda chegaram a pensar em fazer contatos com "negros encantadores para que na cidade botassem tigres, onças e leões que matassem a muitos holandeses"[457].

Para Parreira, não havia incompatibilidade entre os interesses portugueses e os holandeses, pois ambos queriam alimentar o tráfico de escravos. Foi exatamente durante o período da ocupação holandesa que os portugueses empreenderam as mais violentas batalhas contra seus adversários africanos, optando pela guerra sistemática contra os sobas que se recusavam submeter ao seu exército. A guerra generalizada interessava à WIC, que detinha o monopólio do tráfico na costa de Angola sem a necessidade de empreender grandes investimentos no campo militar. Os holandeses conseguiam os escravos por meio dos portugueses no sertão, "que em grande medida funcionaram como um exército ao serviço do tráfico de escravos dos Holandeses."[458]

Nzinga e os holandeses

Tão logo os holandeses se instalaram em Luanda, Nzinga mandou embaixada a eles propondo amizade, pedindo apenas que sustentassem a guerra contra os portugueses.

Cavazzi quase não escreveu sobre a presença holandesa em Angola, dedicou ao assunto menos de duas páginas em que destaca a aliança de Nzinga e seu desejo de vingar-se dos portugueses.[459] Cadornega, ao contrário, escreveu dezenas de capítulos sobre esses oito anos, e afirmou diversas vezes que o principal intento de Nzinga era expulsar os portugueses de Angola, encontrando nos holandeses aliados para isso: "[...]obrava aquela rainha Ginga em nosso ódio, a fim de ver se junta com o Flamengo nos podia acabar, e destituir a gente Portuguesa dos Reinos de Angola."[460] Na visão de Cadornega, depois de expulsar os portugueses, seria mais fácil banir

[456] CADORNEGA, 1972, v. I, p. 231-240.

[457] Jadin, I, XXVI, *apud* nota de Legunzzano. In: CAVAZZI, 1965, v. II, p. 352.

[458] PARREIRA, 1997, p. 194-197.

[459] CAVAZZI, 1965, v. II, p. 81-83.

[460] CADORNEGA, 1972, v. I, p. 393 e outras.

os holandeses, já que estes não tinham tanto poder de guerra preta e nem feitorias no interior.

Para melhor negociar com os holandeses e acessar a via do rio Ndande, Nzinga mudou seu kilombo para região dos Ndembos, em sítio chamado Sengas de Cavanga, terras muito férteis. Os sobas Ndembos já se encontravam alevantados em oposição aos portugueses e impediam as passagens dos pumbeiros, por isso, o governador Pedro César de Menezes havia mandado castigá-los severamente. Diversos ataques justificados pela insubmissão foram empreendidos contra os Ndembos, castigados com grande crueldade pelo capitão Antonio Bruto que, com a ajuda de Jagas, cortou cabeças de sobas e aprisionou centenas de pessoas.[461] Mas Bruto e os Jagas frustraram-se no ataque ao soba Namboa Angongo quando entraram em seus matos cerrados (*libunzo*) sem cautela. Cadornega atribui a pressa à ambição do capitão Bruto, ávido por aprisionar peças, para o que levava muitos *libambos* e *malungas*, que são correntes e argolas de ferro para prender os escravizados. O soba rapidamente mandou recado aos holandeses que o socorreram com 200 homens, livrando-o da submissão à colonização portuguesa. Os holandeses se inseriram nas disputas existentes entre sobas e seus inimigos e aparecem com frequência enviando soldados e armas para as guerras angolanas, várias vezes apoiaram os chefes locais para ter em troca privilégios comerciais (leia-se fornecimento de muitos escravos).

Nzinga Mbandi, com seu gigantesco kilombo instalado (*tungado*) em Sengas de Cavanga, foi se apoderando dos territórios vizinhos dos Ndembos, "uns por medo de suas armas, outros pelas [para] não a experimentarem, lhe renderam adorações como sua rainha e senhora". Porém um dos sobas Ndembos, Quitexi Candambi, não quis se sujeitar a Nzinga. Para submetê-lo, ela contou com a ajuda de cem soldados flamengos, conseguindo assim dominar toda a região dos Ndembos.[462]

Vê-se que a aliança de Nzinga com os holandeses não se restringia ao comércio, mas valia também no campo militar e ambos os interesses se complementavam. Os holandeses deram muitas armas de fogo a Nzinga,

---

[461] CADORNEGA, 1972, v. I, p. 289-290. Narra a batalha contra o soba Manimotemo Aquingongo, degolado em campo.

[462] CADORNEGA, 1972, v. I, p. 294. A derrota de Quitexi Candambi aconteceu aproximadamente em 1643.

aumentando ainda mais seu poder bélico e permitindo a expansão de seu domínio político. Nzinga mandou "peças" aos Flamengos para garantir sua ajuda na guerra contra os portugueses,[463] assim, aproveitou-se dos conflitos existentes entre os países europeus para ganhar espaços de mando e territórios. Durante a ocupação holandesa, Nzinga consolidou seu poder em longa área, que ia do rio Kwango, passava pela Matamba e se expandia em direção ao norte, nas fronteiras com o Congo garantindo ainda uma rota para o litoral, onde comercializava com os holandeses. Contudo, Cassanje e seus bandos insistiam em atacar a região de Matamba, obrigando Nzinga a mobilizar contingente militar para defender seu reino, em vez de prosseguir com a expansão.

[463] CADORNEGA, 1972, v. I, p. 393.

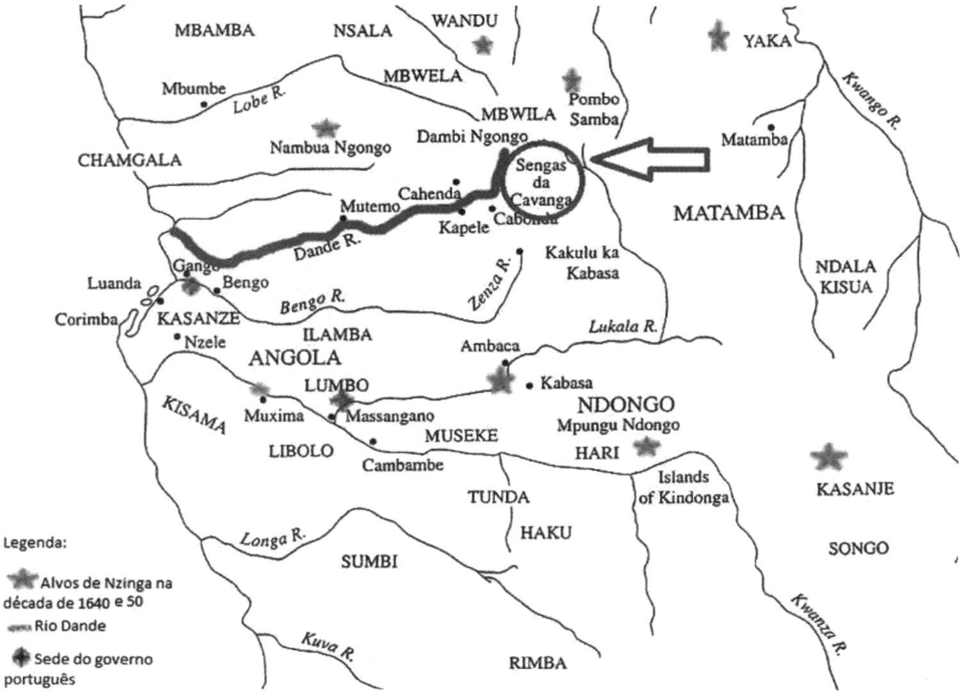

Expansão do poder de Nzinga Mbandi nas décadas de 1640-50.

É importante frisar que os holandeses haviam tomado o porto de Luanda, mas não tinham entrada para o interior, onde os portugueses ainda mandavam e detinham os monopólios de muitos caminhos, dentre eles a navegação do rio Kwanza, principal via de acesso ao litoral. Assim o tráfico holandês era bem dependente dos comerciantes portugueses que agiam no interior. Ao transferir seu kilombo para Sengas de Cavanga, Nzinga buscou trilhar caminho alternativo pelo norte, através do rio Ndande, e assim conseguindo escapar do controle português e comercializar com os holandeses. Além das vantagens comerciais, a conquista dos Ndembos representou a expansão do domínio político e militar de Nzinga uma vez que, ao assumir o comando dessas chefaturas, passou a dirigir também as tropas que as compunham.[464]

No período da ocupação holandesa, intensificaram-se as guerras contra os sobas africanos que não se submetiam às autoridades coloniais portuguesas. A guerra preta portuguesa atingiu o número de 30 mil homens, comandados pelos kilambas Bango Bango e Mulundo, e pelo capitão-mor Antonio Bruto. Também lutavam a favor dos portugueses os exércitos de Ngola Are, de João Guterres Ngola Kanini – soba da região de Ambaca – e os cangoandas – soldados crioulos de São Tomé vestidos à portuguesa – comandados pelos capitães Antonio Fernandes e Manuel Álvares Kasanji,[465] ambos africanos.

A ajuda de bandos Jagas foi fundamental para que os portugueses sobrevivessem e conseguissem impor seus mandos. O governador Pedro César de Menezes mandou o capitão-mor Antonio de Abreu de Miranda ir a busca do Jaga Cabucu Candonga (Kabuku ka Ndonga) e o persuadiu de ajudar na guerra contra os holandeses. Este Jaga veio acompanhado por mais de 600 guerreiros de seu kilombo para dar combate aos sobas Ndembos alevantados, o que fez com muitas degolações e aprisionamentos.[466] Em troca da cooperação, os portugueses davam muitos presentes a Cabucu,

[464] Os Ndembos sempre apareceram nas fontes como falantes do Kicongo e leais ao *mani* Congo, porém como chefaturas independentes.

[465] Não confundir com o "jaga Cassanje", descendente do Kinguri. Este Manuel Álvares era um crioulo cangoanda.

[466] CADORNEGA, 1972, v. I, p. 286-287.

como vestes, comidas e bebidas.[467] A aliança de Cabucu, que era chamado Jaga pelos portugueses, confirma a heterogeneidade desses bandos, que atuavam sob o comando de chefes independentes e podiam, inclusive, guerrear entre si.

Holandeses e portugueses, por vezes, optaram pela trégua e pela não agressão, demonstrando a preocupação mútua com a continuidade do comércio de escravos.[468] O primeiro acordo de cessar-fogo foi firmado em 1643, quando representantes do rei português defenderam a cooperação, e não a guerra, para que os seus "inimigos não gozassem de intentos, vendo-os desunidos."[469] Os portugueses perceberam que o trato holandês fortalecia os chefes africanos, que se tornavam mais poderosos e acessavam armas de fogo e munições, o que era muito prejudicial para a "conquista". Em vez de guerrear diretamente contra os holandeses, os portugueses optaram por atacar os sobas que se aliavam a eles, levando a um cenário generalizado de confrontos, o que contribuiu para o aumento do número de escravizados e o lucro da WIC.

Mas a trégua foi desrespeitada por ambos os lados. Meses depois de assinado o acordo, os holandeses assaltaram os alojamentos dos portugueses no Gango e na Barra do Bengo - para onde havia sido transferida a sede do Governo português no início de 1643 - além de invadirem o porto de Benguela.[470] Os holandeses chegaram a aprisionar o governador Pedro César de Menezes na Barra do Bengo, que ficou retido por alguns meses. Em 1644, este governador foi libertado e confirmou a trégua. Nzinga ressentiu-se desse acordo feito com os flamengos, pois após a tomada do Bengo pensou que os portugueses seriam destruídos e definitivamente expulsos de Angola.[471]

Várias batalhas importantes foram travadas entre autoridades portuguesas e seus aliados contra sobas que não queriam se alinhar aos interesses da "conquista". Iremos descrever algumas aqui brevemente com o intuito de analisar as estratégias militares e a política de alianças usadas por Nzinga no contexto da ocupação holandesa, período em que esteve em plena expansão de seu domínio.

---

[467] BRÁSIO, 1952, v. IX, p. 153-155; CADORNEGA, 1972, v. I, p. 277-278.

[468] BIRMINGHAM, 1965, p.74

[469] Arquivo Histórico Ultramarino (AHU) 4-18, *apud* PARREIRA, 1997, p. 197.

[470] CADORNEGA, 1972, v. I, p. 299.

[471] CADORNEGA, 1972, v. I, p. 326.

A batalha dos Empures ocorreu em 1644, quando o soba Ngolomen-a-Kaita (Angolomen Acaita) teve suas terras invadidas, pois havia dado alguns assaltos a vassalos portugueses. Após uma sangrenta batalha, Ngolomen-a-Kaita recolheu-se com toda a sua gente e mantimentos nos *empures*, que são concavidades formadas naturalmente nas rochas utilizadas como abrigo e esconderijo. O capitão português mandou cercar todas as entradas daqueles *empures* para que a fome forçasse uma rendição. O soba mandou *mucunzes* (embaixadores) ao kilombo de Nzinga em Sengas de Cavanga, "que lhe pediam como sua Senhora que era os amparasse e socorresse com brevidade".[472] Rapidamente Nzinga mandou tocar os instrumentos bélicos e nomeou os soldados mais experientes e empacaceiros com espingardas e mosquetes, comandados pelo seu capitão-geral Nzinga-a-Mona (Jinga-a-Mona). O socorro chegou de surpresa, quando parte da guerra preta e dos Jagas aliados haviam saído para buscar frutos na mata, já que todos padeciam de fome. A batalha estava muito apertada, quando, no auge do conflito, apareceu a própria rainha em ponto estratégico, observando e dando ordem de prenderem os brancos e sustentarem a guerra. "Com este mandato expresso, vindo de quem eles adoravam como a seu Deus, foi o combate muito rigoroso".[473] O confronto terminou com a morte de todos os portugueses, exceto o capelão Jerônimo e mais seis que tiveram a vida poupada. Nzinga também poupou a vida do Jaga Cabucu e de sua mulher Kwanza, conforme já vimos.

Retomando a questão dos Jagas, vê-se que, a despeito de sua heterogeneidade, havia ritos e juramentos comuns a todos que se identificavam como tal. Cabucu foi morto rapidamente, mas sua mulher ficou como prisioneira de Nzinga, pois era filha do Jaga Ndonga, "descendente dos antigos Jagas que desceram da terra dentro" e tinha muito prestígio entre eles.[474]

Entre os aprisionados por Nzinga estava João Guterres Ngola Kanini, que servia aos portugueses e foi perdoado por ser "parente" da rainha, que ainda lhe ofereceu o honrado título de *muene-lumbo*, o mesmo que camareiro-mor. Veremos a seguir como este Ngola Kanini passou a representar a facção cristã em Matamba, após a morte de Nzinga, e disputou a sucessão do reino.

[472] CADORNEGA, 1972, v. I, p. 349.

[473] CADORNEGA, 1972, v. I., p. 351.

[474] CADORNEGA, 1972, v. I, p. 420.

Expandindo seu domínio ainda mais para o norte, Nzinga conquistou o território do poderoso *mani* Oando (Wandu), vassalo do *mani* Congo. Segundo os informantes de Cadornega, a invasão teria sido consentida pelo *mani* Congo: "e o certo he, que até o mesmo Rey de Congo com ser tão poderozo temia muito a mesma Rainha Ginga, e não folgava de a ver tão perto de sy, e se não havia de metter em defender aquelle Duque"[475].

O ataque a Oando contou com poucos guerreiros, bem menos do que tinha este *mani,* que subestimou o poder de fogo dos esquadrões de Nzinga que armou uma emboscada para dominar o território. Os conflitos duraram três dias, resultando em grandes estragos e muitos aprisionamentos.

Nzinga Mbandi começou a atacar sistematicamente a fortaleza de Ambaca, um dos pontos remanescentes do poder português no reino do Ndongo. Ambaca ficava às margens do rio Lukala, na confluência com o rio Kwanza, de onde se poderia facilmente acessar as vias que levavam ao litoral. Nzinga desejava retomar a rota do rio Kwanza, onde os portugueses mantinham o monopólio comercial e para isso ameaçou várias vezes invadir aquela fortaleza em que poucos soldados lusos guardavam armas e munições. O cerco a Ambaca foi tão intenso que o contingente que a guarnecia quase padeceu de fomes e misérias, pois ela não permitia que chegasse ali nenhum socorro de alimentos ou de remédios. Nesse período, Nzinga também fez diversos ataques a Ngola Are e os sobas em seu entorno, a fim de fragilizar o governo daquele que ela não considerava o legítimo rei do Ndongo.

Para impedi-la, o governador Francisco de Souto Maior (1645-1646) mandou duas armadas para ambas as margens do Lukala: uma na fortaleza, outra no arraial do Xila. Nzinga contava com vários espiões e informantes que lhe davam notícias de tudo o que os lusos tramavam e sabendo das localizações de todos aqueles que a perseguiam, mandou dar assalto na povoação de Ambaca e prender Estácio Sá de Miranda, capitão de cavalos. Mas um contra-ataque rápido derrotou seus homens ao atravessarem o rio Zenza (também chamado Bengo). O êxito desse "castigo" a Nzinga foi decisivo para a conservação da colônia, pois os sobas em torno do Lukala estavam abandonando suas terras e colheitas temendo ser assaltados pela rainha, com essa vitória, recobraram a confiança nas tropas lusas. Francisco de Souto Maior deu ordem de guerra contra Nzinga:

[475] CADORNEGA, 1972, v. I, p. 327.

> *fazendo toda diligência pela [por] haver às mãos; e que lá mesmo lhe tirasse a vida, sem ser necessário trazê-la consigo, e tudo o mais do seu Quilombo e que até as mesmas árvores de fruto lhe virasse as raízes para cima, com que em tudo ficasse seu nome destituído para sempre.*[476]

Grande exército foi armado em demanda de Nzinga. Saíram do arraial do Xila 330 homens brancos, 30 cangoandas, alguns negros empacaceiros com espingardas e mosquetes e 16 cavalos. Cadornega registrou a guerra preta daquele episódio como a mais poderosa já montada em Angola, contando com 20 mil arcos. Ngola Are acompanhou os portugueses e contribuiu com muitos soldados, "por [que] lhe importava tanto como aos Portugueses ver aquela inimiga destruída de uma vez para quietação de todos". O sucessor do Jaga Cabucu também seguia com o kilombo, com seu capitão Fungi-a-Musungo.[477] Levavam ordem para degolar todo o negro de guerra que servia a Nzinga e aprisionar aqueles que serviriam como "boa peça".

O confronto se deu em Sengas de Cavanga em março de 1646 e representou uma das piores derrotas sofrida por Nzinga. O pelotão pró-português, depois de atravessar o rio Ndande com grande dificuldade, pôde avistar Nzinga em um outeiro de baixo de um grande chapéu de sol de onde assistia a tudo, dando ordens e incitando os seus a derrotarem os lusos. Seus exércitos usavam armas que haviam sido capturadas dos portugueses, o que forçou a rendição de muitos. O capitão-geral Nzinga-a-Mona chegou com muito poder de fogo e pôs para correr toda a guerra preta, Jagas e cangoandas, deixando Ngola Are guerrear só, acompanhando apenas pelos kilambas Mulundo e Bango-Bango. Mulundo, especialmente, o defendeu de tal forma que aquele rei do Ndongo prometeu dar-lhe uma filha em casamento.

Os sobas que acompanhavam as tropas lusas ficaram neutros, "como quem não queria criminar contra aquela sua rainha".[478] A grande quantidade de gente que fugia da batalha fez com que as pontes do rio Ndande caíssem, muitos morrendo afogados e outros presos nos paus das pontes. Nzinga-a-Mona aproveitou-se para passar "pelas costas" do inimigo, matando muitos soldados, aprisionando a quicumba (bagagem) e libertando os que haviam sido capturados.

---

[476] CADORNEGA, 1972, v. I, p. 394-395.

[477] Sobre o Jaga Cabucu, ver: CADORNEGA, 1972, v. I, p. 277, 283, 351, 390

[478] CADORNEGA, 1972, v. I, p. 409.

Nzinga, "tão ardilosa e astuta", não quis se retirar pelas pontes para que não fosse seguida. Havia ordenado aos seus guerreiros, caso sofressem derrota, que cada um seguisse um caminho diferente para que não deixassem trilha. A rainha fugiu pelo mesmo caminho que os portugueses, protegida por seu *embululu* - que são os rapazes mais novos, recém capturados e treinados como guerreiros nos kilombos - mas passou tão velozmente

> *que lhe não poderia dar alcance a mais ligeira tropa de cavalos, porque eles haviam de cansar e os seus não, que a adoravam como a seu Ídolo, e era já costumada a dar boas carreiras, porque não tratava mais do que pôr sua pessoa em salvo, mas que perdesse quase tudo o que possuía, só por se não ver em nossas mãos prisioneira.*[479]

A batalha durou de 9 às 14 horas, sob um sol torrencial. Vendo que Nzinga fugira, os portugueses decidiram invadir sua *banza* (moradia), que foi saqueada. Ngola Are se sentiu no direito de ficar com as coisas de Ngola Canini, seu parente, que consistia no guarda-roupa da rainha onde havia ricas peças de seda e pratas. Encontraram o soba Ndembo Caculo Ca Caenda, outrora aliado dos portugueses e agora de Nzinga, que foi muito humilhado até terem o deixado nu. Encontraram também uma mulher holandesa desesperada, pois o marido e o filho haviam fugido com Nzinga.

No kilombo da rainha havia muita ostentação de seu poder e prestígio, com uma casa ricamente ornada com pedras preciosas, veludos e sedas, destinada a receber embaixadas, dentre as quais a do rei do Congo que lhe parabenizava pelas vitórias alcançadas contra os portugueses.

Uma cena chama atenção: encontraram no kilombo o criado do capitão-mor Beiçorra, que havia sido aprisionado na batalha dos Empures, vestido como mulher: "como era desbarbado o mandava vestir em trajos e vestidos de Mulher à Portugueza (...) e dizia aos embaixadores era a mulher daquele capitão mor."

Este criado sofria humilhações públicas e era tratado como mulher e referiam-se a ele no feminino. No desbarato do kilombo, encontraram também um "harém" de homens mantidos por Nzinga:

> *Tinha esta Rainha uma grande casa que lhe servia de Serralho, sem ser o do Gram Turco, porque esta era de homens, e esse outro de Mulheres, no qual*

[479] CADORNEGA, 1972, v. I, p. 411.

> *tinha suas Concubinos e Mulheres, que assim chamava aqueles tristes homens, transformados em mulheres, até em o seu vestir; era composto de muitos e bizarros mocetoens com os nomes de Emvala Hinene, e Samba Amzila; e não saiam dali, se não com grande prevenção; e era pena de morte inviolável aquele que se achasse compreendido em adultério, como se eles fossem fêmeas,e ela Varão; e nenhum dos seus lhe chamava Rainha, se não Rey: usava deles para suas torpezas e desonestidades, dando sinal aquele que melhor lhe parecia [...]*[480]

Entre estes "concubinos" da rainha estava Ndala Quisua, que era chamado de sua segunda mulher (Samba Nzila) e o qual ela mais desejava. Este soba havia sido senhor de largo reino na região dos Mbondo que fora muito atacado por Nzinga nas décadas de 1620-30, pois ali funcionava uma das mais importantes feiras de escravos da época. Não está documentada a conquista de Ndala Quisua por Nzinga, mas Cadornega registrou que os dois viveram um romance e teria sido ciúme de Nzinga que o colocara naquela humilhante situação, "transformado de homem em mulher".[481]

Acreditamos que esse testemunho de Cardonega era dispensado aos prisioneiros de guerra, principalmente aos portugueses, talvez como uma forma de humilhação pública perante o kilombo que os aprisionou.

A existência de "concubinos" travestidos aparece em outros escritores como Cavazzi, Dapper e Ludolf [482] que foram fontes para a imaginação de Castilhon. Como já comentamos, em seu romance "*Zingha, Reine d'Angola*"(1. ed, 1770), Castilhon enfatizou o comportamento sexual bizarro da rainha de Angola, ávida por sexo que travestia seus amantes, comportava-se como homem e exigia ser chamada de rei. Marquês de Sade, no final do século XVIII, também rendeu homenagens à Nzinga em "*La philosophie dans le boudoir*"(1795), onde a rainha foi representada como exemplo de revanche feminina sobre a dominação masculina. Para Sade, Nzinga detinha a "crueldade erótica", somente conhecida por seres extremamente delicados e figurava entre as mulheres tiranas e libidinosas. Talvez a descoberta desses "prisioneiros" na rota de Sengas de Cavanga que tenha influenciado a perspectiva dos iluministas, de oposição entre "civilizado" x "pirmitivo",

---

[480] Nvala Inene chama-se a primeira esposa e Samba Nzila, a segunda. CADORNEGA, 1972, v. I, p. 416.

[481] CADORNEGA, 1972, v. I, p. 417.

[482] DAPPER. *Description d'Afrique,* 1668; LUDOLF, Hiop. *Sciagraphia historiae aethiopicae,* 1676.

reforçarando as características "bárbaras" de Nzinga. E talvez foram estas características que mais se propagaram no ocidente e repercutiram ao longo do tempo, alimentando o imaginário de rainha cruel e sedutora. Vale a pena lembrar que o Ngola sempre apareceu nas fontes com dezenas de esposas, chamadas concubinas. Se Nzinga se considerava legítima Ngola e gozava deste prestígio entre seus súditos, não poderia ela também dispor de vários "concubinos"?

Para Thornton, Nzinga passou a agir como homem para atender o requerimento ideológico que restringia a participação feminina no poder e, para tal, obrigava seus "maridos" a se travestirem e se tornarem seus "concubinos".[483] Nessa análise, ela teria reforçado sua masculinidade ao se engajar em atividades viris, em que ela se destacava pela grande habilidade de manejar armas e comandar pessoalmente as tropas. Como já dissemos, acreditamos que esta "masculinização" de Nzinga foi exagerada pelas fontes e refletem mais o olhar eurocêntrico do que a realidade da corte da rainha.

Outra consequência do desbarato de seu kilombo em Sengas de Cavanga, uma das mais terríveis para Nzinga, foi a prisão de sua irmã Mocambo, chamada pelos portugueses de D. Bárbara:

> *O nosso Quilamba Mulundo aprisionou naquele quilombo a irmã da rainha Dona Bárbara, chamada Mocambo pelo nome da terra, a qual achou assentada em casa com algumas quarenta damas, a que chamam na sua língua Mocamas, de seu serviço, sem fazer nenhum movimento de si, nem em fugir nem alterar-se, e descompor...*[484]

Esta foi a segunda prisão de D. Bárbara. A primeira fora em maio de 1629, quando Nzinga fugiu pela Quina Quinene dos Ganguelas e a largou junto com sua outra irmã, Kifungi (chamada D. Grácia ou Engrácia). Mocambo foi resgatada em 1632 ou 1633, provavelmente por D. Manuel Pereira Coutinho[485], ao passo que Kifungi continuou prisioneira em Massangano.

No kilombo, encontraram também um altar onde o Padre Jerônimo de Siqueira rezava missa, e em baixo dele, cartas da irmã Kifungi que a

---

[483]Manuscrito Araldi de Cavazzi, v. A, livro II, p. 41, *apud* THORNTON, 1991. Ver: CAVAZZI, 1965, v. I, p. 38; GAETA, 1669, p. 218-219.

[484] CADORNEGA, 1972, v. I, p. 414.

[485] Cadornega afirmou que foi Fernão de Souza quem devolveu Mocambo. Seu anotador o corrigiu. CADORNEGA, 1972, v. I, p. 415, nota 2.

alertava e avisava de tudo o que estava sendo tramado pelos portugueses. A irmã atuava como espiã em Massangano e por isso Nzinga jamais pedira seu resgate. Após ler estas cartas, passou-se ordem ao capitão da fortaleza e Kifungi foi afogada nas águas do Kwanza.[486] No mesmo altar, havia cartas do *mani* Congo, dando-lhe os parabéns pelas vitórias alcançadas "contra os inimigos comuns".[487]

Os aprisionados nos Empures haviam sido mandados para o soba Quitexi Can Dambi para que os guardassem em seus matos. Este soba os devolveu aos portugueses e alegou que Nzinga lhe pressionara para escondê-los com a ajuda de cem flamengos. Por meio desses prisioneiros ficaram sabendo do cruel tratamento dado por Nzinga, especialmente aos soldados pardos, que eram chamados "peças filhos de suas escravas". Ao padre Jerônimo dava bom tratamento e era chamado "Ganga Angola", assim como aos dois brancos prisioneiros, que se diziam senhores.

Nessa ocasião, foram degolados publicamente doze sobas, a maioria Ndembos, entre eles Cacula Ca Caenda. Resgatou-se também Kwanza, a principal mulher do Jaga Cabucu, com que ficaram muito felizes os Jagas por ser ela descendente de seus primeiros.

Devastado o kilombo de Nzinga, os portugueses, sem saber seu paradeiro, continuaram a pressão sobre os sobas para reprimir o apoio aos inimigos. Mandaram uma embaixada a Cassanje (chamado Dom Pascoal Rodriguez Machado Casangi Ca Quingure), para que fosse com seu poder de guerra como aliado do rei de Portugal, que lhe oferecia o título de Ngola Mbole, equivalente a capitão-geral. Cassanje mandou sua guerra em demanda de Nzinga pela Quituxila, terras de senhorio da rainha, mas essa empresa resultou mais em seu benefício do que em benefícios dos portugueses.

Francisco de Souto Mayor morreu inesperadamente e para sucessão foram eleitos três governadores: Bartolomeu de Vasconcelos da Cunha, Antonio Teixeira de Mendonça e João Zuzarte de Andrada. Estes logo trataram de levantar acampamento nas margens do rio Lukala, em sítio chamado Cavalla, e continuaram a levantar guerra contra os sobas que se aliavam aos inimigos.

---

[486] CADORNEGA, 1972, v. I, p. 508. Fala que não encontraram negro que ousasse pôr a mão em Kifunji, "porque para eles era coisa sagrada".

[487] CADORNEGA, 1972, v. I, p. 418. Em nota diz-se que esta carta foi escrita pelos dois irmãos cônegos pretos, parentes do rei do Congo D. Garcia Afonso II, Simão de Medeiros e Miguel de Castro, "maus padres e maus homens e foram contra nós na usurpação europeia."

Os holandeses tentaram invadir a fortaleza de Muxima com a ajuda do povo da Quissama, sempre rebelde aos portugueses. Para expulsá-los, foram à frente os Jagas de Cabucu comandados por Fungi-a-Musungo e os kilambas Bango-Bango, Mulundo e Gonge Acamocala, mais capitães de guerra preta que conseguiram evitar a tomada da fortaleza.

Algum tempo depois, souberam por Ngola Are que "a rainha Ginga Dona Anna de Sousa tinja já erguido a cabeça depois daquela rota e mandava suas embaixadas ao flamengo à cidade com grande dádivas" para o persuadir a atacar Massangano e seus defensores.[488] Nzinga uniu-se ao *mani* Congo (o kimpaco) e mais sobas rebelados para atacar a fortaleza de Massangano. O rei do Congo mandou como embaixador o governador da ilha de Luanda, S. Cristovão Corte Real, e Nzinga mandou seu capitão Nzinga-a-Mona para garantirem o apoio dos holandeses, que enviaram cerca de 500 homens. Congo, Matamba, mais sobas descontentes, acrescidos de holandeses formaram uma "liga" ou "confederação" para tentar minar o poder português no interior e eliminá-los de vez de Angola.

Os sobas aliados aos portugueses vendo que Nzinga tramava um ataque, "lembrados de que tinham sido Antepassados os Reis de Angola seus Senhores, [...] mostrando-se mais fiéis a ela do que a nós [os portugueses]", não contaram ao capitão português que vinha contra ele com "tão disformidável poder".[489] Desta forma, pegaram todos desprevenidos nas terras de Caculo Ca Oje (Kakulo Kahoji), na província do Lumbo, onde o capitão-mor estava alojado. Os portugueses foram todos esmagados, escapando apenas dois com vida para contar o ocorrido. Nessa batalha morreu também Funji-a-Musungo, um dos Jagas mais fiéis aos europeus.

Em agosto de 1648, o governador Bartolomeu de Vasconcelos mandou castigar os sobas da província da Ilamba, que estavam rebeldes. A rainha Nzinga "estava mais acesa do que nunca em nosso ódio" e reunia milhares de Jagas. O *mani* Congo Dom Garcia vinha com todo o seu poder para acabar de vez com os portugueses. Os holandeses contavam mais de 300 homens. Juntos, atacaram o alojamento dos portugueses, levando à morte o capitão-mor Manoel da Nóbrega e a maioria dos oficiais portugueses, assim como o príncipe Felipe Ngola Are, filho do rei do Ndongo.[490]

---

488 CADORNEGA, 1972, v. I, p. 490.

489 CADORNEGA, 1972, v. I, p. 491.

490 CADORNEGA, 1972, v. I, p. 521-524.

Esta "tríplice aliança" conseguiu se apoderar da fortaleza de Massangano e a capitania de Cambambe. Os holandeses bloqueavam a passagem do rio Lukala, sem permitir nem mesmo que os escravos dos portugueses buscassem comida. Dessa forma, conseguiram "que até mesmo os nossos escravos haviam de titubear na nossa lealdade". Nesse período, Cadornega comenta que os sobas todos vacilavam na amizade com Portugal e seguiam Nzinga, "sua senhora antiga" na intenção de dominarem o rei do Ndongo.[491] O cerco a Massangano só teve fim quando chegou a notícia de que a cidade de Luanda havia sido restaurada por Salvador de Sá e Benevides.

A reconquista de Angola

Os portugueses reconquistaram Angola, ou melhor, os "luso-brasílicos" da oligarquia escravista formaram o socorro para garantir a mão de obra necessária para o Brasil e para a bacia do Prata.[492]

O Conselho Ultramarino, ainda em 1643, aprovou envio de ajuda à Angola mas que fosse formada e saísse da Bahia ou do Rio de Janeiro.[493] O rei de Portugal deu ordem ao Governador do Estado do Brasil, Antonio Telles da Silva, para ele preparar dois ou três navios para ir a Angola, composto pelo capitão-mor da guerra preta do Brasil, Henrique Dias, com a sua gente preta. Este Henrique Dias era negro liberto que havia se destacado nas guerras contra os holandeses em Pernambuco e por isso foi condecorado com o título de mestre de campo e com o hábito da Ordem Militar de Cristo, era homem bem conceituado pelo rei português, que lhe dirigiu uma carta em 1644 o mandando a Angola como capitão-mor de toda a guerra preta de lá.

Um socorro aportou em Quicombo, norte de Benguela e pretendia alcançar Massangano por terra sob o comando de Domingos Lopes de Siqueira, mas foi surpreendido por um ataque de Jagas e destroçado.[494] Outros socorros despachados da Bahia e do Rio de Janeiro foram capturados pelos holandeses. Francisco de Souto Maior saiu da Guanabara para assumir

---

[491] CADORNEGA, 1972, v. I, p. 526.

[492] ALENCASTRO, 2000, p. 218-224.

[493] Consulta do Conselho Utramarino de 19/9/1643, cujo original está na caixa 145. Livro de consultas de serviço, fl. 350. In: CADORNEGA, 1972. v.I, p. 322 [nota do anotador].

[494] BRÁSIO, 1952, v. IX, p. 322-344, 480-482.

o governo de Angola com cinco navios cedidos pelos negreiros fluminenses, com 300 soldados e dezenas de índios, porém conflitos com moradores que comercializavam com os holandeses o levaram à morte, provavelmente por envenenamento.[495]

O socorro que definitivamente libertou Angola dos holandeses foi montado por Salvador Correia de Sá e Benevides, chamado "o moço". Era filho de Martins de Sá, que governou o Rio de Janeiro por duas vezes (1602-1608; 1623-1632); neto de Salvador de Sá, "o velho", que governou o Rio de Janeiro entre 1567-1672; primo de Estácio de Sá, fundador e primeiro governador do Rio de Janeiro (1565-1567). Tanto Salvador de Sá (o velho) e Estácio de Sá eram sobrinho de Mendes Sá, o primeiro governador-geral do Brasil (1557-1572).[496] Portanto, Salvador de Sá era membro de uma família de nobres governantes do ultramar. Seu tio, Duarte Vasqueanes, o governador do Rio de Janeiro em exercício, foi quem financiou a expedição, angariando verba com os mercadores e proprietários rurais, já que a metrópole estava sem recursos. A genealogia dos Sá revela o jogo de interesses fluminenses que articulou a expedição para retomar o controle de Luanda, que era essencial tanto para a produção açucareira como para a extração da prata em Buenos Aires.

Desde 1643, Salvador de Sá deu pareceres sobre a necessidade de Angola para o Império Português e aconselhava o envio de soldados da Bahia e de paulistas com seus índios, já acostumados às asperezas do sertão e ao aprisionamento de negros fugitivos.[497] É bem conhecida a declaração do jesuíta Gonçalo João, "sem Angola não há Brasil", em que defendia o socorro imediato à Luanda.[498] O Conselho Ultramarino concluiu que primeiro dever-se-ia expulsar os holandeses de Angola para assim fazê-los largar o Brasil. Padre Antônio Vieira também deu seu parecer afirmando que o Brasil vive e se sustenta de Angola, "podendo-se com muita razão dizer que o Brasil tem o corpo na América e a alma na África". Este jesuíta atribuiu um caráter sagrado à expedição, comparando-a a uma cruzada, pois os holandeses eram protestantes, e, portanto, infiéis.[499]

[495] BRÁSIO, 1952, v. IX, p. 470-471.

[496] BOXER, 1973, p. 272.

[497] BRÁSIO, 1952, v. IX, p. 82-84.

[498] BRÁSIO, 1952, v. IX, p. 424-428.

[499] ALENCASTRO, 2000, p. 232.

Em 1648, Salvador de Sá desembarcou em Luanda, "sob o pretexto de levar ajuda aos moradores sitiados pelos jagas da rainha Jinga".[500] Vinha com onze naus, quatro patachos, quase 2 mil homens e, com a ajuda de alguns sobas, conseguiu finalmente expulsar os holandeses. Salvador de Sá, depois desse êxito, assumiu o governo de Angola e foi lembrado como o "restaurador de Angola".

Com os flamengos expulsos, Nzinga perdia seus parceiros comerciais e ainda assistia à reorganização da colonização portuguesa. Uma das primeiras iniciativas do novo governador foi mandar emissários a Matamba para negociar com ela, que continuava a reivindicar soberania sobre o Ndongo. Casanje, Kalunga e Kalombe também receberam emissários deste governador.

Parece que Salvador de Sá compreendeu que a guerra contra Nzinga nunca seria ganha e embora não pretendesse apostar na restituição do Ndongo, tomou a iniciativa de dar os primeiros passos em direção a uma nova era, em que a diplomacia substituiu as campanhas militares no esforço de estabelecer a paz.

No princípio da década de 1650, o comércio de escravos voltou a prosperar, alimentado por escravos provenientes das rotas comerciais ao sul do rio Bengo, que eram embarcados sem pagar direitos aduaneiros. A isenção de impostos destinava-se a incrementar o trafico de escravos angolanos e compensar Salvador de Sá pelos altos investimentos que tivera com a reconquista de Angola.

Em carta de 1651, Salvador de Sá demonstrou a sua "sincera afeição e profundo respeito para com os interesses" de Nzinga, dizendo que para ele era a "maior honra de poder cooperar pelo aumento da sua grandeza, que ser servido por todos os escravos não só da Matamba, mas de toda a África."[501]A diplomacia surtiu efeitos e Nzinga suspendeu os impedimentos aos pumbeiros de circularem nas rotas comerciais dos territórios sob sua autoridade.[502]

4.4. Capuchinhos: caminho para a paz

Em 1622 foi criada a Sagrada Congregação da Propaganda Fide (propagação da fé) pelo Papa Gregório XV, com intenção de criar maior intervenção do Vaticano na catequização pelo mundo afora.

---

500 ALENCASTRO, 2000, p. 227.

501 CADORNEGA, 1972, v. II, p. 89.

502 CAVAZZI, 1965, v. II, p. 311, nota do anotador.

O Vaticano havia rompido as relações com a Coroa portuguesa e não a reconhecia como independente, mantendo ainda estreitas relações com a Coroa espanhola. Politicamente, o rei espanhol Felipe IV mantinha seus domínios em grande parte do território italiano (o ducado de Milão, os reinos de Nápoles e Sicília e os Estados Pontifícios) e estendeu para o papado os conflitos com os portugueses.[503]

Em virtude do Padroado (*jus patronatus*) - conjunto de privilégios dados pelos papas aos reis ibéricos desde a segunda metade do século XV - a Coroa portuguesa, bem como a espanhola, dispunha de controle direto sobre o clero secular. Assim ao rei competia nomear bispos e até proibir a publicação de bulas pontifícias, levando a hierarquia religiosa a se converter em "correia de transmissão do poder metropolitano."[504]

Na tentativa de reduzir o poder acumulado pela coroa portuguesa com a colonização de regiões da África, o Vaticano enviou missionários capuchinhos que atuariam naquele continente de forma bem diferente dos jesuítas. Alencastro assinalou as disparidades entre a ação dos inacianos e a dos capuchinhos, sendo os primeiros grandes escravistas que mantinham fazendas nos dois lados do Atlântico e estavam mais preocupados com os lucros do comércio transatlântico do que com a catequização dos "gentios". Os capuchinhos, por sua vez, embrenhavam-se no interior, buscavam doutrinar a população (e não apenas batizar os principais), espalhavam cruzes, santos, rosários e foram fervorosos na queima e destruição dos ídolos a fim de se extinguir as religiões tradicionais.[505]

A primeira missão de capuchinhos na África Central chegou em 1645, no auge dos conflitos entre portugueses e holandeses. Após a derrota de seus aliados flamengos, Nzinga possivelmente considerou que os capuchinhos lhe seriam bons aliados. O retorno ao catolicismo teria sido uma decisão calculista da rainha estrategista ou um milagre de Deus, como foi colocado pelos capuchinhos?

Na visão dos capuchinhos, um episódio em especial fez com que Nzinga se curvasse diante do poder do Deus cristão: em uma batalha contra um soba Ndembo de nome Mani-Mbuila, o capitão Nzinga-a-Mona encontrou entre o

---

[503] O Vaticano reconheceu a independência de Portugal apenas em 1669. Ver: TAVARES, Célia C. S. *Jesuítas e inquisidores em Goa: a cristandade insular (1540-1682).* Lisboa: Roma Editores, 2004, p. 206.

[504] ALENCASTRO, 2000, p.23.

[505] ALENCASTRO, 2000, p. 282-289.

espólio de guerra um crucifixo, que foi desprezado e abandonado no mato.[506] À noite, o capitão teve um sonho em que o crucifixo o reprimia, exprobrava o desprezo para com o Deus cristão e o mandava apresentá-lo à rainha. Ao acordar, mandou um oficial ir à mata buscar o crucifixo, que foi colocado em uma tipoia, sobre rica almofada e levado a Nzinga. Os soldados gritavam: "Este é o Nzambi ou Deus da rainha!":

> *A rainha sentiu em si sentimentos de grande ternura, com em seguida ela própria me afirmou, mas, pelo estado de pecado em que jazia, não pôde compreender que se tratava duma chama da Divina Misericórdia. Apesar de tudo, recebeu a santa imagem com a pompa devida, mascarando o sentimento com o pretexto de que desta maneira queria honrar os brancos, que eram numerosos em Matamba, por interesses comerciais.*[507]

Nzinga recebeu em suas mãos o crucifixo, beijou-o e colocou-o sobre o altar, com ameaças de morte a quem desrespeitasse o Nzambi que ela adorara no passado.

Nzinga recebe o crucifixo. In: CAVAZZI, 1965, v. II, p. 193

---

[506] Para Gaeta, o crucifixo deveria ser de algum comerciante português que transitara pelas terras de Mbuila. Para Marina de Mello e Souza, o crucifixo era insígnia de poder e objeto mágico-religioso carregado por Samba a Pombo, o chefe Ndembo subordinado ao mani Mbuíla, que já era cristão, que fora posto para correr por Jinga-a-Mona.

[507] CAVAZZI, 1965, v. II, p. 90-91.

Na narrativa de Gaeta, Nzinga recebeu o crucifixo com especial reverência, entendendo que fora mandado por Deus, pelas mãos do general, como troféu de sua vitória. Naquele momento sua mente começou a "iluminar-se", e ela perguntava-se como Deus fora em pessoa encontrá-la? Interpretou isso como um bom sinal, de paz em seu reino. A narrativa defende que houve um milagre do crucifixo, com Deus mostrando a Nzinga como ela era amada e como ele zelava pela sua alma, convidando-a a retornar ao catolicismo.[508] Marina de Mello e Souza, ao analisar o discurso de Gaeta sobre a segunda "conversão" de Nzinga, mostrou como o lugar do maravilhoso foi sempre destacado e o crucifixo ganhou lugar central no milagre. Observou ainda como o missionário não considerou o fato de ela ter algum conhecimento do catolicismo e do funcionamento das missões, tampouco associou sua ida à Matamba como consequência de seus desejos de receber missionários. Gaeta também ignorou o fato de o catolicismo ser velho conhecido de povos vizinhos, como os do Congo, de Angola e do Dembo, com os quais Nzinga tinha estreitas relações.[509]

Vendo a afeição de Nzinga pelo crucifixo, os Jagas suspeitaram de que ela pudesse abandonar seus ritos tradicionais e os obrigasse a venerar os símbolos católicos também. Segundo Cavazzi, chegaram a tramar uma conspiração contra ela, mas desistiram ao ver que, após adorar a cruz, ela imediatamente adorava também os ossos de Ngola Mbandi guardados em um cofre debaixo do mesmo alpendre, ao lado do crucifixo.

Nzinga viveu por algum tempo conservando os ritos e amuletos Jagas e ao mesmo tempo louvando o crucifixo, "pelo esforço demasiado que era preciso para renunciar à fama de perfeita feiticeira, ou antes de deusa, como julgavam os súbditos."[510] A tensão entre as crenças tradicionais e o catolicismo perdurou. Para decidir se devia realmente abandonar os ritos Jagas, Nzinga consultou um conselho que tratava dos assuntos religiosos, composto por conselheiros *xinguilas,* isto é, médiuns que incorporavam os espíritos de antigos líderes. Eram eles: Cassa, Cassanje, Quinda, Calanda

---

[508] GAETA, 1669.

[509] SOUZA, Marina de Mello e. A segunda "conversão" ao catolicismo da rainha Njinga – c. 1657. In: ANAIS DO XIX ENCONTRO REGIONAL DE HISTÓRIA: PODER, VIOLÊNCIA E EXCLUSÃO. São Paulo, 08 a 12 de setembro de 2008.

[510] CAVAZZI, 1965, v. II, p. 92.

e Ngola Mbandi. Segundo Cavazzi, todos estes a aconselharam a retornar ao cristianismo como caminho para obter a paz.[511] O conselho político – a outra instância que a assistia – acatou a resolução dos *xinguilas* e proferiu: "Qualquer que seja a sua religião, os súbditos segui-la-ão, julgando cada um bem feito o que a soberana mandar". Assim, a rainha foi a uma praça onde todo o povo estava a sua espera e, colocando-se em lugar eminente, com um arco e flecha às mãos, gritou com voz vibrante e guerreira: "Quem será tão poderoso para resistir à força destas armas e ao valor desta mão?" Todo o povo respondeu: "Ninguém! Ninguém! Ninguém!". Então ela continuou:

> *Então, se os meus inimigos têm tanto medo de mim na guerra, se vós desprezastes por tantos anos a vossa vida para me seguir, quem poderá impedir-vos de me seguir também no caminho da paz? (...) Eu não reconhecia a verdade por causa das minhas paixões, nem me importava de conhecê-la. Agora é que eu abro os olhos e, por amor daquele Deus que sacrilegamente neguei, peço à sua misericórdia uma paz duradoura para mim e para todos vós. Espontaneamente, quero voltar para aquela fé que loucamente abandonei. Detesto a ímpia seita e os sacrílegos ritos dos Jagas, expulsando-os do meu coração e do meu reino. Assim como fui rigorosa na observância deles, assim serei rigorosa na observância da lei cristã, para que vós também aprendais a fazer o mesmo. Volto a ser cristã. E se fostes sempre obedientes a mim até desafiar a morte quando eu mandava como tirana, agora, que vos ofereço a paz e a tranquilidade, quem se atreverá a contradizer às minhas palavras, quem fugirá, quem me abandonará?*[512]

Cavazzi chegou à Matamba alguns anos depois desse episódio, assim, não podemos acreditar totalmente neste discurso, principalmente no que se refere ao ódio pelas seitas Jagas, mas é fato que Nzinga publicamente declarou-se cristã e passou a encorajar toda a população de Matamba a abandonar suas crenças tradicionais.

Em 1651, a rainha mandou uma carta ao Papa, por meio do Padre Antonio Maria Monteprandone, pedindo missionários que trouxessem o catolicismo ao seu povo. Com esta incumbência, chegou a Luanda o Frei Antonio da Gaeta em 1654, integrante da quarta missão de capuchinhos a Angola e Congo.

---

[511] CAVAZZI, 1965, v. II, p. 93-94.

[512] *Ibidem*, p. 95. O mesmo teor encontra-se na carta do Padre Serafim de Cortona ao governador Martins de Chichorro, de 21 de Março de 1657. In: CAVAZZI, 1965, v. II, doc. 51, p. 337.

Nessa época, Mocambo (D. Bárbara) estava em Luanda, auxiliada pelo prefeito dos capuchinhos em Angola, o padre Serafim de Cortona. Os capuchinhos atuaram como elo entre o governo português e Nzinga para que o seu principal desejo fosse atendido: o resgate de Mocambo. Nzinga solicitava o retorno da irmã desde a restauração promovida por Salvador de Sá e constantemente enviava cartas e embaixadas a Luanda com esse propósito.

Como resgate da irmã, o governo português havia pedido 200 peças de escravos, 130 como presente ao rei de Portugal e 70 para serem divididos entre o governador e oficiais régios. A rainha respondeu que, como já havia dado tantas peças a governadores passados, daria apenas 130 como resgate. Mandaria 100 assim que Mocambo chegasse a Ambaca e manteria os embaixadores portugueses como reféns até que a irmã chegasse à sua corte. Justificava a sua desconfiança pelos enganos dos outros governadores e dizia que os seus "grandes" estavam duvidosos da palavra dos portugueses.

Mocambo foi conduzida pelo capitão José Carrasco de Luanda a Massangano e dali para Ambaca, até que Nzinga mandasse os escravos prometidos. O capuchinho Antonio da Gaeta foi enviado à corte da rainha para que garantisse as boas relações e o cumprimento do acordo, já que pela demora, Nzinga estava prestes a desistir da paz e novamente pegar em armas. Gaeta deixou Luanda receoso, pois não sabia qual seria a reação da rainha ao vê-lo chegar sem a irmã, esperava encontrar uma "fera bárbara". Mas, ao entrar no kilombo da rainha, foi recebido com muita cortesia e respeito, por uma rainha "pacífica, cortês, afável e devota". Gaeta garantiu que a irmã seria restituída assim que os escravos fossem entregues e, acreditando nele, assim o fez Nzinga.

Com o retorno da irmã à sua corte, Nzinga começou uma nova fase de sua vida, em que, aconselhada por Gaeta, abjurou-se publicamente dos erros do passado e determinou a proibição de idolatrias em seu reino. Uma igreja foi construída em devoção a Santa Maria, que se tornou a padroeira do reino. A rainha publicou um edito proibindo às mulheres abandonar seus filhos recém-nascidos, ao contrário, as crianças deveriam ser imediatamente batizadas. Proibiu também que se comessem carne humana, ainda que fossem de inimigos vencidos em guerras e determinou que se queimassem todos os ídolos. Esse edito foi publicado em todas as partes do reino e os súditos obedeceram por temor à rainha que estava determinada a fazer respeitar sua vontade. Gaeta chegou a lhe aconselhar moderação, pois poderia suscitar a ira de feiticeiros e levar a uma revolução.

Para combater a poligamia, costume arraigado naquelas regiões, Gaeta aconselhou Nzinga a se casar conforme os ritos católicos. Apesar de seus 75 anos de idade, a rainha concordou em se esposar com D. Salvador, "um jovem bem disposto e bonito" e já instruído no catolicismo. Não era fidalgo, mas filho de um escravo fugido de Luanda para se alistar nas tropas da rainha; dentre os seus numerosos amantes, este foi o seu escolhido e declarado como seu legítimo esposo. Nzinga permaneceu fiel a ele e induziu a todos a se casarem monogamicamente, passou a castigar severamente quem fosse pego em adultério.[513] D. Bárbara, ainda que contrariada, casou-se com o general Jinga-a-Mona.

Ao se afirmar cristã, Nzinga pretendia selar as pazes com os portugueses e, para isso, escreveu ao governador Martins Chichorro mostrando-se disposta a colaborar com seus projetos, permitir o comércio em suas terras e ajudar na conquista da Quissama. Escreveu também "amigos damigos, enemigos denemigos", propondo um acordo de paz e mútua cooperação. Queixou-se dos governadores passados, "que sempre prometeram entregarem minha irmã, pela qual tenho dado infinitas peças e feito milhares de banzos e nunca me entregaram mas antes moviam logo guerras, com que me inquietavão e fizerão sempre andar feito jaga, usando tiranias [...]"[514] Nzinga queixou-se especialmente de Salvador de Sá que recebera muitos escravos pelo resgate de Mocambo e ainda assim não a devolveu. Por essa carta, percebe-se que Nzinga justificava a adesão ao modo de vida nômade e guerreiro dos Jagas pela ação dos governadores portugueses, que primeiro lhe alijaram do Ndongo e, por décadas, guerreavam contra ela.

Entre outras coisas, Nzinga prometia permitir o nascimento de crianças e de fazer os principais cultivarem as terras e tornarem-se outra vez sedentários. Dizia-se cansada de andar pelos matos e queria descansar em paz no final de sua vida. Dessa forma, percebe-se que Nzinga prometia abolir as *Kijila* e o modo de vida Jaga. A paz levaria ao desenvolvimento da agricultura e povoação do território.

Gaeta registrou que nas capitulações de pazes constava que a rainha deveria pagar um tributo anual à Coroa portuguesa em sinal de reconhecimento. Alterou-se Nzinga, respondendo:

---

[513] CAVAZZI, 1965, v. II, p. 102-103.

[514] Carta da rainha Jinga ao governador Luís Martins de Sousa Chichorro, 13 de dezembro de 1655. In: CAVAZZI, 1965, v. II, Doc. 45, p. 330.

Se os portugueses querem me restituir parte do meu reino do Dongo, que me ocuparam com a força das armas, o farão como bons cavalheiros, mas se me restituirão todo inteiro junto aquele outro reino de Angola, que injustamente me tolheram, o farão como bons cristãos [...]. Quanto a pagar tributo, que pretendem de mim, isto é fora de razão, porque sendo eu nata para comandar o meu reino, não devo obedecer nem reconhecer outro soberano; e de senhora absoluta, tornar-me serva e escrava, seria grande vergonha, que agora que abracei a fé de Cristo, para viver quieta e terminar a minha vida em paz, faria aquilo que não quis fazer nunca enquanto era Jagas [...] se os portugueses pretendem de mim um donativo a cada ano, o darei com prazer, mas que eles me deem um outro, e assim andaremos em par em cortesia.[515]

Esta passagem é relevante, pois revela que Nzinga aceitou a paz e o cristianismo, mas para ela isso não significava vassalagem à Coroa portuguesa. Por diversas vezes em sua trajetória política, o pagamento de tributos lhe foi apresentado como saída para a pacificação e Nzinga o negou, reafirmando sua soberania e independência. Interessante observar que para ela, cristianismo e submissão a Portugal eram coisas distintas, ao contrário do que acontecia com os sobas, que ao aceitarem o "undamento" eram batizados e obrigados a pagar tributos. Nzinga aceitava ser aliada, porém não aceitou jamais ser tributária.

Gaeta foi o mediador das capitulações de paz, pois além de confidente de Nzinga era homem de confiança do governador e soube conciliar as duas partes, inimigas por mais de três décadas. A paz foi finalmente assinada em abril de 1657, ficando Nzinga isenta dos tributos. O rio Lukala passou a marcar definitivamente as fronteiras entre Matamba e Angola.

Pelo acordo, a rainha ficava obrigada a entregar ao governador o Jaga Calandula, que havia desertado das tropas lusitanas com grande número de escravos e cerca de mil soldados. O Jaga fugira além do Lukala e estava sob a proteção das bandeiras de Nzinga na época da assinatura da paz. A rainha, para não parecer desleal com aquele que buscara sua proteção, ordenou a Calandula que saísse imediatamente de seu reino e fosse a alguma província mais afastada, sem passar pelas terras dos portugueses. Mas o Jaga fez exatamente o contrário e se fortificou em um dos lugares proibidos pela rainha, inquietando os vizinhos e os portugueses. Com essas queixa, Nzinga

---

[515] GAETA, 1669, p. 232-233. Tradução minha. Semelhantes palavras constam também em: CAVAZZI, 1965, v. II, p. 107-108.

chamou todos às armas e reuniu seus guerreiros em ampla praça: vinham todos pintados com várias tintas e os generais apareceram cobertos com peles e armados de arcos, setas e machadinhas.

> *No meio deles, a própria Nzinga, com setas e lanças, fez provas estupendas de sua habilidade, e quando o padre [Gaeta] a cumprimentou por isto, respondeu modestamente: "Desculpai, ó padre, porque já sou velha. Mas quando era nova não cedi a nenhum na agilidade e na habilidade em ferir, de maneira que não temia enfrentar nem sequer um grupo de vinte e cinco soldados armados, exceto se tivessem de mosquetes, contra os quais nada vale a destreza. Mas quanto às outras armas, aí é que qualquer um pode demonstrar a sua coragem, a sua agilidade, o seu valor!"*[516]

Depois dessa exibição pública do valor de seu exército, ela saiu para a guerra em dezembro de 1657, com todo o seu poder. Durante a marcha, ocupou várias passagens para evitar a fuga de Calandula. Chegou subitamente, à noite, pelo lado de cima de onde ele estava e o cercou imediatamente. Na manhã seguinte desfraldou seu estandarte e o desafiou para a luta. Calandula humildemente enviou-lhe uma declaração dizendo que "como até a data a considerava sua senhora e deusa, também para o futuro queria continuar a obedecer-lhe e a servi-la." Mas 400 soldados, ao ouvirem essa covarde decisão e para não caírem nas mãos da vencedora, abriram fogo contra o exército sitiante. Foram perseguidos lateralmente e tiveram que se render. Todo o exército da rainha se lançou sobre os esquadrões do Jaga, levando muitos à morte e, cerca de 1500, ao aprisionamento. Calandula foi morto na batalha e sua cabeça levada à rainha, que a mandou ao governador, para que não duvidasse de sua lealdade para com os portugueses. A decapitação de Calandula representou a ruptura definitiva de Nzinga com os Jagas.

Quando retornou à Matamba, viu que os Aiacas[517] haviam pilhado seu reino e decidiu-se vingar destes. Antes de acometê-los, Gaeta a aconselhou negociar, o que foi entendido como sinal de fraqueza pelos Aiacas, que ficaram ainda mais agressivos.[518] Ela, então, mandou seu exército chefiado

---

[516] CAVAZZI, 1965, v. II, p. 109.

[517] Os Aiacas ou Yakas estavam a noroeste de Matamba. Este povo que é identificado com os invasores do Congo em 1568.

[518] CAVAZZI, 1965, v. II, p. 110. Nota do editor, com fonte no *Memorie* do Arquivo Provincial dos Capuchinhos de Nápoles (v. II, p. 491 e ss).

por Bari-a-Ngonga e obrigou o inimigo a lhe pedir perdão. Com essa vitória, Nzinga fez-se respeitar e garantiu a paz para seu povo, que a legitimou ainda mais no poder, pois apesar de cristã, continuava guerreira, capaz de defendê-lo de assaltos. Consolidou-se como chefe cujas terras ninguém invade, respeitada para além de suas fronteiras. A guerra contra os Aiacas permitiu a Nzinga assenhorear-se efetivamente de um espaço vital que compreendia a Matamba, parte do território de Ambaca, o Oando e a região dos Ndembos, "o mais importante espaço econômico da África Central ocidental alguma vez submetido a uma só autoridade."[519]

Nzinga escreveu ao Papa Alexandre VII várias vezes. Em 1657, Serafim de Cortona mediou embaixadores da rainha ao Sumo Pontífice, com carta em italiano assinada pela "filhinha obediente e humildíssima." [520] A rainha declarava reconhecer a santidade do Papa e que seu reino estava "lavado com o santo batismo". Dizia-se prostrada aos pés do pontífice e pedia mais missionários para Matamba. Duvidamos de que essas cartas tenham sido realmente escritas por Nzinga, mais provável que tenham sido por Cortona, conhecedor da linguagem eclesiástica, das saudações e dizia aquilo o que era de costume se enviar ao Papa.

No início de 1657, a rainha também escreveu ao governador , "de filha para pai", reafirmando serem "parentes espirituais". Essa carta parece ter sido a única escrita realmente pela rainha, pois é marcada por linguagem simples e, no final, pediu ao governador "um brinco muito bom".[521] Neste mesmo ano, morreu Ngola Are e o reino do Ndongo foi finalmente restituído a Nzinga, pelo menos formalmente. A rainha acumulou os títulos de rainha do Ndongo e Matamba e os dirigia de sua capital, Santa Maria.

Cavazzi chegou a Matamba em outubro de 1660 e sua narrativa é fonte primária riquíssima de detalhes sobre as tensões entre cristianismo e crenças tradicionais (sobretudo os rituais funerários como o *tambo*, oficialmente proibido). Sua obra narra a atuação dos capuchinhos na propagação da fé cristã, como queimavam "ídolos", perseguiam "feiticeiros", benziam cemitérios, edificavam igrejas e espalhavam cruzes e santos por todos os

[519] GLASGOW, 1982, p. 132.

[520] No original "figliuoa ubbidientissima, & humilissima, Donn'Anna Regina". In: CAVAZZI, 1965, v. II, Doc. 55, p. 339.

[521] Carta da rainha Jinga ao governador de Angola Luís Martins de Sousa, 12/01/1657. In: CAVAZZI, 1965, v. II, Doc. 49, p. 336.

cantos. Tudo isso, com o apoio institucional da rainha, descrita como pia católica, que assistia às missas de joelho na primeira fila, sinceramente arrependida dos crimes passados e decidida a expandir o cristianismo em seu reino. Nessa etapa da vida, Nzinga era chamada de D. Anna.

Por volta de 1660, a rainha decidiu fundar uma nova cidade de seu reino, Santa Maria de Matamba, às margens do rio Uamba a duas léguas da antiga capital. Nzinga pessoalmente carregava as pedras para a construção da Igreja para animar os operários, que chegavam a 17 mil, incluindo as mulheres e escravos.[522]

Apesar de se mostrar empenhada na difusão do cristianismo, Nzinga ainda mantinha o cofre com os ossos de Ngola Mbandi, considerados sagrados pelos costumes Jagas. Passados quatro anos de sua re-conversão, ainda não lhe era autorizada a comunhão. Ao questionar esta interdição a Gaeta, o padre aproveitou para pedir que ela se desfizesse daqueles ossos. A rainha concordou em queimá-los e mandou que o cofre de prata fosse transformado em lampadário para sua nova igreja. O próprio Gaeta queimou os ossos de Ngola Mbandi e também de Cassanje, Calandula e Quinda que eram guardados por ela como amuletos. Antes de permitir a comunhão, o padre pediu também que se extirpasse o costume das argolas "supersticiosas" que eram feitas pelos *xinguilas* e consideradas como remédios contra as desgraças. Nzinga entregou mais de duas mil argolas, suas e das principais senhoras do reino, que foram queimadas publicamente.

Cavazzi registrou sua missão pelas ilhas do Kwanza com a finalidade de extinguir a idolatria. O capuchinho encontrou e destruiu centenas de "sacrifícios" e locais de rituais tradicionais, dentre eles, altares e "casitas" dedicadas ao rio, utilizados principalmente por pescadores que acreditavam que assim seriam recompensados com pesca abundante. Descreve ainda a relutância da população em acabar com essas práticas, obrigando os missionários a destruírem várias vezes a mesma "idolatria" e também da violência com que alguns agiam contra os padres.

Uma passagem em especial merece ser recontada: um soba da ilha de Quitexi roubou todos os mantimentos de Cavazzi e de seus ajudantes, quando este estava a pregar em suas terras. Depois o soba negou-lhe ajuda para o sustento e mandou a população se armar contra os missionários. Ao ser informado de que a rainha estava doente, Cavazzi pediu escolta ao soba

[522] CAVAZZI, 1965, v. II, p. 119.

para retornar à Matamba, pois precisaria passar pelas fronteiras do Jaga Cassanje, inimigo de Nzinga. Mas os guias do soba o abandonaram no meio do caminho. A rainha, ao saber dessa "patifaria", mandou prender e castigar severamente o soba, que só foi solto meses depois, após ser repreendido publicamente e ameaçado de ser enviado às Américas caso desobedecesse a suas ordens novamente. Esse ocorrido mostra a preocupação de Nzinga em proteger os missionários em seu reino e fazer cumprir a sua lei, sob duras penas. Era uma rainha respeitada pelos súditos por seu temor e rigor de seu julgamento.

Em março de 1662, Nzinga recebeu a resposta do Papa a sua carta enviada em 1657. Preparou uma grande solenidade para ler a carta publicamente, com muita pompa e ostentação de sua riqueza, em que tocavam um esquadrão de instrumentos guerreiros, pífaros e marimbas.

Intrumentos da corte de Nzinga Mbandi. Aquarela de Cavazzi (Manuscrito Araldi) publicada em "Njinga a Mbande e Aimé Césaire: independência e universalidade". (2013, p. 31)

Na carta, o Papa Alexandre VII manifestava a sua alegria por ter a rainha entre o "rebanho de Cristo" e a estimulava a assistir aos missionários enviados a seu reino. Após a leitura da carta, Nzinga manifestou a obediência ao Sumo Pontífice e ofereceu aos missionários o seu poder para a "dilatação da fé católica, à qual desejava submeter não só o reino de Matamba, mas toda a Etiópia." A corte seguiu em festa naquele dia, em que foi oferecido muita comida e vinhos europeus a todos, à custa da rainha. Naquela ocasião, ela sentou-se à mesa à maneira europeia e foi a única vez que Cavazzi a viu usar garfo e faca. A cerimônia continuou com a libertação de muitos escravos e com o perdão aos réus, batalhas bélicas foram encenadas pelas donzelas da rainha, "à maneira das Amazonas". A própria Nzinga, apesar de sua avançada idade, competiu com elas no manejo de flechas, arcos e azagaia. Cavazzi registrou: "Eu, que aceitara o convite de presenciar aquele espetáculo, admirei-me de que uma mulher dos seus 80 anos fosse tão ágil, veloz e briosa como uma jovem de 25 anos."[523]

Nzinga escreveu mais uma vez ao Papa em agosto de 1662 pedindo três indulgências: a primeira para o dia da Santa Cruz (3 de maio), a segunda para a festa de Assunção de Nossa Senhora (15 de agosto) e outra em honra a sua protetora Santa Ana (26 de julho). Despediu-se "com as lágrimas de meus olhos arrependida da vida passada" e humildemente pediu as bênçãos do Papa.[524]

4.4. A morte cristã da rainha imortal

Os últimos anos de vida de Nzinga Mbandi foram marcados pelo fervor ao cristianismo e pela extravagância de sua corte. Vestia-se com capricho com os panos mais ricos e com tecidos feitos de casca de árvores "muito elegantes e semelhantes a finíssimo cetim, usadas antigamente só pelos reis." Em audiências públicas ou para receber embaixadores estrangeiros, usava coroa e segurava nas mãos uma vara coberta de veludo e carregada de sinetas de prata. Às vezes, saía vestida à maneira do país e voltava à europeia. Usava muitos colares de contas de vidro e mandava que os súditos cristãos andassem com terços ou medalhas no pescoço, principalmente os que iam à guerra para que, em caso de morte, fossem enterrados segundo os preceitos cristãos. Gostava muito de caçar, mesmo depois de velha, pois defendia que este exercício despertava a coragem.

[523] CAVAZZI, 1965, v. II, p. 133.

[524] Carta da rainha Jinga ao santo padre Alexandre VII, 15/08/1662. In: CAVAZZI, 1965, v. II, Doc. 59, p. 343-344.

Quando comia ou bebia, os presentes batiam palmas ou tocavam castanholas. Ao acabar de comer, dividia os restos com os cortesãos. Cavazzi, certa vez, a questionou sobre esse costume, e ela respondeu:

> *que nós, os europeus, estávamos aferrados de mais a certas superfluidades, a que chamamos regras de bom viver, mas que não nos deixam ganhar inteiramente o espírito dos súbditos. Pelo contrário, ela, com pouca despesa, adoçava as comidas só com pegar nelas com as suas mãos, apreciando maios o lucro da afeição que a perda duma sofística limpeza.*[525]

Todos os súditos eram obrigados a trabalhar três vezes por semana nas terras da rainha e deveriam comparecer ao *lunene,* o alpendre real, para que ela os abençoasse, o que eles consideravam "a melhor sorte deste mundo". A descrição dos costumes da corte de Matamba nos ajuda a entender a imagem da rainha venerada e divinizada por seus súditos.

A descrição detalhada de Cavazzi nos revela as dificuldades do cristianismo em ser aceito e seguido pela população, apesar dos editos da rainha que o tornava a religião "oficial" de Matamba. Os capuchinhos eram incansáveis na perseguição aos *xinguilas,* "com suas infernais abominações entre aquela gente inconstante e fácil de recair nos seus maus hábitos".[526] Os acusados de feitiçaria eram levados para Nzinga, que normalmente os condenava ou à morte, à flagelação pública ou à escravidão "nas minas do Rio de Janeiro". Cavazzi narrou várias prisões de *xinguilas* que foram condenados "às minas da América" pela rainha, junto com suas famílias e companheiros. Essa condenação chama atenção, pois pode sugerir uma intencionalidade de Nzinga em mandar os grandes conhecedores da religião tradicional para a América. Aqui eles certamente continuariam professando e disseminando suas crenças. Teria sido mais uma estratégia de preservação de sua cultura e poder empreendida por Nzinga?

A população passou a carregar cruzes, rosários, medalhas de santos católicos em vez dos antigos amuletos. Mas como eram interpretados esses novos objetos? Teriam os mesmos usos e significados mágicos dos amuletos tradicionais, capazes de influenciar a vontade dos seres espirituais? Seriam usados com o mesmo significado atribuído pelos europeus? A descrição de Cavazzi nos fornece pistas de como ocorreu a interação entre as religiões,

---

[525] CAVAZZI, 1965, v. II, p. 140.

[526] *Ibidem,* p. 145.

de como o catolicismo penetrou na África a partir de códigos e elementos das religiões tradicionais, de como os símbolos sagrados cristãos foram interpretados à luz da filosofia existente.[527]

De qualquer forma, é importante pensar como o catolicismo foi utilizado por Nzinga, pelo *mani* Congo e por outros chefes centro-africanos como forma de controlar as relações comerciais com os portugueses e seus agentes. É estreita a ligação entre poder, cristianismo e comércio no século XVII. Esses chefes converteram-se motivados mais por interesses políticos do que espirituais, aceitaram o batismo por entendê-lo como forma de fortalecimento de sua autoridade e de seu poder de negociação com os portugueses.[528] A aceitação do cristianismo vinha junto com a vassalagem à Coroa portuguesa e muitos sobas se batizaram para evitar a invasão de suas terras e o aprisionamento indiscriminado de pessoas. Em um contexto de guerras generalizadas, ser cristão significava ser amigo, aliado, o que garantiria a paz, mesmo que momentânea. Mas significava também a obrigação de colaborar com a "guerra preta" dando soldados, alimento e abrigo para as tropas, além de doar anualmente dezenas de "peças" à Coroa. Em suma, não eram muitas as saídas dos sobas para evitar o sistema de exploração português...

No caso de Nzinga, os capuchinhos foram o caminho para a "paz espiritual" e para a "paz material", decretando a cessão da guerra que se estendia desde 1626. Mais que isso, foram intermediários eficazes no resgate de sua irmã, o que garantiu a sucessão pacífica em Matamba. Os capuchinhos não poderiam ser melhores intermediários, pois vinham enviados do mais alto escalão eclesiástico justamente com o propósito de "moralizar" a evangelização na África. Eram italianos ou franceses, e não portugueses como a maioria dos jesuítas, a quem se poderia reclamar das ganâncias e abusos destes. Nzinga soube aproveitar-se das divergências ideológicas entre as congregações e foi direto ao Papa, que a acolheu como

527 SOUZA, Marina de Mello e. *Crucifixos centro-africanos*: um estudo sobre traduções simbólicas. Comunicação apresentada no COLÓQUIO INTERNACIONAL "ESCRITA, MEMÓRIA E VIDA MATERIAL", São Paulo, 17 a 20/10/2006; MACGAFFEY, Wyatt. *Religion and society in Central AfricA.* The Bakongo of Lower Zaire. Chicago: The University of Chicago Press, 1986.

528 SOUZA, Marina de Mello e. *A segunda "conversão" da rainha Jinga ao catolicismo.* In: ANAIS DO XIX ENCONTRO REGIONAL DE HISTÓRIA. São Paulo, 2008.

filha, abençoou-a no poder com todo o seu reino. Isso sim foi uma grande legitimação, principalmente para os representantes da católica Coroa Portuguesa. Quem se atreveria a fazer guerra à "filha obedientíssima" da Madre Igreja?

Em 1663, Nzinga adoeceu e passou a pensar muito na morte. A Cavazzi confessou: "Que dirão aqueles que me julgam imortal e me chamavam deusa? Sei bem que sou mortal e que, além deste cadáver, não fica de mim mais que uma quantidade de pecados, que serão julgados no Tribunal de Deus."[529] Cavazzi receava que no momento da morte ela retornasse à sua crença antiga e quisesse ser enterrada à maneira dos Jagas para satisfazer seus antepassados. Reuniu, então, os principais conselheiros da rainha e foram ouvir de sua própria boca seus últimos desejos. Nzinga afirmou que queria ser sepultada segundo os preceitos cristãos e agradeceu a Deus por encerrar seus últimos dias como católica. Recomendou a seu primeiro-ministro, o *tandala,* que mantivesse o reino em paz e para isso era "útil defender a causa de Deus". Cavazzi ouviu suas confissões e lhe ministrou o último sacramento.

Em 17 de dezembro de 1663, com prováveis 81 anos, placidamente Nzinga Mbandi morreu, segurando o crucifixo nas mãos até o último suspiro.

A rainha havia manifestado sua vontade de ser enterrada com o hábito presenteado por Gaeta e Cavazzi exigiu que isso fosse cumprido. Porém, encontrou o cadáver ricamente vestido com várias joías, ouro, feixe de penas sob a cabeça, braços e pernas cobertos de argolas de ouro intercaladas com cerdas de rabo de elefante. O capuchinho mandou que a despissem para que fosse colocado o dito hábito, com a permissão de se acrescentar sobre ele quantos enfeites quisessem, aconselhando que fosse colocado em suas mãos um terço e um crucifixo.

Colocaram o corpo no alpendre das audiências, sentado sobre uma grade mesa apoiado em uma almofada e segurado por um pajem. Uma multidão inumerável passou o dia inteiro por ali, chorando aos soluços a morte da soberana. O cortejo fúnebre foi precedido por cem soldados e tocadores de instrumentos bélicos. Todas as milícias, com as armas viradas para o chão, dividiram-se em dois esquadrões em ambos os lados da praça principal. A multidão prostrava-se no chão, berrava e passava barro no rosto em sinal de extrema pena. Na cova ornada de ricos panos e ouro, foram

---

[529] CAVAZZI, 1965, v. II, p. 151.

colocados as coroas reais, colares, pratas, veludos, lanças, escudos, arcos e flechas, tudo que havia servido à rainha em vida e que, conforme o costume do país, não era conveniente que servissem a outrem. O tesouro enterrado junto com Nzinga somava quase 16.000 escudos romanos.[530]

Cortejo fúnebre de Nzinga Mbandi. In: CAVAZZI, 1965, v. II, p. 153.

Algumas donzelas da corte recearam ser enterradas junto com a rainha, tal como era celebrado o tradicional *tambo,* mas Cavazzi garantiu que este costume estava definitivamente abolido, o que foi comemorado por alguns.

Na manhã seguinte, os principais insistiram para que fossem celebradas as honras militares, que não poderiam ser dispensadas a uma pessoa tão importante. Diante da pressão, Cavazzi autorizou a cerimônia contanto que não houvesse derramamento de sangue. Cerca de 8 mil soldados alinharam-se na praça e representaram as façanhas da rainha, encenando as batalhas em que um lado atacava e o outro recuava, alternadamente. Essa encenação foi repetida pela manhã, ao meio-dia e à tardinha, durante cinco dias seguidos.

Assumiu o trono a irmã D. Bárbara, já idosa e quase cega. Na cerimônia de entronização, a primeira a lhe prestar homenagem foi a filha de Muhongo-Cambolo, a antiga rainha de Matamba, o que reforça nossa tese de que a conquista de Matamba fora consentida pela antiga família real,

[530] CAVAZZI, 1965, v. II, p. 155.

que agora legitimava D. Bárbara no poder. Cavazzi descreveu a nova rainha como fraca, com doenças crônicas e manipulada por seu marido Jinga-a-Mona e por "feiticeiros" que entendiam suas doenças como uma vexação de Nzinga, que ainda não descansava em paz, pois não lhe haviam feitos os devidos sacrifícios. Os conselheiros começaram a divulgar que Cavazzi matara Nzinga e que faria o mesmo com D. Bárbara, mandaram buscar todas as enxadas e utensílios de ferro com que Nzinga fora enterrada para que fossem transformados em argolas, como remédio para afastar os tormentos da rainha defunta, o que foi cumprido por D. Bárbara, vacilante e instável na fé católica.

Cavazzi narrou o reinado da nova rainha como um retrocesso. Os conselheiros fizeram com que o catolicismo deixasse de ser praticado e as antigas "superstições" rapidamente voltaram. Seu marido, Nzinga-a-Mona, tratava-a como escrava e planejava tomar o poder. Chegou a presentear o padre com vinho envenenado, que quase o levou à morte.[531] Cavazzi se afastou da missão de Matamba em 1664, deixando Nzinga-a-Mona livre para disseminar ideias contra o cristianismo. Este difundia que todos deveriam abandonar a religião dos brancos "só aplicados a despovoar aquelas regiões para se apossarem delas sob o pretexto de religião".[532]

D. Bárbara, para poupar sua vida, aderiu às circunstâncias e não soube como impedir o marido. Morreu a 24 de março de 1666 e Nzinga-a-Mona foi eleito rei. Se os capuchinhos conseguiram impedir o *tambo* de Nzinga, o mesmo não aconteceu na morte de D. Bárbara, que foi celebrado com a degolação de cinco donzelas. Logo, o novo rei mandou matar dezenas de pessoas principais que se proclamavam cristãs e não queriam aceitar sua autoridade. Nzinga-a-Mona escreveu aos portugueses em Luanda declarando que abjurava a religião cristã e que só a havia professado exteriormente por interesse particular e político. Depois, mandou buscar todas as crianças com menos de oito anos e ordenou que fossem degoladas. Assim, os costumes antropófagos e infaticidas dos Jagas retornaram em todo o reino e o catolicismo foi quase totalmente extinto. Santa Maria de Matamba foi incendiada e outra capital foi erguida perto das florestas. Nzinga-a-Mona combateu D. João Guterres Ngola Kanini, representante da vertente católica que tentava retomar o poder através das ilhas do Kwanza, porém foi morto pelo rei.

---

[531] CAVAZZI, p. 164-167.

[532] *Ibidem*, p. 167.

Vê-se, assim, que o catolicismo, apesar dos esforços de Nzinga Mbandi, não durou muito tempo em Matamba e as crenças Jagas voltaram a ser praticadas. Isso demonstra como o cristianismo foi inserido nas disputas políticas locais, sendo utilizado estrategicamente pelos chefes africanos como forma de incremento de poder. Ao mesmo tempo, a negação da religião "dos brancos" atendia os interesses de parte da elite que queria manter seu controle sobre os rituais e crenças.[533]

---

[533] SOUZA, 2009, p. 153-182.

Considerações finais:

UMA RAINHA ENTRE A CRUZ E A MACHADINHA

A escrita da história é uma constante luta para se libertar dos "idealismos" e da criação de "heróis" que vestem valores anacrônicos e carregam bandeiras que não são suas. Escrever a história de Nzinga Mbandi é um esforço ainda maoir no sentido de escapar da mitificação desta personagem, que, ainda em vida, foi considerada pelo seu povo como uma deusa, uma "rainha imortal", grande feiticeira capaz de vencer qualquer tipo de inimigo.

Nzinga Mbandi lutou contra o tráfico negreiro? Num contexto em que a moeda corrente em Angola era o escravo e que a escravidão já era, há muito tempo, instituída, parece difícil supor que algum chefe se colocaria contra essa atividade. Mas defendemos que sua trajetória política e militar contribuiu para a redução das exportações de escravos, pelo menos no período em que se acirraram as rivalidades contra os portugueses.

Primeiramente, ao conceder exílio aos escravos fugidos, Nzinga contribuiu para aumentar a esperança de liberdade. Sob sua proteção, esses indivíduos conseguiram se libertar do jugo da escravidão imposta pelos portugueses. Nota-se que não foram poucos, "mas senzalas inteiras" [534] que fugiam para junto de Nzinga. Entendemos isso como uma movimentação anti-escravatura que ocorreu de forma maciça em Angola no século XVII.

Outra forma de atuar contra a expansão do tráfico negreiro foi o impedimento das feiras, que Nzinga conseguiu articular, principalmente nas décadas de 1620-1648. A feira de Ndala Quisua foi a principal aposta portuguesa de retomar o comércio de escravos no interior, mas Nzinga em diversas investidas, conseguiu paralisar as atividades ali. Nessa articulação, o Jaga Kalunga Kakwanza bloqueava a rota do Mbondo, provocando a imediata diminuição dos escravos que eram outrora encaminhados para

[534] Carta de Fernão de Souza ao Governo, 6 de setembro de 1625. In: HEINTZE, 1988, Doc. 60, p. 142.

Luanda.[535] O isolamento do Mbondo aos comerciantes de Luanda, provocado pelas ofensivas de Nzinga, afetou drasticamente o tráfico transatlântico. A feira de Pungo-a-Ndongo também foi diversas vezes atacada por Nzinga e pelos Jagas sob seu comando, principalmente enquanto travava a ferrenha luta contra Ngola Are.[536] Não apenas Nzinga combatia a organização do comércio de escravos: ainda em 1611, os sobas do Lumbo atacaram as feiras realizadas em Ango,[537] obrigando os portugueses, sob o comando de Bento Banha Cardoso, a criarem o presídio de mesmo nome para se protegerem e garantir o funcionamento da feira. Os habitantes da Quissama, desde o início da presença portuguesa na região, impediam a navegação no rio Kwanza, a principal via de acesso dos escravos à Luanda, desarticulando assim a malha que sustentava o tráfico negreiro. O Ndembo Ambuíla, com o apoio de importantes chefes do norte do Ndongo, como Kakulo Kakabonda e Kiluanje Kakango, também conseguiu interditar a feira que era realizada em seu território após o ataque português em 1626, que visava tomar posse das minas de cobre da Mbamba.[538]

Pensamos que o grande êxito de Nzinga tenha sido unir todos esses chefes descontentes com a presença portuguesa em uma grande confederação. Ela conseguiu agregar o *mani* Congo, os Ndembos, os sobas da Quissama, do Lumbo, do Libolo, dos Songo e alguns sobas do Kwanza em prol de sua campanha contra os portugueses. Assim, ela se tornou uma referência política para além das fronteiras de seu antigo reino, tornou-se uma liderança que atuava em diversos territórios da África centro-ocidental, levantando a bandeira de luta contra a presença portuguesa, como muitas vezes admitiu Cadornega.[539]

Se sua luta não era diretamente contra o tráfico de escravos, indiretamente ela atingiu este objetivo, atacando a principal motivação da presença portuguesa em Angola, que era justamente o comércio de escravos. Tanto que Fernão de Sousa, no término de seu mandato, justificou-se pelo fracasso econômico da colônia, alegando que não havia feiras porque

---

[535] HEINTZE, 1984, p. 47; HEINTZE, 1985, p. 203.

[536] *Extenso relatório do governador a seus filhos*. In: HEINTZE, 1985, Doc. 30, p. 227.

[537] CADORNEGA, 1972, v. I, p. 77.

[538] HEINTZE, 1984, p. 47.

[539] CADORNEGA, 1972, v. I, p. 82 e ss. O autor fala, em diversas passagens, que o principal objetivo de Nzinga era eliminar a presença portuguesa em Angola.

Nzinga sempre as desfazia e as constantes guerras que se davam contra ela dificultavam a organização do comércio.[540]

Nzinga também conseguiu desarticular a cobrança dos baculamentos e prejudicar assim a colonização portuguesa. Em 1625, organizou diversos ataques militares impedindo que os sobas saldassem os pagamentos. Fernão de Sousa registrou que muitos sobas se negavam a pagar os tributos e passaram para o lado de Nzinga, prejudicando consideravelmente a receita portuguesa.[541] Temendo perder todos os sobas aliados para as fileiras de Nzinga, o governador recomendava suavidade nas cobranças. Lembrando que os baculamentos eram pagos, na maioria das vezes, em "peças da Índia", pode-se afirmar que a atuação militar de Nzinga impediu que centenas de pessoas fossem dadas como escravas aos portugueses.

O sucessor de Fernão de Sousa, Manuel Pereira Coutinho, noticiou ao rei que a guerra entre Nzinga e Ngola Are pelo reino do Ndongo levava à insubmissão de muitos sobas, e a fuga de outros tantos deixava as terras desertas, sem "haver trato e comércio por estarem os caminhos tapados e impedidos". [542] Coutinho lamentava que os partidários de Nzinga fizessem o que queriam, assaltavam até os presídios. Por essas razões, concluímos que houve de fato uma luta contra o tráfico transatlântico comandado por Nzinga Mbandi. Concordamos que, no entanto, que esta não se configura como uma luta ideológica contra a escravidão, mas sim contra a efetivação da colonização de Angola, cujo principal objetivo era capturar mão de obra escrava.

Alguns historiadores[543] destacaram as atividades de Nzinga enquanto articuladora do tráfico negreiro, principalmente durante a invasão holandesa (1641-1648), em que Matamba, sob seu domínio, passou a ser o maior exportador de escravos da região. De fato, não se pode negar o envolvimento de Nzinga com essa atividade, a mais lucrativa na época e que lhe garantiu o acesso a mercadorias disputadas, como armas de fogo e

---

[540] Informação de Fernão de Sousa ao Conselho da Fazenda, 11 de julho de 1631. In: HEINTZE, 1988, Doc. 232, p. 333.

[541] Carta de Fernão de Sousa sobre os tributos de vassalagem dos sobas, 8 de julho de 1626. In: HEINTZE, 1985, Doc. 31, p. 364.

[542] Carta de Manuel Pereira Coutinho ao rei, 3 de Março de 1632. In: HEINTZE, 1988, Doc. 237, p. 337.

[543] MILLER, 1971, p. 201; GLASGOW, 1982, p.121-127.

munições. Mas discordamos do posicionamento de Miller, que parece querer acusá-la de ser uma das principais agentes desse tipo de tráfico, anulando sua ação contrária ao comércio de escravos. Se por um lado, não devemos "romantizar" a personagem, também não podemos responsabilizá-la pelas maiores atrocidades que ocorreram em sua época. Culpar os africanos pela existência do comércio de escravos parece ser uma opção que tende a eximir os europeus do papel que tiveram na articulação da escravidão atlântica.

Nzinga Mbandi foi escolhida por muitos como alternativa ao sistema colonial português. Não eram muitas as opções dos sobas e de seus súditos nesse contexto: ou considerados aliados, o que gerava uma carga imensa de obrigações; ou considerados inimigos, o que legitimava a invasão e pilhagem do vilarejo. Muitos enxergaram em Nzinga a possibilidade de combater esse modelo de submissão e deixaram suas terras para engrossar as suas fileiras militares. Para isso, deveriam passar por rituais de iniciação específicos dos Jagas e adotar esta nova identidade, ligada à guerra e ao nomadismo.

Ao retornar ao cristianismo no final de sua vida, Nzinga renegou o modo de vida errante e belicoso e trabalhou para tornar seu povo sedentário, o que se evidencia pela construção da capital Santa Maria de Matamba. Esse momento pode ser entendido como uma "ambundização" dos Jagas que a seguiam, pois abandonaram a vida guerreira e passaram a se dedicar à agricultura e ao comércio. Para tanto, foi necessário criar uma nova identidade étnica: não mais Jagas, não mais Mbundus, agora "Jingas".

As várias faces de Nzinga

Nzinga Mbandi, ao longo de sua trajetória política, desempenhou múltiplos papéis, que poderiam ser considerados contraditórios, mas que, se analisados no contexto político Mbundu do século XVII, revelam a sua luta pelo poder e para manter seu povo – ou povos que a ela iam se agregando – livres do jugo colonial.

O batismo realizado em 1622 lhe permitiu maior aproximação com as autoridades lusas, mas não garantiu o cumprimento do acordo de paz assinado naquela ocasião. Dessa forma, foram as atitudes dos próprios governantes portugueses que afastaram Nzinga Dona Anna de Sousa do cristianismo, pois foram eles os primeiros a descumprirem o combinado, o que levou Ngola Mbandi à morte.

Nzinga assumiu o trono do Ndongo em 1624, enquanto ainda era regente o seu sobrinho menor, e se auto-intitulou "senhora de Angola".[544] Com o assassinato do sobrinho e a tomada das insígnias de poder, Nzinga tomou posse do título Ngola, reivindicando a soberania do Ndongo e sua legitimidade para governar o reino.

O golpe político arquitetado por Fernão de Sousa em 1626 tirou-lhe o trono do Ndongo, mas ela jamais aceitou essa perda. Fortificou-se em Kindonga e buscou apoio nos Jagas para garantir seu poder pelas armas. A aliança com os Jagas foi uma estratégia para se reforçar militarmente e conseguir sobreviver - material e politicamente - diante da intensa perseguição que lhe fazia o governo português.

Junto ao kilombo do Jaga Caza Cangola, Nzinga recebeu o mais importante título feminino, *Tembanza,* assumindo funções rituais centrais naquela organização. Nzinga extravasou o papel original de *Tembanza* e passou a comandar pessoalmente as batalhas como grande líder militar, fazendo reviver a personagem mitológica de Temba Ndumba. Seu prestígio junto à comunidade Jaga não se restringiu ao grupo dirigido por Caza, sendo considerada líder de vários outros bandos Jagas. A união com Cassanje representou bem esse prestígio, uma vez que foi aceita como mulher de um dos mais importantes chefes da época.

Ainda como Jaga, Nzinga conquistou Matamba, por volta de 1630. A ação não teria encontrado muita resistência entre a classe dirigente de Matamba, que foi mantida no poder com cargos locais.[545] A aceitação de Nzinga como soberana de Matamba deve ter passado pela ancestralidade comum aos dois reinos. Os governantes de Matamba reconheceram em Nzinga a capacidade de mantê-los livres, no conturbado cenário político do século XVII. Em Matamba, Nzinga criou um estado inteiramente novo a partir da organização em kilombos, própria dos Jagas, onde pôde se manter soberana e independente.

A chegada dos holandeses a Angola trouxe novas possibilidades de acessar as mercadorias europeias e aumentar as receitas e o poder em Matamba. Nzinga expandiu seu domínio ao norte, criando novas rotas comerciais pelo rio Ndande. O apoio mútuo aos holandeses trouxe o

---

[544] Carta de Fernão de Sousa ao governo, 15/8/1624. In: HEINTZE, 1988, Doc. 36, p. 85.

[545] CAVAZZI, 1965, v. II, p. 132.

enriquecimento de Matamba, que, juntamente com o Congo e Cassanje se tornaram os mais importantes estados da África Central no século XVII.

Depois de derrotados os holandeses, a chegada dos padres capuchinhos italianos, a partir da década de 1650, renovou as esperanças de ter aliados externos não-portugueses. Os enviados da Propaganda Fide ofereceram a Nzinga a possibilidade de aceitar o cristianismo mais uma vez e sair da crise em que seu estado se encontrava. Finalmente, Nzinga negou as crenças dos Jagas, justificando seu comportamento guerreiro durante todos aqueles anos (1624-1655) pela ação dos governantes portugueses, que lhe furtaram o reino, obrigando-a a viver errante. A rainha passou a se corresponder diretamente como o Papa, que a abençoou e garantiu-lhe assim total legitimidade e proteção.

Nzinga acumulou os designativos de cristã, Ngola, *Tembanza,* rainha de Matamba. E para ela, um não anulava o outro. Mesmo sendo consagrada Jaga e tendo assumido o trono de Matamba, ela nunca desistiu de reivindicar ao trono do Ndongo. Ao mesmo tempo, que comandava seus kilombos contra os portugueses, dirigia-se aos governantes portugueses como cristã, assinando Dona Anna de Sousa, fiel à Coroa ibérica e "filha obedientíssima" do Sumo Pontífice.[546]

Essa dissimulação pela qual ficou conhecida pode ser entendida como estratégia para se manter livre diante da acirrada perseguição. Nzinga soube perceber as dificuldades que enfrentava e usou diversas armas para vencê-las. As várias alianças representam sua luta para se manter no poder.

Seria contraditório reivindicar a soberania do povo Mbundu ao mesmo tempo que lutava como uma Jaga – povo que pilhava e destruía as comunidades Mbundu? Como sendo rainha de Matamba, ela reivindica seu direito ao trono do Ndongo?

No século XVII, devido à instabilidade política gerada pela presença portuguesa e as consequentes guerras, as fronteiras territoriais e étnicas estavam sendo redefinidas. A grande movimentação de pessoas provocou uma nova configuração populacional nos reinos da África Central. Fernão de Sousa reclamava que grande parte da população do Ndongo estava se dirigindo à Matamba, ao Songo e ao Mbondo, por não aceitarem a autoridade dada a Ngola Are.[547] Assim, muitos daqueles que estavam em Matamba

---

546 Carta de Jinga ao Papa. In: CAVAZZI, 1965, v. II, p. 236.

547 *Extenso relatório do governador a seus filhos.* In: HEINTZE, 1985, Doc. 30, p. 258.

sob o governo de Nzinga eram originários do Ndongo, da etnia Mbundu. Da mesma forma, os que lutavam ao lado de Nzinga como Jagas poderiam ser refugiados Mbundu ou de qualquer outra etnia, e assumiram a nova designação tal como Nzinga o fizera, mas poderiam não estar vinculados às antigas rivalidades que existiam entre Jagas e Mbundu.

Nzinga acolheu em seu kilombo milhares de pessoas das mais diferentes origens étnicas, além dos Jagas - que já eram "multiétnicos"- e a todos comandava como a um povo coeso. Pode-se afirmar que Nzinga teve papel fundamental na configuração das identidades étnicas em Angola. A formação da etnia "Jinga", que ganhou visibilidade a partir do final do século XVII, principalmente no nordeste de Angola, pode ser uma evidência dessa nova configuração política e étnica que surgiu com a trajetória da rainha.

Nzinga Mbandi andou com seus guerreiros pelos reinos do Ndongo e Matamba, ampliando suas fronteiras para a região do Ndembos. Governou muitos territórios antes submetidos a diferentes autoridades, foi respeitada como soberana por vários sobas. O mapa abaixo esquematiza os deslocamentos de Nzinga ao longo de sua vida.

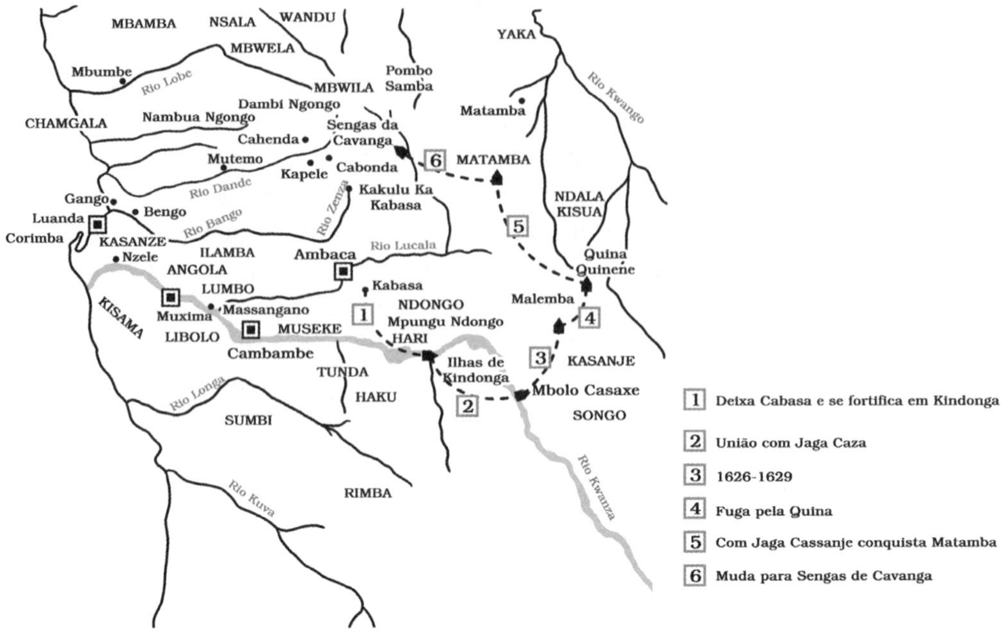

Deslocamentos de Nzinga ao longo de sua vida.

A personagem Nzinga Mbandi jamais foi retirada da memória de Angola e seu nome está ligado à história da resistência africana diante do colonialismo europeu. Como bem sintetizou Marina de Mello e Souza, Nzinga Mbandi "é um exemplo de como eventos históricos podem ser congelados, mitificados, ritualizados e evocados na constituição de identidades." [548]

Os diversos papéis por ela desempenhados atestam sua capacidade de perceber as novas realidades que a presença portuguesa trouxe e mostram sua flexibilidade em buscar as alianças mais interessantes de acordo com as circunstâncias; mostram ainda sua habilidade de governar povos de diferentes origens e revelam sua astúcia para atuar tanto diplomaticamente quanto pelas armas, empunhando ora a cruz, ora a "machadinha".

548 SOUZA, 2002, p. 114.

Nzinga Mbandi veio ao Brasil na memória de seus soldados escravizados, que se libertaram e fizeram reviver a organização militar dos kilombos. Aqui, mais uma vez se disfarçou, tornou-se a Ginga, que aparece nas danças, no congado, no futebol, na capoeira, sempre seduzindo e enganando.

Fontes:

BRÁSIO, Antônio. *Monumenta Missionária Africana.* Lisboa: Agência Geral do Ultramar, 1952.

BRITO, Domingos de Abreu e. *Um inquérito à vida administrativa e económica de Angola e do Brasil em fins do século XVI* (1591). Editado por Alfredo de Albuquerque Lima Felner. Coimbra: Imprensa da Universidade, 1933.

____. *Sumário e descripção do reino de Angola e do descobrimento da ilha de Loanda e da grãdeza das capitais do Estado do Brasil (1592).* Notas A. de Alburqueque Felner. Coimbra, 1931

CADORNEGA, Antônio de Oliveira de. *História geral das guerras angolanas.* (1681). 3 v. Edição anotada por Cônego José Mathias Delgado (v. I e II) e Manuel Alves da Cunha (v. III). Lisboa, 1972.

CARTAS DO "REI" DO CONGO D. AFONSO. Introdução, notas, comentários e modernização do texto por Antonio Luiz Ferronha. Grupo de Trabalho do Ministério da Educação para as comemorações dos Descobrimentos Portugueses.

CAVAZZI, Giovanni. *Descrição histórica dos três reinos do Congo, Matamba e Angola.* Lisboa: Junta de Investigações do Ultramar, 1965.

CORDEIRO, Luciano. *Viagens, explorações e conquistas dos Portugueses. Colleção de documentos.* Lisboa, 1881.

____. *Questões Históricos coloniais.* Lisboa: Agência Geral das Colônias, 1935, v. I.

DIAS, Gastão de Sousa. *Relações de Angola:* primórdios da ocupação portuguesa pertencentes ao cartório do Colégio dos Padres da Companhia, de Luanda, e transcritas do códice existente na Biblioteca Nacional de Paris. Coimbra: 1934.

FELNER, Alfredo de Albuquerque. *Angola: apontamentos sobre a ocupação o inicio do estabelecimento dos Portugueses no Congo, Angola e Benguela; extraídos de documentos históricos.* Coimbra: Imprensa da Universidade, 1933.

FELNER, Luis de Albuquerque. (Org.) *Angola no século XVI.* Comentários de António Luís Alves Ferronha. Lisboa: Publicações Alfa Lisboa, 1989.

GIOIA DA NAPOLI, Frei. *La maravigliosa conversione alla Santa Fede di Cristi della Regina Sina e del suo regno di Matamba* (1669). Napóles, 1669.

HEINTZE, Beatrix. *Fontes para a história de Angola. Memórias, relações e outros manuscritos da Colectânea Documental de Fernão de Sousa (1622-1635).* Studien zur Kulturkunde, Bd. 75. Stuttgart: Steiner, 1985, v. I.

___. *Fontes para a história de Angola. Cartas e documentos oficiais da Colectânea Documental de Fernão de Sousa (1624-1635).* Studien zur Kulturkunde, Bd. 88. Stuttgart: Steiner, 1988, v. II.

LOPES, Duarte; PIGAFETTA, Filippo. *Relação do reino do Congo e das terras circunvizinhas.* Comentário e transcrição por Alberto Ferronha. Lisboa: Publicações Alfa Lisboa, 1989. Primeira edição: *Relatione del reame di Congo...* Roma, 1591

RAVESTEIN, E. (Org.) *The strange adventures of Andrew Battel of Leigh in Angola and the Adjoining regions.* London: The Hakluyt Society ,1901.

RODRIGUES, Francisco. *Uma história inédita de Angola:* manuscritos do século XVI. Lisboa: [s.n], 1936.

Referências bibliográficas:

ALENCASTRO, Luiz Felipe de. *O trato dos viventes*: formação do Brasil no Atlântico Sul. Séculos XVI e XVII. São Paulo: Companhia das Letras, 2000.

AMARAL, Ilidío do. *O reino do Congo, os Mbundu (ou AMbundus), o reino dos "Ngola" (ou de Angola) e a presença portuguesa de finais do século XV a meados do século XVI*. Lisboa: Ministério da Ciência e da Tecnologia, Instituto de Investigação Científica Tropical, 1996.

___. *O consulado de Paulo Dias de Novais:* Angola no último quartel do século XVI e primeiro do século XVII. Lisboa: Instituto de Investigação Científica Tropical, 2000.

AYOH'OMIDIRE, Félix. *Akogbadun: abc da língua, cultura e civilização iorubanas.* Salvador: EDUFBA, 2004.

BIRMINGHAM, David. "The Date and Significance of the Imbangala Invasion of Angola." *The Journal of African History.* Cambridge, vol. 6, n. 2, p. 143-152, 1965.

BISSON, M.S. "Trade and tribute. Archeological Evidence for the Origin of States in South Central Africa." Em *Cahiers d'Études Africaines*, p. 343-361, 1986.

BONTINCK, François. *Un mausolée por les Jaga. Cahiers d'Etudes Africaines*, v. 20, n. 79, p. 387-389, 1980.

BOXER, Charles. *O Império Marítimo português*, 1415-1825. São Paulo: Companhia das Letras, 2002.

___. *Salvador de Sá e a luta pelo Brasil e Angola, 1602-1686*. Tradução de Olivério M. de Oliveira Pinto. São Paulo: Companhia Editora Nacional, 1973.

CARVALHO, Henrique Dias de. *O Jagado de Cassange na província de Angola.* Lisboa, Typ. de Cristovão Augusto Rodrigues,1898. Disponível em: <http://www.archive.org>. Acesso em: março de 2010.

CASCUDO, Luis da Câmara. *Made in África.* Rio de Janeiro: Civilização Brasileira, 1965.

CASTELBRANCO, Francisco. *Histórias de Angola.* Luanda: [s.n], 1932.

CASTILHON, Jean-Louis. *Zingha, Reine d'Angola.* Histoire Africaine. Bourges: Edition de l'Association Gaymede, 1993.

CORRÊA, Elias Alexandre da Silva. *História de Angola.* Lisboa: Agência Geral das Colônias, 1937. 2 v.

CORTESÃO, Jaime. *Os portugueses em África.* Lisboa: Portugália, 1968.

CURTO, Diogo Ramada. *Cultura imperial e projetos coloniais*: séculos XV a XVIII. Campinas: UNICAMP, 2009.

CURVELIER, Jean. *L'ancien royaumme de Congo. Fondation, decouverte, premiere evangelisation de l'ancien royaume de Congo, regne du grand roi Affonso Mvemba Nzinga.* Bruxelas: Desclée de Brouwer, 1946.

___. *Biographie coloniale belge.* Académie royale des sciences d'outre-mer. Bruxelles. Librairie Falk fils, 1948. 2 v.

___. *Koningen Nzinga van Matamba* .Brugge, 1957

DELGADO, Ralph. *História de Angola.* (2. ed. rev. corrig.) Lobito: Livraria Magalhães, 1961. 4 v.

DELON, Michel e Malandain, P. *Littêrature française du XVIIIe.siècle.* Paris, PUF, 1996.

FARINHA, Padre Lourenço. *A expansão da fé na África e no Brasil.* Lisboa: Divisão de Publicações e Biblioteca. Agência Geral das Colônias, 1942.

FURTADO, Junia. *Sons, cores e formas e movimentos na Modernidade Atlântica*: Europa, América e África. Belo Horizonte: EDUFMG, 2008.

GARCIA, Carlos Alberto. *Paulo Dias de Novais e a sua época.* Agência Geral do Ultramar, 1964.

GLASGOW, Roy. *Nzinga:* resistência africana à investida do colonialismo português em Angola, 1582-1663. São Paulo: Editora Perspectiva, 1982.

GRAY, Richard. Portuguese Musketeers on the Zambezi. Em: *Journal of African History*, v. 12, n. 4, p. 531-533, 1971.

HEGEL, George W. F. *La raison dans l'histoire.* Tradução e notas de Kostas Papaioannou. Paris: Éditions 10/18, 1965. ["Bibliothèques", n. 235]

HEINTZE, Beatrix. Historical notes on the Kisama of Angola. *Jornaul of African History,* XIII (3), 1972.

___. Angola nas garras do tráfico de escravos: as guerras do Ndongo (1611-1630). *Revista Internacional de Estudos Africanos*. Lisboa, v. I, p. 47, 1984.

___. *Angola nos séculos XVI e XVII*. Estudos sobre Fontes, Métodos e História, Luanda: Kilombelombe, 2007.

HEYWOOD, Linda M.; THORNTON, John. *Central africans, atlantic creoles, and the fondation of the Americas, 1585-1660.* Cambridge: Cambridge University Press, 2007.

HILTON, Anne. The Jaga reconsidered. *The Journal of African History*. Cambridge, v. 22, n. 2, p. 191-202, 1981.

LABAT, Jean Baptiste. *Relation historique de l'Ethiopia Occidentale.* 5 tomos. Paris, 1732. Disponível em: <https://archive.org/details/relationhistori01labagoog>. Acesso em: fevereiro de 2009.

LAW, Robin. *The horse in West african history*: the role of the horse in the societies of pre-colonial West Africa. London, 1980.

LÉPINE, Claude. *Dois Reis Do Danxome Africa Sakpata Oduduwa*: Varíola e monarquia na África Ocidental. São Paulo: Cultura Acadêmica, 2000.

LOPES, Nei. *Novo Dicionário Banto do Brasil.* Rio de Janeiro: Editora Pallas, 1999.

MILLER, Joseph Calder. A note on Casanze and the Portuguese. *Canadian Journal of African Studies,* v. 6, n. I, 1972.

MILLER, Joseph Calder. Nzinga of Matamba in a new perspective. *The Journal of African History*. v. 6, n.2, p. 201-216, 1975.

___. *Poder político e parentesco*: os antigos estados Mbundu em Angola. Trad. De Maria da Conceição Neto. Luanda: Arquivo Histórico Nacional, 1995. Título original: *Kings and Kinsmen:* early Mbundu States in Angola. Oxford: Claredon Press, 1976.

___. Requiem for the Jaga. *Cahiers d'Etudes Africaines,* v. 13, n. 49, p. 121-149, 1973.

___.Thanatopsis. *Cahiers d'Etudes Africaines,*, v.18, n.1-2, 1978.

___. The Imbangala anfd the cronology of Early Central African History .*The Journal of African History*. v. 13, n. 4, 1972.

___; THORTON, J.K. *The chonicle as source, history and hagiography - The Catálogo dos governadores de Angola.* Paideuma, 33, 1987.

Ministério da Cultura de Angola e UNESCO. *Njinga a Mbande e Aimé Cesaire: Independência e universalidade.* Catálogo do seminário e da exposição comemorativa dos 350 anos do aniversário de morte da soberana. Luanda, 13 e 14 de dezembro de 2013.

NEVES, Antônio Rodrigues. *Memória da Expedição a Cassange*. Lisboa, 1854.

PAIVA MANSO, Visconde de. *História do Congo: documentos.* Lisboa: Tipografia da Academia Real das Ciências de Lisboa, 1877.

PANTOJA, Selma Alves. Fontes para a História de Angola no Rio de Janeiro do século XVI a XIX. In: *Revista Internacional de Estudos Africanos*, n. 8-9, 1988.

___. *Nzinga Mbandi: mulher, guerra e escravidão*. Brasília: Thesaurus, 2000.

PARREIRA, Adriano. *Dicionário glossográfico e toponímico da documentação sobre Angola, séculos XV-XVII.* Lisboa, 1990.

___. *Economia e sociedade na época da rainha Jinga.* (Século XVII). Lisboa: Editorial Estampa, 1997.

REDINHA, José. *Boletim Cultural da Câmara Municipal de Luanda*. Luanda. Nº 23, abr.-jun., p. 25-31, 1969.

___. *Distribuição étnica de Angola*. Luanda: Centro de Informação e Turismo de Angola. 8ª edição. 1974.

___. *Etnias e culturas de Angola*. Luanda: Instituto de Investigação Científica de Angola, 1975.

ROCHA, Manoel Ribeiro. *Etíope resgatado Empenhado, Sustentado, Corrigido, Instruído e Libertado*. Rio de Janeiro: Editora Vozes, 1992. (Escrito em 1758).

SADE, Donatien Alphonse François de. *Aline et Valcour*. LGF- Livre de Poche, 1994.

___. *La philosophie dans le boudoir. (1795)*. Paris: Gallimard, 1976.

SANDOVAL, Alonso de. *Un tratado sobre la esclavitud*. Madrid, 1987.

SANTOS, Eduardo dos. *Religiões de Angola*. Lisboa: Junta de Investigações do Ultramar, 1969.

SAUVAGE, Emmanuelle. *Sade et l'exotismoe africain: images de Noirs*. In: Erudit, *études litteraries*. Montréal, v. 37 n.3, p. 97-116, 2006.

SEMINÁRIO INTERNACIONAL NJINGA A MBANDE E AIMÉ CÉSAIRE: INDEPENDÊNCIA E UNIVERSALIDADE, 1, 2013, Luanda, *Catálogo do seminário e da exposição comemorativa dos 350 anos do aniversário de morte da soberana*, Luanda: Ministério da Cultura de Angola/ UNESCO, 2013.

SERRANO, Carlos. Ginga, a rainha quilombola de Matamba e Angola. *Revista Africa* (USP), nº 28, 1997.

SILVA, Alberto da Costa e. *A enxada e a lança*: a África e os africanos antes dos portugueses. 3ed. revista e ampliada. Rio de Janeiro: Nova Fronteira, 2006.

___. *A manilha e o libambo:* a África e a escravidão, de 1500 a 1700. Rio de Janeiro: Nova Fronteira, 2002.

SILVA, Juliana Ribeiro. *Homens de ferro. Os ferreiros na África Central do século XIX.* São Paulo: Alameda Editora, 2012.

SILVA REGO, Antônio da. *A dupla restauração de Angola, 1641-1648.* Lisboa: Divisão de Publicações e Biblioteca Agência Geral, 1956.

SOUZA, Marina de Mello e. A rainha Jinga – África Central, século XVII. In: *ComCiência Revista Eletrônica de Jornalismo Científico*, 2008.

___. A rainha Jinga de Matamba e o catolicismo. África Central, século XVII. Em FERREIRA, Jerusa Pires e ÁREAS ,Vilma (orgs.) *Marlyse Meyer nos caminhos do imaginário*. São Paulo: EDUSP, 2009a. p. 153-182.

___. Catolicismo e comércio na região do Congo e de Angola, séculos XVI e XVII. In: FRAGOSO, João; FLORENTINO, Manolo *et al.* (Orgs.). *Nas rotas do império*. Vitória: Edufes; Lisboa: II CT, 2006. p. 279-298.

___. *Reis negros no Brasil escravista*: história da festa de coroação de rei Congo. Belo Horizonte: Editora UFMG, 2002.

___. Religião e poder no Congo e Angola, séculos XVI e XVII: universo mental e organização social. Em Souza, Laura de Mello et alli (orgs.) *O governo dos povos*. São Paulo: Alameda, 2009b. p. 263-279.

THORNTON, John . *Africa and Africans in the Making of the Atlantic World, 1400-1650*. Cambrigde: Cambridge University Press, 1992.

___. A resurrection for the Jaga. *Cahiers d'Études Africaines,* Paris, v. 18, n. 69, p. 223-227, 1978.

___. Early Kongo-portuguese relations: a new interpretation. In: HENIGE, David (Ed.) *History in Africa*, [s.l.], v. 8, p. 183-204, 1981.

___. *Legitimacy and Political Power:* Queen Njinga, 1624-1663. *The Journal of African History*, Cambridge, v. 32, n. 1, p. 25-40, 1991.

___. The Art of War in Angola, 1575-1680. *Comparative Studies in Society and History*, Cambridge, v. 30, n. 02, p. 360-378, abr., 1988.

VANSINA, Jan. *How societies are born: Governance in West Central Africa before 1600*. Charlottesville: University of Virginia Press, 2004.

___. *La tradición oral*. Tradução de Miguel Maria Llongueras. Barcelona: Labor, 1967.

___. Long-Distance Trade-Routes in Central Africa. *The Journal of African History*, Cambridge, v. 3, n. 3, p. 375-190, 1962.

___. More on the Invasions of Kongo and Angola by the Jaga and the Lunda. *The Journal of African History*, Cambridge, v. 7, n. 3, p. 421-429, 1966.

___. Once upon a time: oral tradition as history in Africa. *Daedalus*, [s.l.], v. 100, n. 2, p. 442-468, 1971.

___. The Foundation of the Kingdom of Kasanje. *The Journal of African History*, Cambridge, v. 4, n. 3, p. 355-374, 1963.

___; OBENGA, T. The Kongo Kingdon and its Neighbours. In: OGOT, B. A. (Ed.). *General History of Africa V*: Africa from the 16th to the 18th Century. Paris: UNESCO; London: Heinemann, 1992.

ZERON, Carlos. Les Jésuites et le commerce d'esclaves entre le Brésil et l'Angola à la fin du XVIe siècle: contribution à un débat. *Traverse*, Zurich, v. 1, p. 34-50, 1996.

___. *Linha de fé: a* Companhia de Jesus e a Escravidão no Processo de Formação da Sociedade Colonial (Brasil, Séculos XVI e XVII). São Paulo: EDUSP, 2011.

Índice de imagens e mapas

Rei do Congo e Rei de Angola ... 22

O Ndongo no século XVI ... 33

Mapa étnico de Angola ... 37

Representação de um kilombo ... 43

Migrações dos Jagas/Mbangalas ... 48

Lunga ... 81

Instrumentos de guerra ... 82

A rainha Nzinga com seu séquito e tocador de tambor em frente ao seu palácio ... 83

Nzinga e seu séquito indo para a guerra ... 83

Os Mbangala ao sul do Kwanza ... 91

Os Mbangala e os portugueses ... 95

Prováveis rotas dos Mbangala em Angola ... 96

Carregadores ... 98

Fortaleza de Muxima ... 103

Fortalezas portuguesas erguidas nos séculos XVI e XVI ... 104

Fortaleza de Massangano ... 108

Embaixada de Nzinga ... 117

Direção das fugas dos escravos ... 131

Fugas de Nzinga em 1626 ... 142

Expansão do poder de Nzinga Mbandi nas décadas de 1640-50 ... 183

Nzinga recebe o crucifixo ... 198

Instrumentos da corte de Nzinga Mbandi ... 207

Cortejo fúnebre de Nzinga Mbandi ... 212

Deslocamentos de Nzinga ao longo de sua vida ... 222

Este livro foi composto em Gentium e impresso em papel
Offset 75 g/m² (miolo) e Cartão 250 g/m² (capa),
no mês de setembro de dois mil e quinze.